懂法律
让物流更顺畅

解决已有的物流问题
防范未知的物流风险

丛书主编 | 黄维领
本书主编 | 李 琪

Law Makes Logistics
More Smooth

中国法制出版社
CHINA LEGAL PUBLISHING HOUSE

撰稿人：

李 琪　于文奇　郭培杰

田 甜　刘云艳

前　言

物流是我们生活中非常重要的一个组成部分，它的功能性使我们能够直接享受其带来的便利，同时它的隐蔽性、低端性又很容易被我们忽略掉。但这并不妨碍它在这个行业中自有一片广阔天地。在物流行业中，有我们耳熟能详的各种快递品牌、有为各大批发市场超市短途运输的大车司机、有路途不长但事务繁杂的搬家公司、有专做危险品冷链等的特殊运输、有拥有大型仓库进行管理的仓储企业等。这些各式各样的组成形式凑成了这个如此美好的物流世界。

但风险多数时候我们无法预料它的到来，每一次风险的出现几乎都会涉及人员的伤亡、财产的损失等，每一次风险的出现都会减少物流企业的利润。很多时候，这些事情我们无法百分百地避免它的发生，但更多时候我们可以合理地使用制度与管理手段让风险出现的概率降低、让风险造成的损害减少。

本书对于物流企业家来说不仅是一本法律书，更是一本管理者手册，能让其在标杆自己成为行业领先者的同时，也让更多物流人能够从行业的高端升级过程中慢慢变得成熟。本书从运费拖欠、挂靠合同、交通事故、股权激励等几个方面去解读物流，给予物流企业家直截了当的处理办法，这么看来这本书又像是一本工具书。

笔者更希望的是能够给予物流企业家们一些更多的企业思维，让他们能够习惯从管理者、从法律的角度去作出一些对个人、企业甚至对整个行业更有影响力的决策。我们牵挂的不只是一个物流企业的命运如何变得更加真实可控，我们也是在为这个行业"定制规矩"，这是一种信念，也是一种情怀，更是一种价值观。

书里有的话写的很朴实，甚至算是白话，没有过多法言法语，目的是让读者都能看懂。内容也不深奥，有一些东西，平时你也了解过皮毛，只是没有专业系统地去为其做一个统计学习，但是这次你会发现你能够毫不费力地学进去很多东西，记在心里。这些语句、情况和法理都是我们通过实践得出来的最简单法门，简单实用。

在推进物流行业的过程中，我们庆幸身处在北京这样一个一线城市，他给了我们很多能够出现各种情况、各种模型的土壤，这里的物流企业最早野蛮生长，从拿着一块牌子就能立到旁边承接业务，到现在的引导物流外迁。一方面我们能够看出政府下定的决心；另一方面我们也意识到这是一次物流行业的洗牌，小企业自生自灭的情况已经一去不复返了，专线整合、物流配合仓储、冷链特色运输等各色形式在向着集约化、特色化、定制化方向走的同时，一大片一大片的企业都会失去生命，在这次斗争中逝去。

而这又是一种必然，十年前实体经济发展欣欣向荣，十年后房产经纪无与伦比，这都是时代的变迁，当然变迁不代表正确，谁又敢说现在中国的经济体系是没有任何问题的呢？但我们很多时候没有选择，在时代的变迁中，能够把握好方向，将被动变为主动，你就有可能脱颖而出，做这个行业的领头羊。

这本书，是一面帆，是一双桨，是前方的指明灯，是寒冬的一双手套。希望你能从本书中感受到温暖，获得帮助！

目 录

物流纠纷大数据报告 …………………………………………………… 1

第一章 运费拖欠如何解决 …………………………………………… 9
　一、合同没有约定运费，怎么算运费？/ 11
　二、货到付款，收货方拒付运费，要找谁承担责任？/ 12
　三、拖欠运费打官司，要准备哪些证据？/ 14
　四、不支付运费，可以扣留货物吗？/ 15

第二章 保险投保理赔"说明书" ……………………………………… 17
　一、保险 / 19
　二、理赔 / 26

第三章 认识挂靠风险，避免成为"利润黑洞" ……………………… 43
　一、挂靠含义 / 45
　二、产生挂靠的原因 / 45
　三、挂靠法律风险及风险防范 / 46
　四、货损、货差赔偿风险 / 46

第四章 货损如何处理 ………………………………………………… 49
　一、货损及其导致的原因 / 51
　二、货损后法律责任的承担及风险防范 / 52

第五章 规范用工，斩断后顾之忧 …………………………………… 55
　一、劳动合同签订 / 57
　二、劳动合同的内容 / 62
　三、劳动合同的变更 / 65

四、劳动合同的解除 / 66

　　五、劳务派遣 / 72

　　六、按小时用工 / 73

第六章　交通事故处理，知多少 …………………………………… 75

　　一、交通事故概念 / 77

　　二、交通事故认定 / 78

　　三、交通事故责任划分 / 82

　　四、责任划分与赔偿关系 / 83

　　五、物流企业作为肇事方处理 / 84

　　六、物流企业作为受害方处理 / 85

　　七、交通事故处理流程 / 85

　　八、交通事故处理结果 / 86

第七章　运单"藏"风险，利润全掏空 ………………………………… 87

　　一、运单的定义 / 89

　　二、运单的内容 / 89

　　三、运单正面条款的注意事项 / 89

　　四、运单背面条款的注意事项 / 91

　　五、运单背面范本 / 91

第八章　股权激励——用"未来"留住人才 …………………………… 97

　　一、股权激励方式对比 / 99

　　二、股权激励考核标准 / 101

　　三、股权激励落地步骤 / 102

　　四、股权激励协议版本参考 / 103

第九章　财产混同的弊端 ……………………………………………… 109

　　一、公司财产与股东财产的混同 / 111

　　二、公司财产与股东财产的法律责任 / 112

　　三、股东与责任公司连带责任的法律风险防范 / 113

第十章　合理节税　节省成本 ·· 115

一、揭露纳税筹划的"面纱" / 117

二、三项措施轻松防范涉税风险 / 119

三、纳税筹划的四大要点 / 120

第十一章　物流企业 100 问 ·· 121

一、公司设立环节 / 123

二、股东权利与义务 / 140

三、股权 / 161

四、其他 / 164

第十二章　管理制度岗位职责参考 ·· 185

一、各岗位管理制度 / 187

二、常用合同模板 / 202

第十三章　物流常用法律法规 ·· 223

中华人民共和国合同法 / 225

中华人民共和国侵权责任法 / 262

后记 ··· 271

物流纠纷大数据报告

近几年来中国物流产业增速持续回落，但是物流企业的纠纷案件却一直保持着稳速增长的态势，一方面是法治的不断完善，人们的法律意识不断增强；另一方面是随着市场经济的迅猛发展，很多带有行业特性的纠纷大量涌现。纠纷解决不当必然导致人力、财力的消耗，所以避免纠纷的发生需从源头解决问题，如何正确解决纠纷成为减少损失的重点。

一、物流企业典型纠纷类型梳理

1. 交通事故类案件

国家安全生产监督管理总局、中华人民共和国交通运输部于2017年12月19日发布的最新研究报告显示，虽然近年来我国道路交通事故降幅明显，但依然高发。我国每年交通运输事故总量仍居高位，重特大事故仍然未根本遏制，企业主体责任落实不到位、非法违规现象突出、技术装备发展不平衡等制约交通运输安全的问题依然存在。上述两家机构19日首次发布的《道路交通运输安全发展报告（2017）》介绍，目前，中国公路在货运周转量、客运周转量等方面均遥遥领先于其他运输方式的总和。

数据显示，2017年1~10月，中国公路货物运输量2995520万吨，货物周转量541452508万吨公里。2017年10月中国公路货物运输量329941万吨，为去年同期的110.7%；公路货物周转量59525111万吨公里，为去年同期的109.8%。

2017年1~4月，我国道路运输领域发生较大以上等级行车事故起数和死亡人数较2016年同期明显上升，分别增加了12.2%和16.2%。

飞速增长的数据不仅敲击着交通管理部门的警钟，更给物流运输企业带来更深度的思考。

物流企业的货车每天都在道路上跑，因货车危险系数高，发生交通事故的概率也不断增加。货车发生交通事故可分为人车事故、车车事故、多方事故、单方事故几种。交通事故经过交警认定责任后作出交通事故认定书。交通事故认定书一般分为两种：一种是简易程序的事故认定书，一般当场可以作出；另外一种是事故较为复杂、人员受伤较重则作出普通程序的事故认定书，这种普通程序的事故认定书的下达在北京一般需要40天左右。

在交通事故中处理较为简单的是单方事故和车损类事故，往往造成人员伤亡的交通事故处理周期相对较长，程序较为烦琐。若伤者构成伤残或者死亡还会涉及医疗费、后续治疗费、整容费、康复费、住院伙食补助费、营养费、护理费、残疾赔偿金、死亡赔偿金、鉴定费、被抚养人生活费、残疾辅助器具费、精神损害赔偿抚慰金、误工费、交通费、住宿费、财产损失、丧葬费等的赔偿问题。诸多的赔偿项目给交通事故的处理平添很多难度，非专业人士在处理此类纠纷时举步维艰。

2. 合同纠纷

物流领域的合同纠纷多因合同相对人违约或合同约定相关内容不明确导致。物流企业涉及的合同类型繁多，如运输合同、仓储合同、劳动合同、挂靠合同、车辆租用协议、车辆借用协议、车辆买卖协议等，在实践中物流企业如果没有自己的法律顾问，签订合同时就较为被动。有些企业通过网上下载范本进行删改，有些企业的相关负责人甚至因为法律知识的缺失，全盘接受对方提供的合同条款内容，个性化的条款设计更无从谈起。这便容易导致合同中双方权利和责任的不对等，后期若发生相关问题必然要承担不利后果。

保险合同纠纷在物流企业的合同纠纷里占了较大比重，案件多数为物流企业发生事故造成损失，而保险公司援引拒赔条款拒绝赔偿。在实践中物流企业的老板给自己企业的车辆投保车辆保险时应注重两点：第一是保额，第二是保费。老板出于节约成本的考虑，希望投保保额高而保费较低的保险，这种心理往往让真正的重点被忽视掉。从法律角度分析，物流企业投保车辆保险应当注重两点，即保险范围和拒赔条款。如果物流企业老板投保了一个"划算"的保险，而出了事故还是由自己承担，那保险就相当于白买了。所以在为公司车辆投保保险时应谨慎审核保险条款内容，避免日后产生纠纷。

3. 劳动争议

物流企业对于用工方面的烦恼一直存在，员工流动性较大、工作危险系数较高，如何跟员工签订劳动合同、如何给员工缴纳保险也成了老大难问题。一些物流企业基于成本的考虑不给员工缴纳五险一金，而将目光投放到雇主责任险和团体意外险上面，而现实情况中因驾驶货车的危险性较高，货车司机发生交通事故一般伤情都较为严重，雇主责任险杯水车薪。团体意外险则仅仅是员工的福利，因为赔偿金都是直接赔给员工，单位该赔多少还是要赔多少。

一些提供挂靠服务的物流企业也应重视自身的法律风险。举一个案例来讲，北京市某物流公司将车辆卖给毕某，毕某因经营需要将车辆挂靠在该物流公司，毕某雇用了司机左某为其开车，然而在2014年4月的某天左某发生交通事故受重伤，且构成了较高等级的伤残。此时左某将物流公司和毕某一同诉至法院，以提供劳动者受害责任纠纷为案由，要求二者承担连带责任赔偿249万余元。物流企业在接到法院的传票看到左某的起诉状后十分惊讶，觉得这件事故的赔偿跟自己没有任何关系，在庭审过程中物流公司提出了三点意见认为自身不应赔偿左某：第一点，本案的案由是提供劳务者受害责任纠纷，物流公司与左某没有雇佣合同关系，也不是侵权主体；第二点，物流公司仅为车辆提供运输资质，并由毕某自主经营、自负盈亏不受物流公司的支配和管理；第三点，此次事故中物流企业并未介入运输工作中。这段反驳意见在很多物流企业老板看来都言之有理、句句铿锵。但是法院最终判决毕某和物流公司承担连带赔偿责任。因为司法解释认定在法律关系上这种实际车主雇用的司机和挂靠的物流公司就是一种劳动关系。所以给他人提供挂靠服务的物流企业一定要拉起警钟，物流公司在类似的案件中屡战屡败，损失惨重。合理的规避风险才是发展的长久之计。

二、纠纷解决方式

物流公司在发生争议后，既快又好地解决纠纷是损失不再继续扩大的关键所在。一般来说有如下三种解决途径可供选择：和解、诉讼与仲裁。这三种解决方案相比较来说各有利弊，下文即对这三种纠纷解决方式逐一进行介绍。

1. 和解

和解是指发生民事纠纷之后，当事人各方以解决纠纷为目的，自愿协商、对相互间的争议各自作出让步和妥协，自行达成协议的行为。包括诉前和解、诉讼和解与执行和解。

在中国，受传统观念"讼则终凶，和气生财"的影响，为避免关系僵化、维系和谐稳定的来往，和解往往是大多数人解决纠纷的首选。其一，就和解的本质来说，是当事人基于意思自治原则对其实体权利与诉讼权利的处分，是对自己权利的让渡，因此它具有最直接的定分止争的效果，于是有"和解是最适当之强制执行"的说法；其二，和解程序简单、效率高，不用走立案、开庭等环节，并且可以贯穿于诉讼或仲裁的任何一个阶段，只要双方或多方达成合意即可。与其他两种争议解决方式相比，和解将节约大量的时间成本与精力投入。

由于和解属于自行谈判，谈判技巧及风险预判尤为重要。争议产生源于各方对利益诉求的冲突，和解就是各方对利益重新分配、以尽可能追求各自利益最大化的过程。这个过程中，如何提和解方案能最大范围保障己方权益，还能让他方愿意接受，需要专业技巧及经验的积累。此外，各方达成的和解协议在性质上仍然属于民事合同，不具有强制执行力，可以通过公证或者请求法院依据和解协议出具调解书的方式赋予更强的执行效力，以保障谈判成果得以实现。

2. 诉讼

民事诉讼，是指公民之间、法人之间、其他组织之间以及他们相互之间因财产关系和人身关系向人民法院提起诉讼，人民法院立案受理，在双方当事人和其他诉讼参与人的参加下，经人民法院审理、解决纠纷的活动。

民事诉讼，作为维护社会公平正义的最后一道防线，由于是在人民法院主导下进行的，因此具有国家强制性、权威性的特点。争议一方起诉到法院，法院立案受理后，各方提出自己的诉讼主张，并提交相关证据材料以证明自己的主张，法院经过法庭调查、法庭辩论等环节，最终衡量作出具有强制执行力的民事调解书或者民事判决书。在起诉前或者起诉后，对方有转移财产等可能影响生产判决最终执行的情形时，可以申请法院进行财产保全，确保最终权益的实现。对方不自觉履行的，还可以申请法院强制执行，执行庭有权对执行标的进行查封、扣押、冻结等，以保障执行力度和效果。故经过诉讼解决的纠纷，更具有权威性、终局性。

但由于诉讼程序繁复、周期较长，法院案件量大、审判人员缺乏等因素，通过诉讼程序解决纠纷往往耗时较长，且还需承担诉讼费、公告费、保全费等费用。另外，诉讼是一项专业的法律活动，需要律师等专业人员的参与，以保障各方在均衡的前提下进行诉讼，成本较大。

3. 仲裁

仲裁是指由双方当事人在自愿的基础上订立仲裁协议，将争议提交具有公认地位的第三方仲裁机构，由该第三方对争议的是非曲直进行评判并作出裁决的一种解决争议的方法。在我国通常分为商事仲裁与劳动争议仲裁、国内仲裁与涉外仲裁。

能够申请仲裁的纠纷类型：平等主体的公民、法人和其他组织之间发生的合同纠纷和其他财产权益纠纷，可以仲裁。对于涉及人身关系、行政争议的不能仲裁。仲裁的提起需要争议双方在合同中约定仲裁条款或者争议发生后共同约定提起仲裁，一方提起仲裁、一方向法院起诉的，法院享有管辖权。我国对民事纠纷采取或裁或审的原则，经过仲裁裁决的纠纷不得再向法院起诉。对于企业的劳动争议，必须经过劳动争议仲裁委员会的仲裁前置程序，才能向人民法院提起诉讼。

由于仲裁属于一裁终局，不同于法院的两审终审，时限更短、效率更高，解决纠纷的速度更快，虽然申请仲裁的费用比诉讼成本更高，但商事领域更追求效率及效益，故适用仍非常广泛。

三、纠纷预防方式

1. 专业化法律顾问

"专业的事要交给专业的人做"一语道破聘用法律顾问的真谛。很多人形容常年法律顾问是"晴天里的雨伞"不知何时能派上用场，但是这种比喻并不准确。常年法律顾问应比喻成"独木桥的围栏"，走没有围栏的独木桥到达彼岸的人当然也有，但是一旦有任何失误必将损失惨重。

　　法律顾问和医生一样，都有其专长的领域，每个领域工作经验的积累都需要时间和精力。针对物流企业法律顾问而言，专注于交通领域的法律顾问相对比涉及债务、婚姻家庭、医疗纠纷等多个领域的律师更专业，专注于物流企业法律服务的法律顾问相对比涉足各种类型企业的法律顾问更专业。所以选择一个对口的法律顾问才是避免纠纷的法宝。

　　法律顾问能够给公司带来哪些服务呢？能够帮助企业规避掉什么样的法律风险呢？下文将逐一进行介绍。

　　（1）个性化的合同拟定

　　部分合同纠纷的产生是由于合同条款制定较模糊，缺乏针对合同中重要事项的明确约定，法律顾问可以根据具体情况拟定专门合同，而不是从网上下载通用性的合同模板。

　　法律顾问根据企业的用工情况拟定适用于特定企业的劳动合同，将用工风险最大限度地减小。此外还可以帮助企业进行劳动合同代管，因为现在企业人事部负责人多存在通过销毁自己的劳动合同来向单位索赔二倍工资的现象，法律顾问可以帮助企业代管劳动合同，全方位为企业规避风险。

　　（2）参与商业谈判

　　在商业谈判中法律顾问可以保证谈判的内容合理、合法，达到双方满意的结果。商务谈判签订协议时如果有法律顾问把关，能让企业规避法律风险。具有丰富经验的商务法律顾问，能深谋远虑，发现并处理起初看起来毫不起眼的问题，把"险途"中的"暗礁""逆流"一一排除，防患于未然，将危机消灭在萌芽状态，让双方免受法律风险。法律顾问参与商务谈判的首要任务，就是提示交易中存在的重大法律风险，同时法律顾问可以为委托当事人争取最大利益。一般而言，商事主体顾及商业形象和合作方的友好关系，不愿和合作方展开激烈争辩，法律问题作为局外人，可以利用其职业特点，在不伤及委托人商业形象的同时，与谈判相对方展开讨价还价的博弈，让委托人名利双收。法律顾问一般具有较丰富的谈判实践经验，能够有效地达成谈判目标。

　　由于职业特点，法律顾问经常性的工作就是谈判，如在法庭调解阶段需要谈判，庭外和解阶段需要谈判，帮助他人调解解决纠纷需要谈判，法律顾问还经常要帮助客户进行商务谈判，等等。所以，法律顾问一般都有比较丰富的谈判实战经验。谈判很重要的是心理素质和临场反应能力的较量，而法庭是特别锻炼人的心理素质和临场反应能力的地方，法律顾问经常接受这种锻炼，所以比较适合参加谈判。同时，谈判口头表达能力很重要，这点通常也是法律顾问的强项。此外相对于当事人法律顾问是处于旁观者的角色，应该能够更加客观地认识谈判格局。法律顾问代理当事人进行谈判，可以避免将当事人情绪带入谈判场合而过分陷入其中不能自拔，即所谓"当局者迷，旁观者清"。而且，法律顾问经历各种复杂、棘手的事情比较多，看问题相对比较理性和透彻，有利于在谈判中看清局势，冷静地进行分析和判断。谈判过程中，人们往往习惯于关注自己这一方的弱势以及所承受的压力，常常看不到对方的弱势和压力点，看不到自己的谈判筹码，从而可能在谈判过程中变得被动。而有"旁观者"法律顾问帮忙分析和提醒，委托人就能更准确地把握整个谈判的局势。

（3）提供法律咨询

针对物流企业日常经营中遇到的法律问题，法律顾问会给出客观全面的分析，针对物流企业提出的法律问题会进行详细的解答。纠纷产生初期如果处理得当完全能够避免后期的诉讼环节，所以能够提供正确的引导方向是法律顾问的重要之处。当遇到某些法律相关问题，企业负责人不知何去何从时，法律顾问可以通过多层面、多角度的分析做出多种备选方案，在平衡合法性和企业利益中间寻求平衡点，为企业创造更大价值。

（4）合理节税

税法是法律顾问研究的重点之一，合法节税也是很多物流企业目光聚集的焦点。但是合理节税和偷税漏税完全是两个概念，某些物流企业的老板对于相关纳税政策不明晰，现今物流企业竞争激烈，交的税都来源于企业的利润，一些老板动起歪脑筋想方设法地偷税避税，最后自己也受到法律的制裁。法律顾问则是从税务合规、税务筹划、交易结构分析、组织架构设计为企业合理地节税。物流企业既不走偷税漏税的"邪路"，同时又降低了成本，达到了真正的双赢。

2. 员工安全培训

物流企业为了增长利润点，不得不加大员工工作负荷。因为物流企业的员工流动性大、法律专业知识薄弱，易导致损失进一步扩大。一起事故的发生和一件纠纷的解决最关键的时间点应该是初期。员工的不当行为是纠纷的导火索之一，往往让企业损失惨重，如果能够给员工正确的引导、完善的安全培训会使事故量和纠纷量明显下降。例如，某物流企业的张某因疲劳驾驶在开车时打瞌睡导致在高速公路上将一辆小轿车撞向隔离带，致使车内人员昏迷。张某认为没有摄像头，伤者也昏迷，自己给单位开车出了这么大的事肯定吃不了兜着走，害怕加上侥幸的心理怂恿张某开车逃逸。然而天网恢恢疏而不漏，张某在途中一收费站被警察拦截。张某的行为被认定为交通肇事逃逸罪，物流公司给该车辆投保了高额的保险，本来对方的所有损失都可以通过保险公司进行理赔，但是由于张某的逃逸行为保险公司拒赔，导致巨额赔偿费用由物流企业承担，张某也因此行为获刑。

　　员工的法律普及和安全培训是物流企业应该定期安排的，如果案例中的张某在法律普及安全培训的讲座中了解到了逃逸的后果和正常处理事故的流程及注意要点，想必这样惨痛的教训就不会发生，归根结底物流企业不仅需要一个专业的法律顾问保驾护航，更需要给自己的员工建立较为完善的培训体系。

　　随着物流行业的发展，相关的法律制度、纠纷解决机制也在不断地完善。减少物流行业纠纷发生概率是物流企业和法律从业人员共同的愿景，在新的发展局势下如何通过法律为物流企业保驾护航，让物流企业越快越稳健地发展成为新的话题。在这条路上我们一直在前行，从未止步。

CHAPTER 1

第一章

运费拖欠如何解决

导读

　　拖欠运费几乎是大多数物流企业最头疼的问题之一，企业的经营和发展离不开资金的支持，而及时支付运费的客户屈指可数。为了保障与客户的继续合作，一些企业忍气吞声，一边继续为其提供服务，另一边一次次地"友善"催款，直到拖欠的运费如同滚雪球似的越来越多，影响了企业的正常运营，更有甚者因此陷入僵局。

　　很多物流企业负责人对运费拖欠有苦说不出，更有一些为了维护"绩优股"客户而委曲求全。如何维护自身的利益、维持企业良性发展取决于企业对于细节的把控，本章就运费事宜讲一讲实践中常见的疑难问题。

一、合同没有约定运费，怎么算运费？

在笔者给一些顾问单位服务时经常发现，有时物流企业为他人提供运输服务，所涉及的服务费用竟然没有任何书面的约定，往往都只是口头约定运费事宜，即便是签了买卖合同，也是非常简单的，很少会特意对运费如何计算进行专门的约定。事实上，合同不约定运费，托运人、收货人双方对谁承担运费各执一词，承运人又有可能介入，非常容易引发纠纷。

工作生活中，买卖合同没有约定运费的情况并不少见，多数发生在熟人之间，如朋友、合作伙伴等。一般情况下，基于信任、继续合作等因素，双方都会按照口头约定履行给付运费的义务。但因有的运费金额巨大或涉及其他利益冲突，导致朋友、合作伙伴反目，以致发生运费纠纷的情况较为常见。在合同没有约定运费出现纠纷时，可以按照以下方式确定运费承担义务人：

1. 当事人对运费没有约定或者约定不明确的，可以协议补充约定，明确由谁承担运费。

2. 若双方不能达成补充协议的，按照合同有关条款或者交易习惯确定。一般而言，货物自提的，运费由买方承担；送货上门的，运费由卖方承担。

3. 如果依照前一原则仍不能确定运费由谁付的，当事人可以收集证据资料到法院起诉，通过诉讼解决运费事宜。

合同没有约定运费，承运人可向托运人收取运费。当托运人与收货人没有约定运费，而发生纠纷的，通常任何一方都不会向承运人支付剩余部分或全部运费，导致承运人提供货物运输服务后，无法正常收取运费。这时承运人该向谁收取运费呢？往往很多人都无法确定。

实际上，在承运人完成提供运输服务后，就有权要求收取全额运费，不管是货到付款时拒付，还是预付款后不支付尾款的，承运人都有权向托运人索取运费。因为通常承运人只与托运人存在货物运输合同关系，承运人是为托运人运输货物，为托运人提供运输服务的，当承运人运送完货，托运人有最终的付运费的责任。

若承运人与托运人就运费事宜未能协商一致的，承运人可以通过法律措施要求托运人履行支付运费的责任，并赔偿相应的损失，如逾期利息。

当然，一般情况下，托运人、收货人、承运人三者间，很少会因为运费纠纷打官司，除非涉及的运费数额较大。所以当运费金额较大时，各方又未能协商解决时，笔者建议最为妥当的方法是委托专业运输合同律师协助追偿，必要时可请律师协助到法院起诉。

二、货到付款，收货方拒付运费，要找谁承担责任？

现如今快递行业快速发展，消费者网购、寄送物件的时候会选择使用货到付款的快递运输方式，但收货方拒付运费的情况时常发生。选择货到付款的快递运输服务付费方式是有风险的，当收货方拒付运费时，快递公司应该向谁收运费呢？是发件人还是收货方？

1. 货到付款收货方拒付运费，发件人是否承担责任？

实践中，一旦出现收货方拒付运费的情形，发件人一般需承担支付运费的责任。换句话讲，快递等物流公司应该向发件人追收运费。因为尽管快递等物流公司提供货到付款服务，但货运公司实质是为发件人提供货物运输服务的，是与发件人存在货物运输合同。所以承运人完成运输服务后，未收到运费时，可以要求发件人支付运费。发件人不能主张是收货方让其寄送货物，并要求选择货到付款的付费方式等原因，拒绝支付运费。

解决方案：协商或诉讼。

当出现收货方拒付运费的情形，并因此发生纠纷时，发件人、货运公司、收货方都可以通过协商或诉讼的方式解决纠纷。

（1）发件人与货运公司就运费事宜进行协商处理。当快递等货运公司完成货物运输服务后，因收货方拒付运费而向发件人索取运费时，发件人应当及时和物流公司进行协商，及时支付运费，不能拒付，避免纠纷恶化。在发件人支付运费后，可以根据与收货方的协议或约定，向其追偿相应的运费。

（2）当协商不成时，物流公司可以到法院起诉发件人，要求支付运费及相关损失，如利息损失。这时发件人应积极应诉，维护自己的合法权益，因为发件人作为被告，不积极参加庭审，经法院两次传唤，无正当理由仍不出庭的，法院可以缺席判决。即便发件人败诉，支付运费后仍可以委托律师起诉收货方，能追偿运费及赔偿相应的损失。

综上所述，无论是发件人，还是快递等物流公司，当遇到收货方不支付运费时，首先，协商解决。若协商不成的，在运费数额较大或存在货损、延时到货等争议时，笔者建议委托专业运输合同律师协助处理最为妥当，既有利于多方协商，又可以及时处理法院诉讼事宜。

2. 拖欠运费应如何起诉？怎么起诉？

现今网购成为人们生活的一部分，庞大的网购市场，促进了快递等物流行业的快速发展，很多人都纷纷投身货运行业。但拖欠运费、拒付运费等问题。一直困扰物流行业，阻碍物流行业发展之余，又严重损害了物流公司等承运人的合法利益，以致承运人很多时候，不得不考虑采取法律措施维权追讨运费。然而大多数人并不清楚该何时起诉，该到哪里起诉，该怎样起诉等事宜。

（1）拖欠运费的诉讼时效为三年

通过法院诉讼的方式追讨运费，首先应考虑何时起诉、能否胜诉的问题。根据《中华人民共和国民法总则》对诉讼时效的最新规定，自承认知道或者应当知道拖欠运费情形发生之日起三年内，承运人随时可以向法院提起诉讼，逾期未提起诉讼的，付款义务人可以拒绝履行其给付义务。未在诉讼时效内采取法律措施追偿的，承运人并非不能再通过法院诉讼的方式追偿。这涉及诉讼时效中止、中断的问题。诉讼时效中止是指：在诉讼时效期间的最后六个月内，因下列障碍，不能行使请求权的，诉讼时效中止：（一）不可抗力；（二）无民事行为能力人或者限制民事行为能力人没有法定代理人，或者法定代理人死亡、丧失民事行为能力、丧失代理权；（三）继承开始后未确定继承人或者遗产管理人；（四）权利人被义务人或者其他人控制；（五）其他导致权利人不能行使请求权的障碍。诉讼时效中断是指有下列情形之一的，诉讼时效中断，从中断有关程序终结时起，诉讼时效期间重新计算：（一）权利人向义务人提出履行请求；（二）义务人同意履行义务；（三）权利人提起诉讼或者申请仲裁；（四）与提起诉讼或者申请仲裁具有同等效力的其他情形。所以即使拖欠运费超过三年的，满足中止、中断条件时，也是可以到法院诉讼追偿的。

（2）法院诉讼追偿运费的流程

承运人到法院起诉追讨运费时，一般需要经过以下程序：

①准备双方当事人的身份资料；

②收集一切相关证据资料，如收集证明存在运输合同关系的证据资料，货物运输合同、来往邮件、电话录音、聊天记录等；

③准备诉状、诉讼费；

④到运输始发地、目的地或者被告住所地人民法院起诉。

若案情简单、事实清楚、证据充分，承运人可自行到法院立案起诉，胜诉率较高。但如果涉案标的额非常大，事实、证据等存在争议，又或者对法院诉讼事宜不熟悉的，笔者建议委托专业运输合同律师协助诉讼追偿，能最大可能追回运费及相应的损失。

三、拖欠运费打官司，要准备哪些证据？

生活中，拖欠运费的情况很常见，很多承运人最后不得不选择采取法律措施追偿，通过向法院起诉的方式追讨运费及相应的损失。为胜诉，必然要提供充分的证据资料，否则通常都是败诉居多。然而很多人却往往对该收集、提供哪些证据资料，不知所措。

一般情况下，通过法院诉讼的方式追讨运费时，需要提供以下证据资料：

1. 证明当事人诉讼主体资格的证据

（1）当事人为自然人的，应提交其身份证明资料，如身份证或户口本等；

（2）当事人为法人或其他组织的，应提交主体登记资料，如工商营业执照副本或由工商登记机关出具的工商登记清单、社团法人登记证等；

（3）当事人名称在诉争的法律关系发生后曾有变更的，应提交变更登记资料。

2. 证明货物运输关系存在的证据

（1）书证，如运输合同、派送、签收单据、运单、发票、欠条等；

（2）证人证言；

（3）录音录像、电子数据资料。例如，电话录音、聊天记录、邮件等。

3. 证明合同履行情况的证据

（1）交、收货凭证：交货单、送货单、提货单、收货单、入库单、仓单、运单等；

（2）证明拖欠运费的证据：结算清单、欠条、还款计划还款承诺书、能证明欠货款事实的信函等；

（3）收货方提出质量异议的信函、证人证言、有关单位的证明、检验报告、客户投诉、退货和索偿的证据；

（4）合同约定向第三人履行的，则提交第三人关于合同履行情况的证明及相应凭证。

4. 诉讼请求金额的计算依据

提供诉讼请求中关于要求计付本金及利息数额的计算清单，包括本金余额的计算清单、利息金额的计算清单等。如要求支付运费及利息损失的，应当提供计付运费及利息的依据。

如果无法自行收集相关证据资料，或不熟悉法院诉讼程序的，笔者建议委托专业运输合同律师协助处理，由专业律师协助收集证据资料，能避免重要证据遗漏，利于法院诉讼追偿。

四、不支付运费，可以扣留货物吗？

如今，随着交通运输行业的发展，各种物流和运输服务遍布全国各地，极大方便了货物运输。不管是物流还是其他运输服务都需要资金支持，若运费支付义务人未及时付款，承运人就可以扣下相应货物，用以确保托运人清偿运费。

生活中，货主由于资金周转困难等原因，有时会因未能及时支付运费而被扣留货物，以致无法及时收到货物，引发了其他不利后果。如无法将货物交给购买人，构成违约，要赔偿对方损失等。因而，不少收货人都想知道未及时支付运费，承运人究竟是否有权扣留货物。事实上，按照《中华人民共和国物权法》第 230 条规定，托运人或者收货人不支付运费、保管费以及其他运输费用的，承运人可以扣留已合法占有的货物。承运人对相应的运输货物享有留置权，但当事人另有约定的除外。换句话讲，除非当事人事先约定不能扣留货物，否则在收货人没有及时支付运费的情况下，承运人可以扣留相应货物。但是承运人在扣留货物时，需要注意以下几点：

1. 除法律另有规定外，承运人可以自行留置货物，不必通过法定程序留置货物。

2. 扣留货物时，应该符合物权法第230~240条的规定。

因此，承运人扣留货物也是存在一定法律风险的，首先必须合理合法，同时也必须保管好货物，否则需承担相应责任。如果发货人或收货人拖欠的运费金额较大，扣留货物时可以咨询专业合同律师，避免触犯法律。

CHAPTER 2

第二章

保险投保理赔"说明书"

导 读

与物流企业经营相关的保险种类繁多，车辆、人员、货物都需要投保，那么，面对众多的保险公司及纷繁的保险产品如何选择性价比最高、最可靠的保险呢？

笔者在和物流企业经营管理者交流中发现了一个投保致命的"坑"，即投保人只比较价格却不看理赔细则和免赔事由以及理赔上限等内容，发生理赔事由后开始抱怨投保无用，白白浪费钱。

投保人购买保险前务必对保险的险种、承保范围等要有相应的了解，如此才能知道所购保险到底适不适合物流企业的需求。本章将对保险的种类以及理赔流程进行详细阐述。

一、保险

(一) 车辆保险

如果货车是物流企业司机的"床",那么车辆保险就是物流企业司机的"被子"。车辆保险对每个物流企业来说都是必不可少的保障,这些保障的实用性却各有不同,让我们先来看看车辆保险项目的种类和区别。

1. 营业用汽车损失保险(以下简称车损险)

实用性最高的险种是车损险,车损险是车辆最基本保障险,车辆损失险是指保险车辆遭受保险责任范围内的自然灾害(不包括地震)或意外事故,造成保险车辆本身损失。此险种主要赔偿被保险车辆的损失。

车辆损失险的计算公式是:基本保费+新车购置价×费率,当然车主也可以选择不足额投保,在降低保费的同时保障也会打个折扣。保费要依据投保车辆具体的吨位、上年赔款记录、平均年行驶里程、上一保险年度有无交通违法记录等确定。

2. 机动车辆第三者责任保险(以下简称三者)

机动车辆第三者责任保险又称机动车交通事故责任保险,是指由保险公司对被保险机动车发生道路交通事故造成本车人员、被保险人以外的受害人的人身伤亡、财产损失,在责任限额内予以赔偿的强制性责任保险。这是我国第一个强制性保险,无论司机有无责任,保险公司都要对机动车发生交通事故造成的第三方人身伤亡或财产损失先行赔付。

此险种赔偿额度分别为:5万元、10万元、20万元、50万元、100万元,100万元以上,由被保险人自行选择,赔偿额度不同费用也有所差别。对于物流企业来说,最常见的赔偿额度还是100万元的,因为100万元以上的保额对于物流企业这种相对高危行业来说,很多保险公司实际上并不愿意承保。

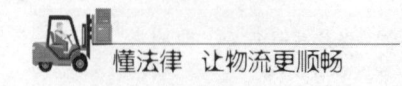

3. 车上人员责任险

赔偿被保险车辆交通意外所造成的本车人员伤亡。为减少损失而支付的必要合理的施救、保护费用，由保险公司承担赔偿责任。车上人员责任险的保险金额由被保险人和保险公司协商确定，一般每个座位保额按 1 万～5 万元不等。被保人数一般不会超过行驶本上规定的座位数。保险公司会根据事故中所负责任的大小来决定赔偿金额，赔偿金额在 80%～95%。被保险人在事故中负全部责任的赔偿 80%，负主要责任的赔偿 85%，事故双方负同等责任的赔偿 90%，被保险人负次要责任的赔偿 95%。

需要注意的是，只有在发生交通事故后，车上人员有伤亡的情况下，保险公司才给予赔偿。如果是因为疾病、打斗、战争、竞赛类似的情况，保险公司不予赔偿。还有一点要注意的是，和车损险一样，地震造成的人员伤亡也是保险公司的免赔项。

4. 自燃损失险（以下简称自燃险）

自然损失险，是指自身原因引起燃烧所造成的车辆损失，如车辆的电路、油路系统发生的故障及运载货物自身原因。此险种可选择性比较强。经常养护车辆可以避免油路、电路故障。如若是经常运输易燃易爆危险品的建议上此类保险，汽车使用年限过长、机件老化，也应该考虑购买自燃险。

保险金额由投保人和保险公司在保险车辆的实际价值（实际价值是指用新车购置价乘以折旧率的价格）内协商确定。当车辆发生自燃损失后按实际修理费用赔偿，如果自燃损失已经失去修理价值按照出险时车辆的实际价值赔偿，但不能超过保险金额。

需要注意的是，仅造成电路、线路、供油系统、供气系统的损失保险公司不予赔偿。简单说就是，车辆电路、油路故障导致发生明火使车辆造成自燃的情况下保险公司才给予赔偿。

5. 特种车车辆损失扩展险

特种车辆损失扩展险和车损险的性质一样，除了针对特种车以外，与车损险没有差别。要在投保车损险的基础上才可以投保轮式或履带式专用车辆，如牵引、清障、清扫、起重、装卸、升降、搅拌、挖掘、推土、轧路等。

需要注意的是，和车损险一样，自然灾害中地震是不予赔偿的。乘坐渡轮或被托运遭受自然灾害时，只有在驾驶人随船的情况下保险公司才给予赔偿。

6. 道路污染责任险

被保险车辆发生意外事故，本车或第三方车辆本身油料或所载油料泄漏造成道路的污染损失及清理费用，保险公司负责赔偿。此险种具有针对性，适于运输油类、化学类车型。

此险种赔偿额度分别为：5万元、10万元、20万元、30万元、50万元，由被保险人自行选择，赔偿额度不同费用也有所差别。需要注意的是，只针对道路污染，如果泄漏到道路以外保险公司不予赔偿。另外，因为泄漏所造成的污染罚款也是不予赔偿的。

7. 玻璃单独破碎险

对车辆的挡风玻璃和车窗玻璃发生单独破碎，保险公司负责赔偿。保险公司对破碎玻璃按实际价格赔偿。如果是倒车镜上的玻璃破碎，保险公司不予赔偿。

需要注意的是，投保时需要确定投保进口玻璃或是国产玻璃。在更换玻璃时造成的破碎保险公司不予赔付。

此险种主要针对卡车等车型，普通轿车不推荐购买。对于卡车这种强悍车型来说，如果是普通轿车相信很难伤害到车上的玻璃，一般此保险不推荐购买。

（二）人员保险

作为物流企业老板，除了车险以外也要考虑员工如果出现意外的赔偿问题，而现在市面上最多的两个险种就是雇主责任险和团体意外险，这两者具体有哪些差别？接下来作一些简单介绍。

1. 雇主责任险

雇主责任险是指被保险人所雇用的员工在受雇过程中从事与保险单所载明的与被保险人业务有关的工作而遭受意外或患与业务有关的国家规定的职业性疾病，所致伤、残或死亡，被保险人根据《中华人民共和国劳动法》及劳动合同应承担的医药费用及经济赔偿责任，包括应支出的诉讼费用，由保险人在规定的赔偿限额内负责赔偿的一种保险。

2. 团体意外险

团体意外险即团体意外伤害保险，是一种以团体方式投保的人身意外保险形式，而其保险责任、给付方式则与个人意外伤害保险相同。团体意外伤害保险一般是指企业作为投保人，员工作为被保险人，统一以团体方式投保的人身意外保险。其保险责任通常包含意外身故、意外伤残、意外医疗、意外住院津贴等。

3. 两个险种的比较

团体意外险与雇主责任险的比较

	团体意外险	雇主责任险
保险标的	员工	公司
保障范围	意外身故，意外伤残，意外医疗，意外住院津贴	意外身故，意外伤残，意外医疗，意外住院津贴＋误工费，法律费用
保障时间	保单有效期内，不区分工作期间和非工作期间	工作期间，可扩展为24小时
赔付对象	赔付到员工账户	赔付到公司账户
免赔与报销	有免赔和比例要求，社保内用药	零免赔全额，可报自费药及相关器材
伤残赔付	商业意外十级分级赔付	工伤按工伤十级鉴定，非工伤按商业意外分级
受益人	身故金可指定受益人，伤残金为自己	受益人为雇主，或雇主指定

4. 雇主责任险其中的工伤认定和视同工伤的情况

认定工伤	视同工伤
在工作时间和工作场所内，因工作原因受到事故伤害的	在工作时间和工作岗位，突发疾病死亡或者在48小时之内经抢救无效死亡的
工作时间前后在工作场所内，从事与工作有关的预备性或者收尾性工作受到事故伤害的	在抢险救灾等维护国家利益、公共利益活动中受到伤害的
在工作时间和工作场所内，因履行工作职责受到暴力等意外伤害的	职工原在军队服役，因战、因公负伤致残，已取得革命伤残军人证，到用人单位后旧伤复发的
患职业病的	
因工外出期间，由于工作原因受到伤害或者发生事故下落不明的	

续表

认定工伤	视同工伤
在上下班途中，受到非本人主要责任的交通事故或者城市轨道交通、客运轮渡、火车事故伤害的	
法律、行政法规规定应当认定为工伤的其他情形	

5. 举例说明

王某在工作期间受伤就医。住院费 3 万元，伤残鉴定赔偿 5 万元，单位纠纷法院诉讼费 2000 元。如果是团体意外险的话，保险公司会赔偿给工人残疾赔偿金 5 万元，诉讼费、住院费、伤残费等其他相关费用同时要由公司全部赔偿。如果是雇主责任险的话，保险公司会赔偿给单位应该承担的所有费用 8.2 万元，然后再由单位赔偿给个人。

雇主责任险对于企业来说，能够将损失减到最低。虽然它的投保保费比团体意外险贵不少，却可以帮助企业转嫁风险、降低经营成本，甚至减少企业陷入诉讼、被罚款或被调高征收工伤保险费率的风险，从另一个角度讲，最终减轻企业的经济负担。而团体意外险是直接给予员工的保障，让员工有归属感，是一种员工福利。员工获得保险公司赔付后，仍然有向企业索赔的权利。

因此，团体意外险偏向于员工利益，雇主责任险偏向于雇主利益。

（三）货物保险

为运输货物投保对于物流企业来说，是很重要的一个部分，因为在长途的运输过程中无法保证运输环境永远是稳定不变的，若遇到突发情况导致货物损坏，则一般由承运方即物流企业进行赔付，这部分损失对于物流企业来说是对利润的削减，因此，减少这部分支出是利润的变相增加。

1. 货物保险的定义

货物保险又叫货运保险，是以运输途中的货物作为保险标的，保险人对由自然灾害和意外事故造成的货物损失负责赔偿责任的保险。是针对流通中的商品而提供的一种货物险保障。开办这种货运险，是为了使运输中的货物在水路、铁路、公路和联合运输过程中，因遭受保险责任范围内的自然灾害或意外事故所造成的损失能够得到经济补偿，并加强货物运输的安全防损工作，以利于商品的生产和商品的流通。

2. 货物保险分类

以国际国内为标准，可划分为国内货物运输保险、国际货物运输保险；以运输方式为标准，可划分为国内水路、陆路货物运输保险、海上货物运输保险、邮包保险、航空货物运输保险。

对于京津冀物流企业，以及整个物流行业来说，陆路运输是最大的组成部分，因此我们接下来讲的内容多以陆路运输为主。

3. 国内陆路货物运输保险条款

（1）基本险

①因火灾、爆炸、雷电、冰雹、暴风、暴雨、洪水、地震、海啸、地陷、崖崩、滑坡、泥石流所造成的损失；

②由于运输工具发生碰撞、搁浅、触礁、倾覆、沉没、出轨或隧道、码头坍塌所造成的损失；

③在装货、卸货或转载时，因遭受不属于包装质量不善或装卸人员违反操作规程所造成的损失；

④按国家规定或一般惯例应分摊的共同海损的费用；

⑤在发生上述灾害、事故时，因纷乱而造成货物的散失及施救或保护货物所支付的直接合理费用。

（2）综合险

本保险除包括基本险责任外，保险人还应当赔偿：

①因受震动、碰撞、挤压而造成破碎、弯曲、凹瘪、折断、开裂或包装破裂致使货物散失的损失；

②液体货物因受震动、碰撞或挤压致使所用容器（包括封口）损坏而渗漏的损失，或用液体保藏的货物因液体渗漏而造成保藏货物腐烂变质的损失；

③遭受盗窃或整件提货不着的损失；

④符合安全运输规定而遭受雨淋所致的损失。

4. 货物保险特点

（1）被保险人的多变性

承保的运输货物在运送保险期限内可能会经过多次转卖，因此最终保险合同保障受益人不是保险单注明的被保险人，而是保单持有人。

（2）保险利益的转移性

保险标的转移时，保险利益也随之转移。

（3）保险标的的流动性

货物运输保险所承保的标的，通常是具有商品性质的动产。

（4）承保风险的广泛性

货物运输保险承保的风险，包括海上、陆上和空中风险，自然灾害和意外事故风险，动态和静态风险等。

（5）承保价值的定值性

承保货物在各个不同地点可能出现的价格有差异，因此，货物的保险金额可由保险双方按约定的保险价值来确定。

（6）保险合同的可转让性

货物运输保险的保险合同通常随着保险标的、保险利益的转移而转移，无须通知保险人，也无须征得保险人的同意。保险单可以用背书或其他习惯方式加以转让。

（7）保险利益的特殊性

货物运输的特殊性决定在货运险通常采用"不论灭失与否条款"，即投保人事先不知情，也没有任何隐瞒，即使在保险合同订立之前或订立之时，保险标的已经灭失，事后发现承保风险造成保险标的灭失，保险人也同样给予赔偿。

（8）合同解除的严格性

货物运输保险属于航次保险，《中华人民共和国保险法》《中华人民共和国海商法》规定，货物运输保险从保险责任开始后，合同当事人不得解除合同。

5. 索赔过程

在发生货损或货物灭失，办理保险索赔时，需要经过以下程序：

首先，由索赔人向保险公司提供以下单据：保险单或保险凭证正本、运输契约、发票、向承运人等第三者责任方请求补偿的函电或其他单证、被保险人已经履行应办的追偿手续等文件。其次，被保险人在办妥有关手续、交付单据后，等待保险公司审定责任，决定是否予以赔付，如何赔付。若保险公司决定赔偿，最后由保险公司向被保险人支付款项。

在实际操作过程中，货物保险到底由谁承担没有固定约定，更重要的是要依据双方合同约定。如果约定由托运人购买保险，则承运人除配合出示必需材料外，在出现意外时无须承担风险。相反，若约定由承运方承担，则物流企业一般会在收取费用时将保险费用一起收取。

物流企业在实践中并不单独为某一次运输购买货物保险，而是以年度为单位购买总保险，只要所运输货物数量、重量未超过限定总额，则可以对其风险进行赔付。

另外，还有一种情况即在货运初始，双方约定进行保价，若托运方额外进行保价，则遭遇风险时由承运方全额赔付货损实际价值（非声明价值），若未进行保价，有条款的按照合同条款进行赔付，一般为运费的十倍，若没有条款的话，双方可能会进行诉讼，最终以法院判决结果为准。

保险行业的特质就是前期推销时承诺赔偿容易，但到了后期出事故索赔时严格限制，因此，物流企业如果没有长期合作的保险代理人，则建议由本公司的法律顾问、律师与保险公司进行对接。

二、理赔

发生交通事故，无论是肇事者，还是受害人，首先都会想到赔偿，因为有强制性保险，发生交通事故都会想让保险公司进行保险理赔。但是，很多受害人却因为不懂得保险理赔、不知道保险理赔程序怎样、要准备哪些证据，而与肇事者、保险公司发生纠纷，导致迟迟拿不到赔偿。

车辆保险理赔是汽车发生交通事故后，车主到保险公司理赔。车辆保险理赔是按照一定的流程进行的。车辆保险理赔工作的基本流程包括：报案、查勘定损、签收审核索赔单证、理算复核、审批、赔付结案等步骤。交强险的赔偿数额应根据实际情况来计算，但最多只能在相应最高的限额予以赔偿，不足部分由商业保险或被保险人承担。

（一）投保人与受害人达成的调解协议，保险公司会赔付吗？

通常车主都会为车购置保险，以备不时之需。如果不幸发生车祸，车主除了报警之外，还会联系保险公司，保险公司会在其保险范围内承担赔偿。但是如果车主作为投保人，和受害人达成了调解协议，保险公司是否应该就调解协议进行赔偿呢？

首先，发生交通事故时，保险公司有在保险范围内进行赔偿的义务。投保人与保险公司签订了保险合同，就是为了规避风险。当发生交通事故时，保险公司应该根据合同，支付一定的赔偿金。保险公司对投保人给第三者造成的损害，可以依照法律的规定或者合同的约定，直接向该第三者赔偿保险金。

其次，投保人想要获得赔偿，要按以下程序进行：

1. 及时报案。投保人应该在 24 小时内及时拨打电话通知保险公司，告知事实。

2. 协助查勘定损。保险公司接到报案后，会迅速派人进行现场查勘，投保人应当协助保险公司进行保险事故的查勘定损。

3. 提交索赔单证。索赔时，被保险人应当按照保险合同约定向保险公司提交以下单证：

（1）出险通知书；

（2）保险单正本，机动车保险证，驾驶证，行驶证复印件；

（3）事故发生地交警部门的责任认定书，事故调解书；

（4）全车失窃需另提供保险合同约定的必备单证；

（5）涉及的第三者责任方追偿的赔案，需提供诉讼受理证明和追偿权利转让书；

（6）保险合同约定的其他单证。

因此，如果投保人已经和受害人达成调解协议，可以根据以上程序要求保险公司赔偿。当然，对于投保人自行允诺或支付的赔偿金额高于法定赔偿标准的，对于超过部分，保险公司可以拒绝赔偿。

最后，发生车祸时，应该及时通知保险公司并配合调查，不然后来想要索赔，就容易发生纠纷。如果投保人与受害人达成了调解协议，保险公司拒赔的，

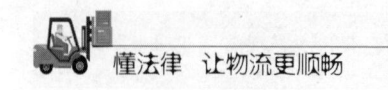

投保人可以向法院起诉要求保险公司履行责任，如果对金额确认仍有疑问的，建议咨询保险法相关专业律师。

（二）二手车保险没办理过户手续，能获得保险公司理赔吗？

买到二手车，除了在约定时间内拿到车，双方还要积极办理过户，并且为了不影响买家正常享受保险待遇，还要及时办理保险过户。否则，二手车保险没过户将直接影响正常理赔。理论上若二手车保险没办理过户手续，则此时二手车交易变更了保单，而未按约定变更保单的，保险公司有理由拒绝赔偿。要办理二手车保险过户手续，须填写保险过户申请书，买卖双方一同携带以下的证件材料办理过户：

1. 原车主的身份证；
2. 新的行车证；
3. 保单；
4. 车辆登记证；
5. 车辆过户发票。

另外，转让车辆保险后，被保险人或者受让人要通知保险公司。若是转让车险后危险程度显著增加的，保险公司可以在规定时间内变更或解除合同。如果被解除了保险合同，过户后可以重新购买车险。

不过，若是二手车未过户的，车辆又发生交通事故，实践中保险公司需进行理赔。因为按规定，车辆转让后未过户，如果发生交通事故，保险公司仍要承担保险限额内的赔款，而不以车辆是否过户及过户后户主是谁为依据。所以，保险人要依照法律法规和保险合同的规定给予赔偿。

二手车买家保险未过户，发生交通事故后，向保险公司申请赔偿虽然可能会被拒绝理赔，但是仍存在车辆牌照未换等特殊情况，或是保险合同有其他约定的，买受人还是可以积极主张保险理赔，如果同样被拒赔，跟保险公司起纠纷的，可以在必要时找专业律师介入。

（三）发生交通事故保险赔偿的情形有哪些？

发生交通事故后，对于事故造成的损失，双方会先找保险公司。因为发生交通事故后，通常保险公司会在其保险范围内承担赔偿。但是，保险公司并不是对所有情形都予以赔付，而保险公司是否理赔将直接关系到被保险人的利益，所以必须得先确定保险公司予以理赔的情形。

一般地，发生交通事故后，投保交通事故责任强制保险（以下简称交强险）的均应该按照赔偿限额予以赔偿，但在商业保险中，并不是所有的交通事故都会承担赔偿。除非当事人存在合同或法定免责事由，保险公司才可以不予赔偿。

保险公司不赔付的情形主要包括以下十几种：

1. 地震；战争、军事冲突、恐怖活动、暴乱、扣押、收缴、没收、政府征用；竞赛、测试，在营业性维修、养护场所修理、养护期间；利用被保险机动车从事违法活动；驾驶人饮酒、吸食或注射毒品、被药物麻醉后使用被保险机动车；事故发生后，被保险人或其允许的驾驶人在未依法采取措施的情况下驾驶被保险机动车或者遗弃被保险机动车逃离事故现场，或故意破坏、伪造现场、毁灭证据。

2. 精神损失不赔。

3. 驾驶人有下列情形的保险公司不负责赔偿：

（1）驾驶人无驾驶证或驾驶证有效期已满；

（2）驾驶的被保险机动车与驾驶证载明的准驾车型不符；

（3）持未按规定审验的驾驶证，以及在暂扣、扣留、吊销、注销驾驶证期间驾驶被保险机动车；

（4）依照法律法规或公安机关交通管理部门有关规定不允许驾驶被保险机动车的其他情况下驾车。

4. 发动机进水后再启动造成损坏不赔。

5. 部分零件被偷不赔，如轮胎、音响设备、车标等被盗，车主即只能自行承担损失。

6. 爆胎不赔。

7. 放弃追偿权不赔。

8. 改装后的添加设备不赔。

9. 修车期间的损失不赔。

10. 收费停车场事故不赔。

11. 没经过定损直接维修不赔。

12. 误撞自家人不赔。

13. 新车保险单生效前不赔。

14. 非被保险人允许的驾驶人使用被保险机动车；被保险机动车转让他人未向保险公司办理批改手续；除非双方另有约定，发生保险事故时被保险机动车无公安机关交通管理部门核发的行驶证或号牌，或未按规定检验或检验不合格的。

当然，发生交通事故后，除了以上拒赔的情形，保险公司在交强险限额内都应该予以赔偿。如果出现保险公司不予理赔，或是双方难以达成赔偿协议，对赔偿数额产生争议的，可以积极去法院起诉。双方争议较大且涉及的赔偿较大的，可以在必要时找专业律师介入处理。

（四）发生交通事故后车险理赔要收集哪些证据材料？

发生交通事故后，情况不严重未触犯交通肇事罪的，双方可以私下协商解决，对遭受的事故损失，车主购买了车辆保险的，可以按照保险理赔解决。那么，请求车险理赔时，就得先确定需要收集的证据材料，否则，提供的证据材料不齐全，将会直接影响保险金的赔付。

实际中，发生交通事故后车险理赔时要收集以下的证据材料：

1. 保险单正本、机动车交通事故责任强制保险保单复印件、驾驶证及行驶证正副本复印件、营运许可证或道路运输许可证复印件等。

2. 事故证明：包括交通事故认定书、事故认定书、火灾责任认定书等相关事故管辖部门出具的或法律法规认可的事故证明。

3. 事故调解书、判决书或仲裁书、损失清单、第三者财产损失修理发票或交通事故经济赔偿凭证、机动车交通事故责任强制保险赔款收据。

4. 涉及第三者人身伤亡的，还应提供以下材料：

（1）医疗费发票及费用清单；

（2）住院病例及诊断证明；

（3）转院、出院证明；

（4）伤者及护理人员收入证明；

（5）伤者伤残鉴定书；

（6）伤、亡者被抚养人状况证明原件；

（7）残疾用具证明及票据；

（8）死者死亡证明、销户证明、尸检证明、火化证明；

（9）交通费、住宿费等票据。

发生交通事故后并收集以上证据，但有些保险公司会以不在保险范围内而拒绝赔偿，这可能会损害被保险人的利益，那么就要跟保险公司确定保险责任。如果赔付范围较大，那么建议可以在必要时找专业律师介入处理。

（五）发生车祸后保险理赔的顺序是什么？

现在人买车后，为减少今后发生事故遭受的损失，都会积极购买保险。一旦发生车祸等交通事故，当事人要在第一时间找保险公司，接着按照保险理赔程序争取赔偿。不过，有些人并不清楚保险理赔的顺序，一旦保险公司未按要求理赔，可能会损失自己的合法权益，被保险人要注意积极维权。

实践中，发生车祸事故后当事人申请保险理赔，需按以下程序进行：

1. 及时报案

车祸属于保险事项的，被保险人应该在24小时内及时拨打报案电话向保险公司报案。

2. 协助查勘定损

保险公司接到报案后，会迅速派人进行现场查勘，被保险人应当协助保险公司进行保险事故的查勘定损。

3. 提交索赔单证

索赔时，被保险人应当按照保险合同约定向保险公司提交以下单证：

（1）出险通知书；

（2）保险单正本、机动车保险证、驾驶证、行驶证复印件；

（3）事故发生地交警部门的责任认定书、事故调解书；

（4）全车失窃需另提供保险合同约定的必备单证；

（5）涉及的第三者责任方追偿的赔案，需提供诉讼受理证明和追偿权利转让书；

（6）保险合同约定的其他单证。

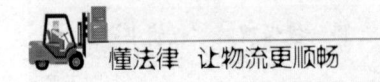

4. 赔款审核

保险公司根据车险合同条款、索赔单证等材料以及公司有关理赔规定，将作出是否赔偿以及赔偿多少的结论。

5. 领取赔款

按规定，保险公司从与被保险人达成赔偿金额协议之日起 10 日内，保险公司应当履行支付赔款义务。

最后，一般发生车祸后，理赔时会先由保险公司在交强险的赔偿限额内予以赔偿，如有不足的，由商业第三者险等商业保险予以赔偿，仍然存在不足的，由交通事故当事人补足赔偿。不过，如果中间出现有争议的，如被保险人对理赔金额有意见的，并且涉及数额较大的，可以在必要时找专业律师介入。

（六）交强险赔偿数额怎么计算？

作为车主肯定了解交强险，因为每辆汽车上路之前肯定都需要购买交强险，但并不是所有车主都知道交强险如何索赔，赔偿数额是多少，这样会闹出许多赔偿纠纷，解决这些的前提是知道交强险的赔偿数额也就是赔多少的问题。

交强险的赔偿数额是根据实际情况来计算的，但最多只能在相应最高的限额予以赔偿，不足部分由商业保险或被保险人承担。交强险的保险人（保险公司）对应由被保险人承担的赔偿责任，在赔偿限额内承担：

1. 死亡伤残赔偿限额为 110000 元；

2. 医疗费用赔偿限额为 10000 元；

3. 财产损失赔偿限额为 2000 元。

如被保险人无责任时，无责任死亡伤残赔偿限额为 11000 元；无责任医疗费用赔偿限额为 1000 元；无责任财产损失赔偿限额为 100 元。

当事人除了知道交强险如何赔偿、赔多少以外，还需要了解赔偿的顺序，通常情况下，发生车祸后的保险理赔顺序如下：

1. 首先是由保险公司在交强险的赔偿限额内予以赔偿；

2. 如有不足的，由商业第三者险等商业保险予以赔偿；

3. 仍然存在不足的，由交通事故当事人补足赔偿。

（七）车祸后保险理赔的流程是怎样的？

遭遇车祸后，很多人会第一时间报保险，不过很多人对于保险理赔的流程并不熟悉，有时候会遇到保险公司拒赔的情况。关于保险公司拒赔应冷静对待，此时了解保险理赔流程对于维护自身利益就显得很重要。

车祸保险理赔流程如下：

1. 出险报案

立即拨打公司报案电话或在有条件的情况下通过网络、传真等方式向公司报案。公司理赔服务人员将询问出险情况，协助安排救助，告知后续理赔处理流程并指导投保人拨打报警电话，紧急情况下投保人可先拨打报警电话。

2. 事故查勘（检验）

公司理赔人员或委托的公估机构、技术鉴定机构、海外代理人到事故现场勘察事故经过，了解涉及的损失情况，查阅和初步收集与事故性质、原因和损失情况等有关的证据和资料，确认事故是否属于保险责任，必要时委托专门的技术鉴定部门或科研机构提供专业技术支持。公司将指导投保人填写出险通知书（索赔申请书），向投保人出具索赔须知。

3. 损失确认

公司与投保人共同对保险财产的损失范围、损失数量、损失程度、损失金额等损失内容、涉及的人身伤亡损害赔偿内容、施救和其他相关费用进行确认，确定受损财产的修复方式和费用，必要时委托具备资质的第三方损失鉴定评估机构提供专业技术支持。

4. 提交索赔材料

根据公司书面告知投保人索赔须知内容提交索赔所需的全部材料，公司及时对投保人提交的索赔材料的真实性和完备性进行审核确认。如果索赔材料不完整，公司将及时通知投保人补充提供有关材料。如果对索赔材料真实性存在疑问，公司将及时进行调查核实。

5. 赔款计算和审核

在投保人提交的索赔材料真实齐全的情况下，公司根据保险合同的约定和相关法律法规进行保险赔款的准确计算和赔案的内部审核工作，并与投保人达成最

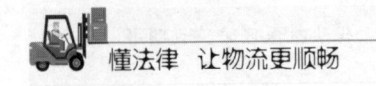

终的赔偿协议。

6. 领取赔款

公司根据与投保人商定的赔款支付方式和保险合同的约定向投保人支付赔款。

7. 协助追偿

因第三者对保险标的的损害而造成保险事故的,公司根据保险合同的约定和相关法律法规向投保人支付赔款后,请投保人签署权益转让书并协助公司向第三方进行追偿工作。

车主在发生交通事故后,如果在理赔过程中遇到阻碍,或者赔偿数额上与对方以及保险公司方面有争议的,为更好地解决保险理赔问题,最好找车辆保险理赔专业的律师咨询求助。

(八)保险拒赔,肇事司机不配合赔偿时,怎么索赔?

发生交通事故后,作为赔偿一方要么自行承担赔偿费用,要么就走保险赔偿的流程。若出现保险公司拒赔、赔偿义务方也拒绝赔偿的情况,此时受害一方可以通过投诉或者诉讼的方式维权。

交通事故中赔偿方不配合,保险公司又拒绝赔偿的话,第一步应该分清是否属于保险公司拒赔的理由,常见的保险公司拒赔的理由可归为以下几类:

1. 保险人或被保险人的违约行为

财产保险中的违约行为常见的有:被保险人投保时隐瞒了重大真实情况,或出险后弄虚作假,企图骗取赔款;被保险人未按照约定履行对保险标的的安全应尽的责任;保险财产以出售或转让,但未办理过户的批改手续;出险后不积极施救甚至放任损失扩大;等等。

人身保险中违约行为常见的有:投保人、被保险人故意不履行如实告知义务,弄虚作假;不缴纳保费;不能提供索赔所需要的证明、材料;被保险人职业或工种变更而不履行变更通知义务的;等等。

2. 财产损失或人身伤亡由保险合同的除外责任造成

保险公司常见的除外责任有:战争、军事行为、暴乱或武装叛乱;核爆炸、核辐射或核污染;被保险人的故意行为或重大违法行为;财产的折旧、磨损;艾滋病或感染艾滋病毒期间所患疾病；等等。

3. 不属于保险合同的承保范围

常见的有以下几种情形：财产损失或人身伤亡不是由保险合同中约定的保险事故所致；受损财产不属于保险财产；出险时间不在保险公司规定的有效期内；出险地点不在保险合同上注明的地点内；等等。

4. 如果赔付将有悖于法律规定或社会公德准则

诸如投保人、被保险人或受益人故意制造保险事故；被保险人对保险标的不具有保险利益；被保险人故意犯罪或拒捕、酗酒、斗殴而致伤亡的；被保险人无证驾驶、酒后驾驶；等等。对违法行为或扰乱社会公共秩序的行为进行赔付，将不利于社会安定。

通过上述简单判断当事人的情况是否属于保险公司拒赔的理由。如果不是保险公司拒赔的理由，应该要求保险公司赔偿，保险赔偿不足部分可要求赔偿义务人承担。如果仍不配合，建议当事人找保险拒赔专业的律师咨询求助，诉讼维权。

（九）驾驶与驾照准驾车型不符车辆时发生交通事故，保险公司可以拒赔吗？

交通事故发生的原因有很多，如车主驾驶技术不熟练、驾驶不符合驾照准驾车型等。由于交通事故发生的原因各不相同，此时保险公司是否赔偿存在争议，很多时候保险公司会以各种原因拒赔，此时就要分清是否属于拒赔的情形。

作为交通事故中索赔一方，因驾驶不符合车型被保险公司拒赔时，首先应该了解即便投保后，保险公司仍可以不予赔偿的情况，通常来说，有如下六种：

1. 酒后驾车、吸毒、药物麻醉所致车辆损失和第三者责任。

2. 无证驾车或与准驾车型不符。无证驾车与准驾车型不符都是违反《中华人民共和国道路交通安全法》的行为，保险公司有权拒绝赔偿。

3. 逾时报案，报案不实。每个保险公司在签订保险合同时，都要求投保人按照规定时间及时通知保险公司，以便保险公司及时调查评估，作出结论，若超出一定期限，保险公司可能无法进行调查取证，责任也只能由投保人自己承担。此外，若投保人在发生事故时虚报案情，以套取高额保险，这违背了诚信原则，

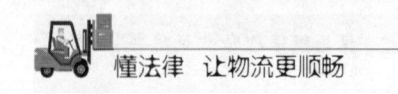

不但保险公司不予理赔，投保人还要承担法律责任。

4. 发生事故未通知保险公司。发生交通事故未通知保险公司与逾时报案一样，保险公司不会履行理赔义务，如果投保人不报案，就无法进行理赔程序。所以投保人在事故发生后报案，是保险公司履行理赔责任的一个首要前提。

5. 第三者责任险拒绝支付投保人与第三者私下协定的赔偿金额。任何交通事故发生的时候，如果要求保险公司理赔，投保人都无权与第三者私下签订协议，保险公司只能按照投保人的投保合同进行理赔。如果客户与第三者私下达成协议的，超出保险公司支付的部分只能由投保人承担。

6. 投保车辆发生转卖、赠送他人、变更用途、增加危险程度而未办理批改手续的。保险公司应在交强险的赔偿限额内予以赔偿，不可拒赔。如果投保商业保险，驾照准驾车型不符发生交通事故一般会拒赔。

（十）驾照到期没换证，开车发生事故，保险公司要赔吗？

大城市人口较多，驾校等资源紧张，考取驾照耗时较长，不少人为了快速考取驾驶证，就会选择去异地考取驾驶证，但是由于工作等原因容易忘记。驾驶证到期未换证，属于驾驶人违规行为，此时开车发生交通事故会直接影响保险理赔。

实际中，驾驶证到期后将会产生以下后果：

1. 驾驶证过期但未超过一年时间，可以按照正常的手续办理换证业务。

驾驶人应携带身份证件原件以及复印件到车管所，然后在车管所填写驾驶证换证申请表格，递交自己的证件、一寸照片，办理新的驾驶证。并且，在一年之内都可以正常办理换证手续。

2. 驾驶证过期已经超过一年的需要重新参加考试，只有重新参加科目一的考试才能重新申领驾驶证。

不过，此时保险公司是否需要理赔，可以根据具体情况分析处理：

1. 被保险机动车发生道路交通事故，造成本车人员、被保险人以外的受害人人身伤亡、财产损失的，由保险公司依法在机动车交通事故责任强制保险责任限额范围内予以赔偿。当然，道路交通事故的损失是由受害人故意造成的，保险公司不予赔偿。

2. 第三方商业保险应当遵循双方当事人的自由约定，即按照合同相关约定来处理。

驾驶证到期后继续使用的属于违规行为，此时发生交通事故，有些保险公司会据此拒绝理赔，导致投保人跟保险公司产生争议。如果事故损失较大，双方的争议较大，必要时可以去法院起诉处理。

（十一）保险公司以事故发生后没有及时报警为由拒赔，投保人可以索赔吗？

一般情况下，保险公司不能以车辆出事故没有及时报警为由拒赔。但是因未及时报警，而导致事故发生原因无法核实的，保险公司可以拒赔。所以一旦发生交通事故应在第一时间报案，报警时间拖得越长，保险公司拒赔的可能性就越大。

（十二）发生交通事故时保险公司拒赔情形有哪些？

一般发生交通事故后，保险公司均应该按照赔偿限额予以赔偿，除非当事人存在合同或法定免责事由，保险公司才可以不予以赔偿。

通常受理商业险种的保险公司的拒赔情形，可与被保险人双方协商确定。但受理交强险等法律强制性保险的保险公司法定拒赔的情形包括：

1. 因受害人故意造成的交通事故的损失。
2. 被保险人所有的财产及被保险机动车上的财产遭受的损失。
3. 被保险机动车发生交通事故，致使受害人停业、停驶、停电、停水、停气、停产、通讯或者网络中断、数据丢失、电压变化等造成的损失以及受害人财产因市场价格变动造成的贬值、修理后因价值降低造成的损失等其他各种间接损失。
4. 因交通事故产生的仲裁或者诉讼费用以及其他相关费用。

（十三）非车主驾车出事故，保险公司可以拒赔吗？

现如今，驾车出行成为越来越多人的选择，借车也成为平常的事情。如果借车出行出了交通事故，作为事故责任方，此时保险公司以非车主驾车为由拒绝赔付怎么办？非车主驾车出事故，保险公司可以拒赔吗？

只要是机动车发生了事故，不管驾驶人是不是车主，保险公司都应当在交强险限额范围内承担赔偿责任。交强险是一种"对车不对人"的保险。也就是说，交强险无论是谁开车，只要出了交通事故就会在其赔偿限额内赔偿。但是，在商业保险中，作为车主应该分清自己是否需要保险公司可以拒赔的情况，通常来说，保险公司对于以下情形可以拒绝赔偿：

1. 不可抗力因素

包括地震、战争、军事冲突、恐怖活动、暴乱、扣押、罚没、政府征用。

2. 牌照证件有问题

驾驶证出现以下问题，保险公司不会赔偿。

（1）驾照被吊销；

（2）无证驾驶。

3. 车没有年检

车辆未在规定时间内通过年检的不赔。保险公司只对检测合格的车辆负责，如果检测不通过，那么保险公司是不赔的。

4. 违法在先

在已经违法的情况下，出现交通事故的，肯定不予赔偿。比如，酒驾、毒驾、肇事逃逸、利用保险车辆从事违法犯罪活动。

5. 故意制造事故

有了车险若无所顾虑，故意制造事故，通过保险理赔修车，这样不仅不会获得赔偿，而且还属于骗保行为要承担法律责任。另外，在非车主驾车出事故时，根据《中华人民共和国保险法》的规定，责任保险的被保险人给第三者造成损害，被保险人未向该第三者赔偿的，保险人不得向被保险人支付保险金。保险公司通常会以此拒绝赔偿。

（十四）车辆被盗后发生事故保险公司需要赔偿吗？

车险理赔是汽车发生交通事故后，车主找保险公司理赔。理赔工作的基本流程包括：报案、查勘定损、签收审核索赔单证、理算复核、审批、赔付结案等步骤。这是对于正常情况下，如果车辆被盗，保险公司是否要理赔就要根据具体情况而定。

绝大多数车辆在参保了交强险的同时也都投保了商业险种。但是，一些车主在车辆被盗并发生事故之后不知道应该通过何种方法获得理赔，不清楚保险公司该对哪些项目进行赔付，甚至不清楚索赔的流程。这导致投保人向保险公司理赔时非常被动。

先说交强险，在发生交通事故后，承保交强险的保险公司在其理赔限额范围内理赔，有责任的赔偿：

死亡伤残赔偿限额：100000 元人民币

医疗费用赔偿限额：10000 元人民币

财产损失赔偿限额：2000 元人民币

投保第三方商业险，被盗抢的车辆在被盗抢期间发生的交通事故，如车辆参加第三者责任强制保险的，由保险公司在责任限额内承担赔偿责任，肇事者在责任限额外承担赔偿责任。另外，根据《中华人民共和国侵权责任法》第 52 条规定："盗窃、抢劫或者抢夺的机动车发生交通事故造成损害的，由盗窃人、抢劫人或者抢夺人承担赔偿责任。保险公司在机动车强制保险责任限额范围内垫付抢救费用的，有权向交通事故责任人追偿。"

（十五）事故发生超过三年才确定赔偿数额，保险公司可以拒赔吗？

事故发生后，关于赔偿的问题往往双方是通过协商的方式解决，协商的方式可以很快解决，但也可能会拖很久。如果超过三年的话，保险公司是否会因此拒绝赔偿呢？这个时候就需要根据具体的情况来确定。

三年后才确定赔偿数额的，保险公司能否拒赔应看情况而定：

1. 到法院起诉，向保险公司索赔的诉讼时效是三年，如果没有中断或中止诉讼时效情形的，超过三年后，再向法院起诉要求保险公司赔偿的，将会失去胜诉权。此外，需要注意保险公司的报案时间。

2. 如果是受害人伤势过重，存在医疗期及定残期间时间过长等合法原因，导致不能在三年内及时确定损害赔偿事宜的，可要求保险公司承担赔偿责任。

3. 如果各方当事人是通过诉讼确定赔偿数额的，最终生效判决书出来时已超过三年的，可要求保险公司承担赔偿责任。

由此可知，关于车祸赔偿问题，当事人应该及时解决，即便是通过协商的方式也需要注意相关的诉讼时效，防止时效到期拿不到赔偿金。

（十六）帮人运货发生交通事故，货物损失能理赔吗？

帮人运输货物途中发生交通事故，导致车上的货物出现损失的，将损害货物所有者的财产利益。那么，在这个情况下，承运人可不可以主张保险理赔，得先明确其是否属于第三者的损失。

根据保险法律规定，购买第三者责任险的投保人，被保险人或其允许的驾驶人员在开车过程中发生交通意外事故，导致第三者遭受直接财产损失，在交通事故责任被确定之后，被保险人应承担经济赔偿责任，这个时候就由保险人负责赔偿。

但是，保险法律又规定了出现以下情况的保险人免责：

1. 被保险人以及其家庭成员所有或代管的财产的损失；

2. 保险车辆驾驶人员以及其家庭成员所有或代管的财产的损失；

3. 在保险车辆上其他人员的财产损失。

而且，我国保险法规定的第三者责任险，需按照肇事者本身不能获得赔偿原则。因此，根据以上的规定，帮人运输货物造成交通事故，致使托运人遭受财物损失的，属于保险人免除责任范围。所以，对于这个货物损失，应该由肇事车主自行承担损失。另外，如果被保险人在第三者责任险上又购买了车上货物责任险的话，那么对于现在遭受的货物损失，即可以找保险人负责赔偿。并且，被保险人索赔时，提供运单、起运地货物价格证明等相关材料后，保险人就会在责任限额内按起运地价格计算赔偿。最后，在实际中，有些车主购买第三者责任险时，并不明确哪些情况属于免责范围，如果是因为保险人未做明示提醒的话，那么该免责条款将不发生效力。并且，这个时候被保险人损失较大的，建议积极去法院起诉。

（十七）为避车造成侧翻致路人受伤，保险公司要赔吗？

在马路上开车，如果发现有车迎面而来，为避免双方相撞造成损失，车主紧急避让车子造成侧翻，直接导致其他路人受伤的，那么这个时候保险人是否理赔？首先得看车主是否构成紧急避险。按照法律规定，构成紧急避险的，对造成的损害问题，将不负刑事责任。

车主构成紧急避险需满足以下几个条件：

1. 必须将产生两车相撞事故。如果车主在行车过程中，并没有迎面而来的车子，那么就不可能引起相撞的事故，也就没有客观存在的险情，因此，也不可能构成紧急避险。

2. 车子避让属于不得已举动。如果车主在该情况下，还能选择进入另一车道躲避的话，而不是只能避让到其他不能走的道，简单地说，只要能够避让到不伤害任何人利益的，那么就不属于不得已情况。

3. 致路人受伤是最低损害。如果车主在当时的情况下，能够做到一个路人都不伤害的话，那么也就不能构成紧急避险。

而且，如果避让车子造成多数路人受伤，其伤害程度远远大于两车相撞的，那么应该构成超过限度的紧急避险。另外，如果车主构成紧急避险，并且保险合同未约定将紧急避险划为免责范围，那么因为被避险人属于第三者，因此，可以主张保险理赔。但是，超过必要限度的紧急避险，保险人即可以不予理赔。最后，因为避让其他车造成侧翻，致路人受到不同程度伤害，一定要先确定是否构成紧急避险，如果保险人不承认时，建议通过诉讼解决。

CHAPTER 3

第三章

认识挂靠风险,避免成为"利润黑洞"

导读

随着市场经济的深入发展，物流行业对人们生产生活的影响日益凸显。物流行业的快速发展急需一批与物流行业发展相适应的法律法规进行调整，然而，国家立法的滞后性已不能适用物流行业的快速发展，尽管如此，现行法律、法规仍对物流行业的发展起到重要的调整作用。本章以现行法律法规为依据，结合民法法理，对物流行业中挂靠进行了简单阐述，希望能为物流公司健康发展提供相应参考。

一、挂靠含义

挂靠是个人运输者为从事货物运输和旅客运输，依附另一个经济实体或企业法人，对外以被依附的经济实体或者企业法人的名义从事经营活动，将自己所有的车辆登记在被依附者名下，向被依附者交纳一定金额的管理费用，对外从事运输活动的行为。按照挂靠关系的紧密程度，挂靠分为实质挂靠和形式挂靠。

1. 实质挂靠

实质挂靠是指，经营者除自行出资购置运输工具，向被挂靠者支付一定金额的管理费，以被挂靠者名义从事运输服务外，被挂靠者还办理如下业务：为挂靠者提供代办代缴各种税费、协调进站发车、协助处理与市内市外有关的营运事务，代办经营线路的审验、车辆审验、驾驶员年审、车辆报停，协助结算票款、协助处理行车中发生的各类交通事故并办理车辆保险，协助处理行车中的治安案件；被挂靠者对挂靠者统一调度、统一管理和统一结算。

2. 形式挂靠

形式挂靠是指，挂靠者以被挂靠者名义从事运输服务，挂靠者向被挂靠者支付一定金额的管理费用，而被挂靠者仅向挂靠者提供相关证件的服务，挂靠者如何经营及结算由挂靠者自主决定，被挂靠者不参与也不获取任何服务收益。

二、产生挂靠的原因

1. 物流公司经营发展的需要。物流公司为了达到扩大、垄断物流市场份额和实现投资规模投资效益的需要，必然要通过合作经营（挂靠）的方式来实现。

2. 个体经营者经营发展的需要。通过挂靠省去了个体经营者办理相关证照和营运手续的费用和时间；通过挂靠可以实现个体经营者规范管理的要求，也提高了其自身的诚信度、美誉度和市场竞争力。

三、挂靠法律风险及风险防范

1. 法律依据

劳动和社会保障部《关于确立劳动关系有关事项的通知》；《最高人民法院关于审理道路交通事故损害赔偿案件适用法律若干问题的解释》第 3 条；《最高人民法院关于适用〈中华人民共和国民事诉讼法〉的解释》第 54 条。

2. 用工及财产损失赔偿风险

由于物流公司是从事货物或旅客运输的行业，因此，物流公司在从业中容易发生交通事故，产生包括司机或第三方在内的人身、财产损害赔偿纠纷案件。

个体经营者雇用的司机或其家属，在发生交通事故后向劳动争议仲裁委员会或法院申请确认与物流公司存在事实劳动合同关系的案件，以及个体经营者在物流运输中导致第三者人身或财产损失，第三者将个体经营者与物流公司作为共同被告起诉，要求承担连带赔偿责任的案件是物流公司经常面临的纠纷。关于劳动关系的确认，虽然 2005 年 5 月 25 日劳动和社会保障部下发了《关于确立劳动关系有关事项的通知》，但因挂靠导致物流公司被诉并要求承担劳动用工责任的问题，常常困扰着物流公司的发展。《最高人民法院关于审理道路交通事故损害赔偿案件适用法律若干问题的解释》第 3 条规定："以挂靠形式从事道路运输经营活动的机动车发生交通事故造成损害，属于该机动车一方责任，当事人请求由挂靠人和被挂靠人承担连带责任的，人民法院应予支持。"该司法解释对挂靠者与被挂靠者之间因交通事故承担连带责任作出了明确的规定。

四、货损、货差赔偿风险

《最高人民法院关于适用〈中华人民共和国民事诉讼法〉的解释》第 54 条规定"以挂靠形式从事民事活动，当事人请求由挂靠人和被挂靠人依法承担民事责任的，该挂靠人与被挂靠人为共同诉讼人"。挂靠者以被挂靠者名义对外订立民事合同或者从事其他民事活动，因货损、货差导致的发货人、收货人起诉的，依照前述司法解释的规定，挂靠者与被挂靠者将法院以共同被告的形式参加诉讼并被法院判定共同向原告承担连带责任。

1. 被挂靠者承担连带赔付的责任

由于挂靠行为是由挂靠者以被挂靠者的名义对外实施民事行为的,因此,对外首先承担民事责任的主体是被挂靠的经营实体或企业法人。在社会现实中,挂靠者往往是"小作坊"者,他们对外承担民事责任的能力非常薄弱,因被强制执行,常常使被挂靠者对外先行承担民事责任,甚至导致负债累累直至破产。

2. 风险防范

如何避免对外承担连带责任,是挂靠者与被挂靠者共同希望的。在社会实际中,通过以下方式处理:

(1) 变实质挂靠为形式挂靠[①]

实质挂靠容易导致双方法律关系的模糊,为法院认定双方的法律关系带来难度,特别是事实劳动关系的确认。在司法实践中,因被挂靠者参与挂靠者职员的招聘,而被认定职员与被挂靠者存在事实劳动关系的案例,也恰恰说明了形式挂靠,更有利于维护被挂靠者的利益。

(2) 通过严格的合同条款进行规范和约束

挂靠者与被挂靠者通过严格的合同条款进行规范和约束,有利于厘清双方权利、义务和责任,在对外关系的处理及追偿问题上,能最大限度地维护自己的合法权益。

(3) 挂靠者向被挂靠者提供担保(包括:最高额担保)

物流公司为了避免自身风险,常常要求挂靠者向自己提供违约责任或者对外责任担保,保障自己在对外承担连带责任后,向挂靠者索赔。

其他的处理挂靠事宜的方式可以咨询专业律师为企业出谋划策。

[①] 挂号关系中,通过事实劳动关系认定的案例可参照:一审:浙江省杭州市江干区人民法院 (2010) 杭江民初字第1835号;

二审:浙江省杭州市中级人民法院 (2011) 浙杭民终字第579号。

CHAPTER 4

第四章
货损如何处理

导读

货物损失在物流行业比较常见，发生货损的原因也是多种多样，本章列举了常见的五种情形。根据这些常见的货损情形，对其法律责任的承担进行了详细分析，并针对性地提出了风险防范。

一、货损及其导致的原因

1. 货损

货损是指货物在收货、发运、装卸、搬运、中转过程中造成的货物的损坏或灭失。

2. 货损导致原因

货损原因在物流行业导致货物损坏或灭失的原因多种多样，最常见的有以下几种：

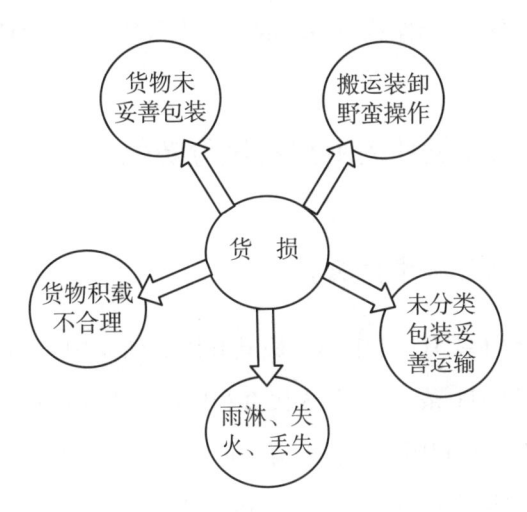

图1　货损导致原因

（1）货物出库后未按要求妥善包装。包括：包装材料不能满足保护包装物的要求，包装方式和方法不能满足货物因积压、易碎、被雨淋等可能导致的货物损坏的风险。

（2）搬运装卸作业中野蛮操作。在装卸搬运过程中，由于机械化程度较低，多采用人工装卸。而在装卸过程中踩踏、抛掷、脚踢等野蛮操作现象极为常见，这使货物的外层包装破损、变形、被污染，导致包装内的货物受损，因此，野蛮操作是造成货损的直接原因之一。

（3）车厢内货物积载不合理。在物流运输中经常存在大物件压小物件，车厢内货物堆放松散，没有采取货物固定的现象，当车辆通过颠簸路段、急加速、急刹车或者过弯时，容易导致货物碰撞、倒塌、摩擦、滚动、挤压等现象导致货物受损。因此，货物的合理积载至关重要。

（4）没有根据不同货物的性质，分类包装和妥善运输。在货物运输中，会遇到各种不同种类的货物，对于易碎、易燃易爆、怕污染、怕水渍等运输中需要采取特殊保护措施的货物，除了妥善包装之外，还要做出明显的标识，标明正确的存放、运输方法和作出明确的运输说明，由于在运输和存放中，物流公司没有严格按照上述要求分类包装妥善运输，因此，导致特殊货物发生货损。

（5）运输过程中因雨淋、失火、丢失导致货损。货物在运输过程中，由于受到雨淋、失火、丢失导致货物毁损灭失，这是运输中货物货损经常发生的事由。对这类损失，可通过投保意外保险的方式降低货损导致的经济损失。

二、货损后法律责任的承担及风险防范

（一）法律依据及法律责任承担

货损后法律依据主要有：《中华人民共和国民法总则》第 176 条、《中华人民共和国合同法》第 311 条、《中华人民共和国侵权责任法》第 48 条。

其中，《中华人民共和国合同法》第 311 条规定："承运人对运输过程中货物的毁损、灭失承担损害赔偿责任，但承运人证明货物的毁损、灭失是因不可抗力、货物本身的自然性质或者合理损耗以及托运人、收货人的过错造成的，不承担损害赔偿责任。"从以上条款可以看出，货物自交付承运人运输之日起，承运人对货物毁损、灭失的风险承担全部责任。基于上述法律规定，物流公司作为承运人在收货时应当履行严格的验货、收货责任。物流公司收货员应当查明：货物是否妥善包装，是否适合运输，货物是否与货运单记载相符，货物的质保期是否在有效期内，通过履行严格的验货、收货义务，厘清责任，避免承担不应承担的法律责任。

《中华人民共和国侵权责任法》第 48 条规定："机动车发生交通事故造成损

害的，依照道路交通安全法的有关规定承担赔偿责任。"依照以上条款可以看出：发生机动车交通事故时，物流公司应当及时报案，按照交管部门出具的事故责任认定书，在应当承担的事故责任范围内向事故对因第三方的责任给自己造成的经济损失向第三方追偿。（见图2、图3）

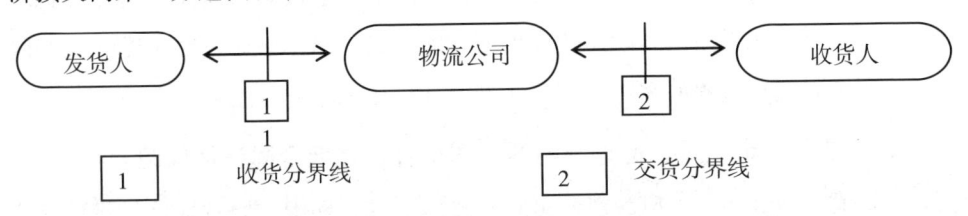

图2 基于合同法之下的物流责任承担

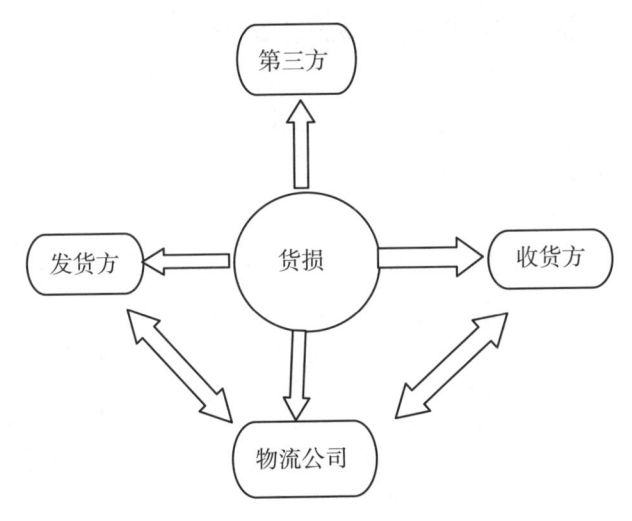

图3 基于侵权责任法之下的物流责任承担

通过以上流程图可以看出，发货人或收货人选择不同的法律，要求物流公司承担法律责任，对物流公司而言，承担责任的方式和承担责任的轻重是不同的。

（二）风险防范

为避免物流公司遭受因货损导致的相关法律风险，物流公司应做好以下工作：

1. 完善物流管理制度和流程

制度和流程建设是企业管理的基础。物流公司应当梳理在物流管理的各个环节可能导致货损的漏洞；并通过制度和流程查漏补缺。通过奖惩和绩效考核制度的实施及评估，使相关岗位的职工，敬畏制度和流程、遵守制度和流程。

2. 对员工进行培训

制度和流程要得到实施，必须对员工进行培训。通过对不同岗位员工进行培训，使每一位员工明白在本职工作中如何才能做好工作，并通过对制度和流程的遵循，实现制度和流程的闭环管理，达到降低法律风险的目的。

3. 严把合同审查关，通过严格的合同审查，降低合同法律风险

在物流运输合同中，应当严格审查"报酬、履行期限、履行地点、履行方式及违约责任条款"，通过审查并修改合同的不利条款，使运输合同体现出公平、合理、合法性，并能最大限度地维护自身的合法权益。

CHAPTER 5

第五章

规范用工,斩断后顾之忧

导读

随着物流经济的发展，物流劳动用工的需求量日益增加，关于劳动用工的一系列缺陷和物流行业管理的不规范导致的劳资纠纷等问题也渐渐凸显出来，严重制约着企业乃至物流行业经济效益的增长，不利于企业的长期稳定发展，甚至影响着社会的安定团结。

因此，规范劳动用工管理无论是对企业还是对劳动者都具有非常重要的积极意义，既减少了不必要的劳资纠纷问题，又在不损害双方利益的前提下，实现了各自利益的最大化。着手规范性用工要从签订劳动合同开始。

一、劳动合同签订

1. 劳动合同签订的主体：劳动者与用人单位

劳动者应具备的条件：有民事行为能力，符合就业年龄。

用人单位应具备的条件：中华人民共和国境内的企业、个体经济组织、民办非企业单位等组织；国家机关、事业单位、社会团体，以及会计师事务所、律师事务所等合伙组织和基金会以及《中华人民共和国劳动合同法》规定的用人单位设立的分支机构，依法取得营业执照或者登记证书的。

相关法条：《中华人民共和国劳动合同法》第2条规定："中华人民共和国境内的企业、个体经济组织、民办非企业单位等组织（以下称用人单位）与劳动者建立劳动关系，订立、履行、变更、解除或者终止劳动合同，适用本法。国家机关、事业单位、社会团体和与其建立劳动关系的劳动者，订立、履行、变更、解除或者终止劳动合同，依照本法执行。"

《中华人民共和国劳动合同法实施条例》第3条规定："依法成立的会计师事务所、律师事务所等合伙组织和基金会，属于劳动合同法规定的用人单位。"

《中华人民共和国劳动合同法实施条例》第4条规定："劳动合同法规定的用人单位设立的分支机构，依法取得营业执照或者登记证书的，可以作为用人单位与劳动者订立劳动合同；未依法取得营业执照或者登记证书的，受用人单位委托可以与劳动者订立劳动合同。"

2. 劳动合同签订的时间要求

已建立劳动关系，未同时订立书面劳动合同的，如果在自用工之日起一个月内订立了书面劳动合同，其行为即为合法。一般实践中建议员工入职后3～14天内订立书面劳动合同。

相关法条：《中华人民共和国劳动合同法》第10条规定："建立劳动关系，应当订立书面劳动合同。已建立劳动关系，未同时订立书面劳动合同的，应当自用工之日起一个月内订立书面劳动合同。用人单位与劳动者在用工前订立劳动合同的，劳动关系自用工之日起建立。"

3. 不签订劳动合同的法律责任

（1）用人单位未在自用工之日起一个月内订立书面劳动合同，但在自用工之日起一年内订立了书面劳动合同的，应当在此期间向劳动者每月支付二倍的工资。双倍工资的起算时间为用工之日起满一个月的次日，截止时间为补订书面劳动合同的前一日。

（2）用人单位自用工之日起满一年仍然未与劳动者订立书面劳动合同的，除在不足一年的违法期间向劳动者每月支付二倍的工资外，还应当视为用人单位与劳动者已订立无固定期限劳动合同。

相关法条：《中华人民共和国劳动合同法》第 82 条规定："用人单位自用工之日起超过一个月不满一年未与劳动者订立书面劳动合同的，应当向劳动者每月支付二倍的工资。用人单位违反本法规定不与劳动者订立无固定期限劳动合同的，自应当订立无固定期限劳动合同之日起向劳动者每月支付二倍的工资。"

《中华人民共和国劳动合同法实施条例》第 6 条规定："用人单位自用工之日起超过一个月不满一年未与劳动者订立书面劳动合同的，应当依照劳动合同法第八十二条的规定向劳动者每月支付两倍的工资，并与劳动者补订书面劳动合同；劳动者不与用人单位订立书面劳动合同的，用人单位应当书面通知劳动者终止劳动关系，并依照劳动合同法第四十七条的规定支付经济补偿。前款规定的用人单位向劳动者每月支付两倍工资的起算时间为用工之日起满一个月的次日，截止时间为补订书面劳动合同的前一日。"

《中华人民共和国劳动合同法实施条例》第 7 条规定："用人单位自用工之日起满一年未与劳动者订立书面劳动合同的，自用工之日起满一个月的次日至满一年的前一日应当依照劳动合同法第八十二条的规定向劳动者每月支付两倍的工资，并视为自用工之日起满一年的当日已经与劳动者订立无固定期限劳动合同，应当立即与劳动者补订书面劳动合同。"

4. 劳动者不愿签劳动合同的处理

如果劳动者不愿意签订劳动合同，可能有以下两种原因：一种是觉得合同内容复杂，可能对自己不利；另一种是觉得不会干长久。第二种里面的问题比较多，容易给企业带来劳动仲裁的困扰。故用人单位应自用工之日起一个月内，经用人单位书面通知后，劳动者不与用人单位订立书面劳动合同的，用人单位应当书面通知劳动者终止劳动关系，无须向劳动者支付经济补偿，但是应当依法向劳动者支付其实际工作时间的劳动报酬。一个月以上的需要支付经济补偿金。

相关法条：《中华人民共和国劳动合同法实施条例》第5条规定："自用工之日起一个月内，经用人单位书面通知后，劳动者不与用人单位订立书面劳动合同的，用人单位应当书面通知劳动者终止劳动关系，无需向劳动者支付经济补偿，但是应当依法向劳动者支付其实际工作时间的劳动报酬。"

《中华人民共和国劳动合同法实施条例》第6条第1款规定："用人单位自用工之日起超过一个月不满一年未与劳动者订立书面劳动合同的，应当依照劳动合同法第八十二条的规定向劳动者每月支付两倍的工资，并与劳动者补订书面劳动合同；劳动者不与用人单位订立书面劳动合同的，用人单位应当书面通知劳动者终止劳动关系，并依照劳动合同法第四十七条的规定支付经济补偿。"

5. 无固定期限劳动合同的签订

无固定期限劳动合同，是指用人单位与劳动者约定无确定终止时间的劳动合同。这里所说的无确定终止时间，是指劳动合同上没有一个确切的终止时间，劳动合同的期限长短不能确定，但并不是没有终止时间。只要没有出现法律规定的条件或者双方约定的条件，双方当事人就要继续履行劳动合同规定的义务。一旦出现了法律规定的情形，无固定期限劳动合同也同样能够解除。

由于缺乏对无固定期限劳动合同制度的正确认识，不少人认为无固定期限劳动合同一经签订就不能解除。因此，很多劳动者把无固定期限劳动合同视为"护身符"，千方百计要与用人单位签订无固定期限劳动合同。另外，一些用人单位则将无固定期限劳动合同看成了"终身包袱"，想方设法逃避签订无固定期限劳动合同的法律义务。

相关法条：《中华人民共和国劳动合同法》第14条规定："无固定期限劳动合同，是指用人单位与劳动者约定无确定终止时间的劳动合同。用人单位与劳动者协商一致，可以订立无固定期限劳动合同。有下列情形之一，劳动者提出或者同意续订、订立劳动合同的，除劳动者提出订立固定期限劳动合同外，应当订立无固定期限劳动合同：（一）劳动者在该用人单位连续工作满十年的；（二）用人单位初次实行劳动合同制度或者国有企业改制重新订立劳动合同时，劳动者在该用人单位连续工作满十年且距法定退休年龄不足十年的；（三）连续订立二次固定期限劳动合同，且劳动者没有本法第三十九条和第四十条第一项、第二项规定的情形，续订劳动合同的。用人单位自用工之日起满一年不与劳动者订立书面劳动合同的，视为用人单位与劳动者已订立无固定期限劳动合同。"

《中华人民共和国劳动合同法实施条例》第9条规定："劳动合同法第十四条第二款规定的连续工作满10年的起始时间，应当自用人单位用工之日起计算，包括劳动合同法施行前的工作年限。"

《中华人民共和国劳动合同法实施条例》第10条规定："劳动者非因本人原因从原用人单位被安排到新用人单位工作的，劳动者在原用人单位的工作年限合并计算为新用人单位的工作年限。原用人单位已经向劳动者支付经济补偿的，新用人单位在依法解除、终止劳动合同计算支付经济补偿的工作年限时，不再计算劳动者在原用人单位的工作年限。"

《中华人民共和国劳动合同法实施条例》第11条规定："除劳动者与用人单位协商一致的情形外，劳动者依照劳动合同法第十四条第二款的规定，提出订立无固定期限劳动合同的，用人单位应当与其订立无固定期限劳动合同。对劳动合同的内容，双方应当按照合法、公平、平等自愿、协商一致、诚实信用的原则协商确定；对协商不一致的内容，依照劳动合同法第十八条的规定执行。"

《中华人民共和国劳动合同法实施条例》第12条规定："地方各级人民政府及县级以上地方人民政府有关部门为安置就业困难人员提供的给予岗位补贴和社会保险补贴的公益性岗位，其劳动合同不适用劳动合同法有关无固定期限劳动合同的规定以及支付经济补偿的规定。"

《中华人民共和国劳动合同法》第82条第2款规定："用人单位违反本法规定不与劳动者订立无固定期限劳动合同的，自应当订立无固定期限劳动合同之日起向劳动者每月支付二倍的工资。"

6. 劳动合同签订注意事项

以招用为前提，扣证、要求担保、收取货币、物品、每月扣押一定比例，均不被允许。

担保主要指保证、抵押、质押、留置和定金形式。以其他名义向劳动者收取财物是指与建立劳动关系有关的财物，如高档服装费、风险金、保证金等。其他证件指学历证书、技能证书、资格证等与就业相关的各类证件。

按目前规定，签订劳动合同后，根据本单位或特殊岗位实际管理需要，本人自愿建立责任金或入股可以允许，并不能以建立和解除劳动关系为前提，解除劳动合同应予返还。

用人单位扣押劳动者居民身份证、护照、军官证、学生证等身份证件的，由劳动部门责令限期退还本人（非他人）；扣押身份证的，由公安机关给予警告，并处200元以下罚款。

用人单位扣押劳动者学历证书、职业资格证等证件的，由劳动部门责令限期退还本人（非他人）。

用人单位以担保或者其他名义向劳动者收取财物的，处理办法是：（1）未造成损害的，由劳动行政部门责令限期退还劳动者本人，并以每人500元以上2000元以下的标准处以罚款；（2）造成损害的或扣押物品损坏和遗失，还应当承担赔偿责任。

签订时：一式二份，条款具体明确签字盖章。签订后，双方应当各执一份。

相关法条：《中华人民共和国劳动合同法》第8条规定："用人单位招用劳动者时，应当如实告知劳动者工作内容、工作条件、工作地点、职业危害、安全生产状况、劳动报酬，以及劳动者要求了解的其他情况；用人单位有权了解劳动者与劳动合同直接相关的基本情况，劳动者应当如实说明。"

《中华人民共和国劳动合同法》第9条规定："用人单位招用劳动者，不得扣押劳动者的居民身份证和其他证件，不得要求劳动者提供担保或者以其他名义向劳动者收取财物。"

《中华人民共和国劳动合同法》第16条规定："劳动合同由用人单位与劳动者协商一致，并经用人单位与劳动者在劳动合同文本上签字或者盖章生效。劳动合同文本由用人单位和劳动者各执一份。"

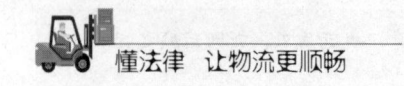

《中华人民共和国劳动合同法》第 81 条规定："用人单位提供的劳动合同文本未载明本法规定的劳动合同必备条款或者用人单位未将劳动合同文本交付劳动者的，由劳动行政部门责令改正；给劳动者造成损害的，应当承担赔偿责任。"

二、劳动合同的内容

1. 劳动合同法定条款

根据《中华人民共和国劳动合同法》第 17 条规定，劳动合同应当具备以下条款：

（1）用人单位的名称、住所和法定代表人或者主要负责人；

（2）劳动者的姓名、住址和居民身份证或者其他有效身份证件号码；

（3）劳动合同期限；

（4）工作内容和工作地点；

（5）工作时间和休息休假；

（6）劳动报酬；

（7）社会保险；

（8）劳动保护、劳动条件和职业危害防护；

（9）法律、法规规定应当纳入劳动合同的其他事项。

《中华人民共和国劳动法》第 19 条规定，劳动合同应当以书面形式订立，并具备以下条款：

（1）劳动合同期限；

（2）工作内容；

（3）劳动保护和劳动条件；

（4）劳动报酬；

（5）劳动纪律；

（6）劳动合同终止的条件；

（7）违反劳动合同的责任。

劳动合同除前款规定的必备条款外，当事人可以协商约定其他内容。

2. 试用期约定条款

（1）试用期存在的问题：如试用期过长、单独签订试用期合同、过分压低劳动者在试用期内的工资、在试用期内随意解除劳动合同等。

（2）试用期限和法律责任。

案例：某公司与张某签订两年合同，约定试用期六个月，工资1600元，转正工资2000元。对超过法定期四个月，已经履行后，公司除每月支付1600元外，劳动者有权要求公司支付赔偿金4×2000元。

相关法条：《中华人民共和国劳动合同法》第19条规定："劳动合同期限三个月以上不满一年的，试用期不得超过一个月；劳动合同期限一年以上不满三年的，试用期不得超过二个月；三年以上固定期限和无固定期限的劳动合同，试用期不得超过六个月。同一用人单位与同一劳动者只能约定一次试用期。以完成一定工作任务为期限的劳动合同或者劳动合同期限不满三个月的，不得约定试用期。试用期包含在劳动合同期限内。劳动合同仅约定试用期的，试用期不成立，该期限为劳动合同期限。"

《中华人民共和国劳动合同法》第83条规定："用人单位违反本法规定与劳动者约定试用期的，由劳动行政部门责令改正；违法约定的试用期已经履行的，由用人单位以劳动者试用期满月工资为标准，按已经履行的超过法定试用期的期间向劳动者支付赔偿金。"

（3）试用期间：试用期间包含在劳动合同期限内。劳动合同仅约定试用期的，试用期不成立，该期限为劳动合同期限。

（4）试用期内工资标准：试用期工资不得低于本单位同岗位最低档工资或者劳动合同约定工资的80%。

相关法条：《中华人民共和国劳动合同法》第20条规定："劳动者在试用期的工资不得低于本单位相同岗位最低档工资或者劳动合同约定工资的百分之八十，并不得低于用人单位所在地的最低工资标准。"

（5）试用期间的合同解除：试用期不是用人单位随意可以解除合同的，解除合同也应提前30天通知劳动者用人单位在试用期内解除劳动关系，必须及时通知劳动者，可通过各种方式，如电话等。事实上，无论是否在试用期内解除劳动关系，用人单位都有将解除文书送达劳动者的义务，只是这一义务在试用期内尤其需要注意，即必须是在法定时限内。

相关法条：《中华人民共和国劳动合同法》第 39 条规定："劳动者有下列情形之一的，用人单位可以解除劳动合同：（一）在试用期间被证明不符合录用条件的；（二）严重违反用人单位的规章制度的；（三）严重失职，营私舞弊，给用人单位造成重大损害的；（四）劳动者同时与其他用人单位建立劳动关系，对完成本单位的工作任务造成严重影响，或者经用人单位提出，拒不改正的；（五）因本法第二十六条第一款第一项规定的情形致使劳动合同无效的；（六）被依法追究刑事责任的。"

《中华人民共和国劳动合同法》第 40 条规定："有下列情形之一的，用人单位提前三十日以书面形式通知劳动者本人或者额外支付劳动者一个月工资后，可以解除劳动合同：（一）劳动者患病或者非因工负伤，在规定的医疗期满后不能从事原工作，也不能从事由用人单位另行安排的工作的；（二）劳动者不能胜任工作，经过培训或者调整工作岗位，仍不能胜任工作的；……"

《中华人民共和国劳动合同法》第 21 条规定："在试用期中，除劳动者有本法第三十九条和第四十条第一项、第二项规定的情形外，用人单位不得解除劳动合同。用人单位在试用期解除劳动合同的，应当向劳动者说明理由。"

（6）见习期、学徒期、实习期、试用期的关系。

见习期指大、中专毕业生分配后为期一年考核制度，其间不能调动工作，期满考核合格转正定级，不合格可延期或低定一级使用。学徒期是建立劳动关系之后的上岗制度。实习期是学校与用人单位签的实习协议。见习期、学徒期两者与试用期可同时并用，各执行自己的规定。

相关法条：《中华人民共和国劳动合同法》第 22 条规定："用人单位为劳动者提供专项培训费用，对其进行专业技术培训的，可以与该劳动者订立协议，约定服务期。劳动者违反服务期约定的，应当按照约定向用人单位支付违约金。违约金的数额不得超过用人单位提供的培训费用。用人单位要求劳动者支付的违约金不得超过服务期尚未履行部分所应分摊的培训费用。用人单位与劳动者约定服务期的，不影响按照正常的工资调整机制提高劳动者在服务期期间的劳动报酬。"

《中华人民共和国劳动合同法》第 23 条规定："用人单位与劳动者可以在

劳动合同中约定保守用人单位的商业秘密和与知识产权相关的保密事项。对负有保密义务的劳动者，用人单位可以在劳动合同或者保密协议中与劳动者约定竞业限制条款，并约定在解除或者终止劳动合同后，在竞业限制期限内按月给予劳动者经济补偿。劳动者违反竞业限制约定的，应当按照约定向用人单位支付违约金。"

三、劳动合同的变更

（一）劳动合同的法定变更

法定变更，是指在特殊情形下，劳动合同的变更并非因当事人自愿或同意，而具有强制性。这些特殊情况都是由法律明文规定的，当事人必须变更劳动合同。一是由于不可抗力或社会紧急事件等，造成企业或劳动者无法履行原劳动合同，如地震、战争、台风、暴雪等不可抗力或恶劣天气等自然灾害。这些情况出现时，双方当事人应当变更劳动合同的相关内容。二是由于法律法规的制定或修改，导致劳动合同中的部分条款内容与之相悖而必须修改，如政府关于最低工资标准的调整、地方政府颁布的关于高温天气作业的劳动时间的变化规定等。用人单位与劳动者应当依法变更劳动合同中相应的内容，并按照法律法规的强制性规定执行。另外，法定变更还包括：

1. 劳动者患病或者非因工负伤，在规定的医疗期满后不能从事原工作，用人单位应当与劳动者协商后，另行安排适当的工作，并因此相应变更劳动合同的内容。

2. 劳动者不能胜任工作，用人单位应当对其进行培训或者调整其工作岗位，使劳动者适应工作要求并相应变更劳动合同内容。

3. 劳动合同订立时所依据的客观情况发生重大变化，致使原劳动合同无法履行的，用人单位应当与劳动者协商，就变更劳动合同达成协议。

4. 因企业转产、重大技术革新或重大经营方式调整等企业内部经济情况发生变化的，用人单位应当与劳动者协商变更劳动合同。

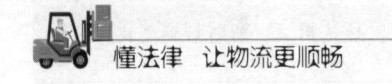

（二）协商变更

协商变更程序及应注意问题：

提出变更理由申请；对方应及时回复；协商一致后签订书面变更合同；变更后书面合同各执一份保存。

变更合同双方协商不一致，不准变更。

四、劳动合同的解除

劳动合同解除，是指在劳动合同有效成立以后，当解除的条件具备时，因当事人一方或双方的意思表示，使劳动合同向将来消灭的行为。劳动合同的解除方式可分为协议解除和单方解除。协议解除，即劳动合同经当事人双方协商一致而解除。单方解除即享有单方解除权的当事人以单方意思表示解除劳动合同。

（一）劳动者解除合同的条件

1. 一般情况下，劳动者解除劳动合同，应当提前30天以书面形式预告用人单位；

2. 有下列情形之一的，劳动者可以随时通知用人单位解除劳动合同：
①在试用期内的，要前3天通知用人单位，可解除劳动合同；
②用人单位以暴力、威胁或者非法限制人身自由的手段强迫劳动的；
③用人单位未按照劳动合同约定支付劳动报酬或者提供劳动条件的。

（二）用人单位解除合同的条件

1. 当劳动者符合下列情形之一的，用人单位可以直接解除劳动合同，不需向劳动者预告：

（1）使用不合格，即在试用期间被证明不符合录用条件的；

（2）严重违纪，即严重违反劳动纪律或企业规章制度；

（3）给企业造成损害，即严重失职、营私舞弊，对企业利益造成重大损害的；

（4）承担刑事责任，即被依法追究刑事责任的。

2. 当劳动者符合下列情形之一的，用人单位也可以解除劳动合同，但要提前30天以书面形式告知劳动者本人：

（1）劳动者患病或非因工负伤，医疗期满后，不能从事原工作也不能从事由用人单位另行安排工作的；

（2）劳动者不能胜任工作，经过培训或调整岗位，仍不能胜任工作的；

（3）企业劳动合同订立时所依据的客观情况发生重大变化，致使原合同无法履行，经当事人双方协商不能就变更合同达成此协议的。

关于医疗期规定：企业职工因患病或非因工负伤，需要停止工作治疗时，根据本人实际参加工作年限和在本单位工作年限，给予三个月到二十四个月的医疗期：（1）实际工作年限十年以下的，在本单位工作年限五年以下的为三个月；五年以上的为六个月。（2）实际工作年限十年以上的，在本单位工作年限五年以下的为六个月；五年以上十年以下的为九个月；十年以上十五年以下的为十二个月；十五年以上二十年以下的为十八个月；二十年以上的为二十四个月。

医疗期三个月的按六个月内累计病休时间计算；六个月的按十二个月内累计病休时间计算；九个月的按十五个月内累计病休时间计算；十二个月的按十八个月内累计病休时间计算；十八个月的按二十四个月内累计病休时间计算；二十四个月的按三十个月内累计病休时间计算。

关于医疗期工资：6个月以内，发病假工资：连续工龄满10年，本人工资（不包括加班工资、奖金、津贴、物价补贴）的50%，10~20年为60%，20~30年为70%，30年以上为80%。6个月以上，改发疾病救济费：40%、50%、60%、70%。物价补贴照发，病假工资与物价补贴之和不得低于最低工资的80%。疾病救济费与物价补贴之和不得低于最低生活费标准。

3. 用人单位还可以通过裁员的形式解除企业劳动合同，但必须符合这样的条件：

（1）企业濒临破产进行法定整顿期间，确需裁员；

（2）企业生产经营状况发生严重困难，确需裁员。

但用人单位应当提前30天向工会或者全体职工说明情况，听取工会或者职工的意见，并向劳动行政部门报告。

（三）劳动合同不得解除的情形

1. 从事接触职业病危害作业的劳动者未进行离岗前职业健康检查，或者疑似职业病病人在诊断或者医学观察期间的；
2. 在本单位患职业病或者因工负伤并被确认丧失或者部分丧失劳动能力的；
3. 患病或者非因工负伤，在规定的医疗期内的；
4. 女职工在孕期、产期、哺乳期的；
5. 在本单位连续工作满十五年，且距法定退休年龄不足五年的；
6. 法律、行政法规规定的其他情形。

（四）劳动合同解除的程序和经济补偿金的支付

1. 劳动合同解除程序

（1）出具解除或终止证明书，证明书应载明《中华人民共和国劳动合同法实施条例》第24条规定："用人单位出具的解除、终止劳动合同的证明，应当写明劳动合同期限、解除或者终止劳动合同的日期、工作岗位、在本单位的工作年限。"（2）出具后15日内为劳动者办理档案和社保转移手续；（3）应当支付经济补偿金的需在办结工作移交手续时支付；（4）保存已经解除或者终止的劳动合同的文本2年；（5）保密义务，档案和证明书不出现不利劳动者再求职的材料和文字，保守劳动者相关秘密；（6）确保送达证明文书，出现无法直接送达情形，应采取亲属代收、邮寄送达或公告送达。

相关法条：《中华人民共和国劳动合同法》第43条规定："用人单位单方解除劳动合同，应当事先将理由通知工会。用人单位违反法律、行政法规规定或者劳动合同约定的，工会有权要求用人单位纠正。用人单位应当研究工会的意见，并将处理结果书面通知工会。"第50条规定："用人单位应当在解除或者终止劳动合同时出具解除或者终止劳动合同的证明，并在十五日内为劳动者办理档案和社会保险关系转移手续。劳动者应当按照双方约定，办理工作交接。用人单位依照本法有关规定应当向劳动者支付经济补偿的，在办结工作交接时支付。用人单位对已经解除或者终止的劳动合同的文本，至少保存二年备查。"

2. 经济补偿金支付的情形

（1）劳动者依照《中华人民共和国劳动合同法》第38条规定："用人单位

有下列情形之一的，劳动者可以解除劳动合同：（一）未按照劳动合同约定提供劳动保护或者劳动条件的；（二）未及时足额支付劳动报酬的；（三）未依法为劳动者缴纳社会保险费的；（四）用人单位的规章制度违反法律、法规的规定，损害劳动者权益的；（五）因本法第二十六条第一款规定的情形致使劳动合同无效的；（六）法律、行政法规规定劳动者可以解除劳动合同的其他情形。用人单位以暴力、威胁或者非法限制人身自由的手段强迫劳动者劳动的，或者用人单位违章指挥、强令冒险作业危及劳动者人身安全的，劳动者可以立即解除劳动合同，不需事先告知用人单位。"

（2）用人单位依照《中华人民共和国劳动合同法》第36条规定："用人单位与劳动者协商一致，可以解除劳动合同。"但由用人单位首先提出解除协议的，应当支付经济补偿。较劳动法的规定，本项经济补偿范围有所缩小。《中华人民共和国劳动法》第24条、第28条规定，用人单位与劳动者协商一致解除劳动合同的，用人单位应当依照国家有关规定给予经济补偿。在劳动合同法制定过程中，考虑到有的情况下，劳动者主动跳槽，与用人单位协商解除劳动合同，此时劳动者一般不会失业，或者对失业早有准备，如果要求用人单位支付经济补偿不太合理，因此对协商解除情形下，给予经济补偿的条件作了一定限制。

（3）用人单位依照《中华人民共和国劳动合同法》第40条规定："有下列情形之一的，用人单位提前三十日以书面形式通知劳动者本人或者额外支付劳动者一个月工资后，可以解除劳动合同：（一）劳动者患病或者非因工负伤，在规定的医疗期满后不能从事原工作，也不能从事由用人单位另行安排的工作的；（二）劳动者不能胜任工作，经过培训或者调整工作岗位，仍不能胜任工作的；（三）劳动合同订立时所依据的客观情况发生重大变化，致使劳动合同无法履行，经用人单位与劳动者协商，未能就变更劳动合同内容达成协议的。"

（4）用人单位依照《中华人民共和国劳动合同法》第41条第1款规定："有下列情形之一，需要裁减人员二十人以上或者裁减不足二十人但占企业职工总数百分之十以上的，用人单位提前三十日向工会或者全体职工说明情况，听取工会或者职工的意见后，裁减人员方案经向劳动行政部门报告，可以裁减人员：（一）依照企业破产法规定进行重整的；……"

（5）除用人单位维持或者提高劳动合同约定条件续订劳动合同，劳动者不同意续订的情形外，依照《中华人民共和国劳动合同法》第 44 条第 1 项规定终止固定期限劳动合同：

①劳动合同期满时，用人单位同意续订劳动合同，且维持或者提高劳动合同约定条件，劳动者不同意续订的，劳动合同终止，用人单位不支付经济补偿；

②如果用人单位同意续订劳动合同，但降低劳动合同约定条件，劳动者不同意续订的，劳动合同终止，用人单位应当支付经济补偿；

③如果用人单位不同意续订，无论劳动者是否同意续订，劳动合同终止，用人单位应当支付经济补偿。

注意：以完成一定工作任务为期限的劳动合同终止时的经济补偿、工伤职工的劳动合同的经济补偿、劳务派遣中的经济补偿，都是要给付的。请参考《中华人民共和国劳动合同法实施条例》。

(6) 依照《中华人民共和国劳动合同法》第 44 条第 4 项、第 5 项规定终止劳动合同。

《中华人民共和国劳动合同法》第 44 条第 4 项规定，用人单位被依法宣告破产的，劳动合同终止。第 44 条第 5 项规定，用人单位被吊销营业执照、责令关闭、撤销或者用人单位决定提前解散的，劳动合同终止。《中华人民共和国企业破产法》第 113 条规定，破产清偿顺序中第一项为破产人所欠职工的工资和医疗、伤残补助、抚恤费用，所欠的应当划入职工个人账户的基本养老保险、基本医疗保险费用，以及法律、行政法规规定应当支付给职工的补偿金。用人单位因为有违法行为而被吊销营业执照、责令关闭、撤销时，劳动者是无辜的，其权益应该受到保护。劳动合同终止时，用人单位应该支付经济补偿。较劳动法的规定，本项规定是增加的规定。

(7) 法律、行政法规规定的其他情形。

有些法律、行政法规中有关于用人单位支付经济补偿的规定。例如，《国营企业实行劳动合同制暂行规定》规定，国营企业的老职工在劳动合同期满与企业终止劳动关系后可以领取相当于经济补偿的有关生活补助费。尽管《国营企业实行劳动合同制暂行规定》于 2001 年被废止，但 2001 年之前参加工作的劳动者，在劳动合同终止后，仍可以领取工作之日起至 2001 年的生活补助费。

3. 经济补偿金支付标准

《中华人民共和国劳动合同法》第 47 条规定："经济补偿按劳动者在本单位

工作的年限，每满一年支付一个月工资的标准向劳动者支付。六个月以上不满一年的，按一年计算；不满六个月的，向劳动者支付半个月工资的经济补偿。劳动者月工资高于用人单位所在直辖市、设区的市级人民政府公布的本地区上年度职工月平均工资三倍的，向其支付经济补偿的标准按职工月平均工资三倍的数额支付，向其支付经济补偿的年限最高不超过十二年。本条所称月工资是指劳动者在劳动合同解除或者终止前十二个月的平均工资。"

《中华人民共和国劳动合同法》第85条规定："用人单位有下列情形之一的，由劳动行政部门责令限期支付劳动报酬、加班费或者经济补偿；劳动报酬低于当地最低工资标准的，应当支付其差额部分；逾期不支付的，责令用人单位按应付金额百分之五十以上百分之一百以下的标准向劳动者加付赔偿金：（一）未按照劳动合同的约定或者国家规定及时足额支付劳动者劳动报酬的；（二）低于当地最低工资标准支付劳动者工资的；（三）安排加班不支付加班费的；（四）解除或者终止劳动合同，未依照本法规定向劳动者支付经济补偿的。"

4. 用人单位违法解除的法律责任

《中华人民共和国劳动合同法》第48条规定："用人单位违反本法规定解除或者终止劳动合同，劳动者要求继续履行劳动合同的，用人单位应当继续履行；劳动者不要求继续履行劳动合同或者劳动合同已经不能继续履行的，用人单位应当依照本法第八十七条规定支付赔偿金。"

终止与续订

①劳动合同的终止，是指劳动合同关系自然失效，双方不再履行。《中华人民共和国劳动法》第23条规定，劳动合同期满或者当事人约定的劳动合同终止条件出现，劳动合同即行终止。

②终止经济补偿金的支付及标准（《中华人民共和国劳动合同法实施条例》第47条）

国有企业劳动者劳动合同终止，2001年10月13日前的工作年限，仍应按标准工资（现工资70%）支付生活补助费。外合资企业劳动者劳动合同终止，2001年9月3日前的工作年限，仍应按现工资支付生活补助费。

案例：小王于2000年6月1日入职某公司（外资企业），劳动合同每年一签，2007年6月1日，公司与小王又签订了一年期限的劳动合同，2008年5月

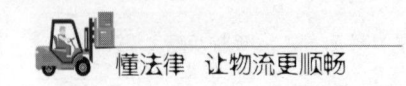

31日，劳动合同期满，公司决定不再续订劳动合同。

问题一：2008年5月31日合同终止，公司如何支付经济补偿？

答：固定期限劳动合同终止，对于外资企业2001年9月3日之前需支付经济补偿，《中华人民共和国劳动合同法》实施后也需支付，2001年9月4日至2007年12月31日这段时间，按照当时规定，合同终止用人单位可不支付经济补偿金。因此，小王2001年9月3日之前的工作年限，用人单位应支付一个月经济补偿金。2008年1月至5月的工作年限，用人单位应支付半个月的经济补偿，基数按5月之前的12个月的平均工资。

问题二：如果2008年4月30日公司解除劳动合同，如何支付经济补偿？

答：分段计算。2007年12月31日之前每满一年支付一个月，不满一年按一年计算，故为8个月经济补偿金。2008年1月至4月的工作年限，用人单位应支付半个月的经济补偿。基数按4月30日之前12个月的平均工资。

如用人单位违法解除合同或解除理由不成立，《中华人民共和国劳动合同法》规定，如果劳动者要求继续履行劳动合同的，用人单位应当继续履行；劳动者不要求继续履行劳动合同或者劳动合同已经不能继续履行的，用人单位应当依照本法第87条规定支付赔偿金。所以，本案中如果小王不要求继续履行劳动合同的，按经济补偿金二倍支付。

五、劳务派遣

劳务派遣又称人力派遣、人才租赁、劳动派遣、劳动力租赁、雇员租赁，是指由劳务派遣机构与派遣劳工订立劳动合同，把劳动者派向其他用工单位，再由其他用工单位向派遣机构支付一笔服务费用的一种用工形式。劳动力给付的事实发生于派遣劳工与要派企业（实际用工单位）之间，要派企业向劳务派遣机构支付服务费，劳务派遣机构向劳动者支付劳动报酬。

《中华人民共和国劳动合同法实施条例》第28条规定："用人单位或者其所属单位出资或者合伙设立的劳务派遣单位，向本单位或者所属单位派遣劳动者的，属于劳动合同法第六十七条规定的不得设立的劳务派遣单位。"第29条规定："用工单位应当履行劳动合同法第六十二条规定的义务，维护被派遣劳动者的合法权益。"第 30 条规定："劳务派遣单位不得以非全日制用工形式招用被派遣劳动者。"第 31 条规定："劳务派遣单位或者被派遣劳动者依法解除、终止劳动合同的经济补偿，依照劳动合同法第四十六条、第四十七条的规定执行。"第 32 条："劳务派遣单位违法解除或者终止被派遣劳动者的劳动合同的，依照劳动合同法第四十八条的规定执行。"

六、按小时用工

1. 加班工资计发基数

单位安排职工加班加点的，应当以劳动合同规定的职工本人所在的岗位（职位）相对应的工资标准为加班加点工资的计发基数。

执行上款规定有困难的单位，安排职工加班加点的，以下列标准计发加班加点工资：（1）实行岗位技能工资制的单位，以职工本人的岗位工资与技能工资之和为工资计发基数；（2）实行其他工资制度的单位，以加班加点上月职工正常工作情况下的工资收入和（不包括奖金）为计发基数。对于难以划分工资、奖金等项的企业，以职工上月实得工资的 70% 为计发基数。

加班加点工资的计发基数低于全省最低工资标准的，按全省最低工资标准为计发基数。休息日加班应先安排同等时间补休。不能安排补休的，给予不低于正常工作时间工资报酬 200% 的加班工资。

2. 年休假

职工累计工作已满 1 年不满 10 年的，年休假 5 天；已满 10 年不满 20 年的，年休假 10 天；已满 20 年的，年休假 15 天。

国家法定休假日、休息日不计入年休假的假期。

职工有下列情形之一的，不享受当年的年休假：

（1）职工依法享受寒暑假，其休假天数多于年休假天数的；

（2）职工请事假累计 20 天以上且单位按照规定不扣工资的；

（3）累计工作满 1 年不满 10 年的职工，请病假累计 2 个月以上的；

（4）累计工作满 10 年不满 20 年的职工，请病假累计 3 个月以上的；

（5）累计工作满 20 年以上的职工，请病假累计 4 个月以上的。

《职工带薪年休假条例》第 5 条规定:"单位根据生产、工作的具体情况,并考虑职工本人意愿,统筹安排职工年休假。年休假在 1 个年度内可以集中安排,也可以分段安排,一般不跨年度安排。单位因生产、工作特点确有必要跨年度安排职工年休假的,可以跨 1 个年度安排。单位确因工作需要不能安排职工休年休假的,经职工本人同意,可以不安排职工休年休假。对职工应休未休的年休假天数,单位应当按照该职工日工资收入的 300% 支付年休假工资报酬。"

6 CHAPTER

第六章

交通事故处理，知多少

导读

当今社会经济快速发展，汽车作为重要的交通工具已走进家家户户，而物流企业作为实体经济的联系纽带同样有着自己的运输队伍，随着车的数量增多，在运输途中也会随之增加很多风险，如交通事故、票据诈骗等，而其中交通事故是最常见的，本章就是站在物流企业的角度分析如何处理交通事故。

根据我国相关法律规定，交通事故是指在道路上，包括广场、停车场、社区等用于公众通行的道路上发生的机动车与机动车、机动车与非机动车之间发生的人员伤亡或者财产损害案件。货车司机驾驶经验丰富，但仍然不能完全保证自己不会出现任何问题，面对交通事故时也无法保持冷静，而对于很多人来说，交通事故都是第一次遇到，在这种情况下，如何做能够最大限度地保护现场、准备证据从而使结果对物流企业方有利是需要面对的问题。

一、交通事故概念

交通事故，俗称"车祸"，本书所要阐述的交通事故是指引起人身损害赔偿的交通事故，不包括仅仅引起财产损害赔偿的交通事故及其他概念的交通事故。本书所阐述交通事故主要包含以下五个方面：

1. **车辆**

交通事故中必须有车辆，即必须有机动车或非机动车，否则就不是交通事故。

机动车，是指以动力装置驱动或者牵引，在道路上行驶的供人员乘用或者用于运送物品以及进行工程专项作业的轮式车辆，常见的有各种汽车、摩托车等。

非机动车，是指以人力或者畜力驱动，在道路上行驶的交通工具，以及虽有动力装置驱动但设计最高时速、空车质量、外形尺寸符合国家有关标准的残疾人的机动轮椅车、电动自行车、自行车等交通工具。

2. **场所**

发生交通事故的地点是供机动车或非机动车行驶的道路及与此相关的道路，也包括广场、公共停车场（含地下停车场）等用于车辆通行的场所。

3. **人员伤亡或财产损失**

一旦发生交通事故难免会引起人员伤亡或者财产损失，本章主要处理的是引起人员受伤，甚至死亡的交通事故情况。如果是单纯的财产损失的交通事故，只需打个电话让保险公司来处理即可获得赔偿。

4. **致害方不一定有过错**

致害人（行为人）的主观过错是一般民事侵权的必备要件，但交通事故人身损害赔偿案件，不要求致害方一定要有过错。致害方有过错造成的交通事故或因意外事件造成的交通事故，都应对受害方进行赔偿。在实践中，许多司机或车主都觉得很冤，因为有时他们毫无过错，但依据法律规定，只要是车辆所有人造成人员伤亡，就得进行赔偿。

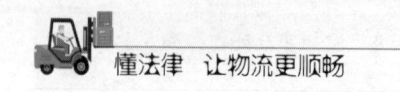

5. 交通事故认定书

对于是否属于交通事故，需要法定认可证明。通俗地说，伤亡一方必须有公安交警部门送达的《交通事故认定书》或者《交通事故证明书》。

在实践中，笔者碰到许多企业车辆，由于司机在发生交通事故后没有马上报警，或者受害人在医院苏醒后也没有马上报警，因而延误时机，无法从有关公安交警部门处获取交通事故认定书，从而在赔偿上存在重重障碍。受害人或许可以通过从一般的民事侵权纠纷案件中获得赔偿，但案件的难度较大，特别是要寻求保险公司赔偿更是难上加难。因此，对于因交通事故受到伤害的受伤者与车辆受损的物流企业而言，什么是交通事故，可以不去理解，但需要从公安交警部门获得一份《交通事故认定书》或者《交通事故证明书》。在实践中，笔者碰到不少这样的司机，他们不明不白地出了事故，然后又莫名其妙有人给其修车，车修好后手上什么资料都没有，最后接受车主几千元钱赔偿了事。没有道路交通事故认定书，事故双方都不能从保险公司获得赔偿，对双方而言都意味着损失。

如果事故发生时没有报警，事后也可以报警。根据《道路交通事故处理程序规定》第 18 条的规定，发生道路交通事故后当事人未报警，在事故现场撤除后，当事人又报警请求公安机关交通管理部门处理的，公安机关交通管理部门应当按照本规定第 16 条规定的记录内容予以记录，并在 3 日内作出是否接受案件的决定。经核查道路交通事故事实存在的，公安机关交通管理部门应当受理，制作受案登记表；经核查无法证明道路交通事故事实存在，或者不属于公安机关交通管理部门管辖的，应当书面告知当事人，并说明理由。

二、交通事故认定

1. 制作《交通事故认定书》时间规定

发生交通事故，必须由事故发生地的公安交警部门出具《交通事故认定书》或者《交通事故证明书》，确定事故发生的时间、地点、各方受害人信息，以及各方在事故中有无过错和应承担的责任。

那么，法律对《交通事故认定书》的制作时间到底有何规定呢？

根据《中华人民共和国道路交通安全法实施条例》第 93 条规定："公安机

关交通管理部门对经过勘验、检查现场的交通事故应当在勘查现场之日 10 日内制作交通事故认定书。对需要进行检验、鉴定的，应当在检验、鉴定结果确定之日起 5 日内制作交通事故认定书。"

又根据《道路交通事故处理程序规定》第 62 条规定，公安机关交通管理部门应当自现场调查之日起 10 日内制作道路交通事故认定书。交通肇事逃逸案件在查获交通肇事车辆和驾驶人后 10 日内制作道路交通事故认定书。对需要进行检验、鉴定的，应当在检验报告、鉴定意见确定之日起 5 日内制作道路交通事故认定书。有条件的地方公安机关交通管理部门可以试行在互联网公布道路交通事故认定书，但对涉及的国家秘密、商业秘密或者个人隐私，应当保密。

《道路交通事故处理程序规定》第 66 条规定，交通肇事逃逸案件尚未侦破，受害一方当事人要求出具道路交通事故认定书的，公安机关交通管理部门应当在接到当事人书面申请后 10 日内，根据本规定第 61 条确定各方当事人责任，制作道路交通事故认定书，并送达受害方当事人。道路交通事故认定书应当载明事故发生的时间、地点、受害人情况及调查得到的事实，以及受害方当事人的责任。交通肇事逃逸案件侦破后，已经按照前款规定制作道路交通事故认定书的，应当按照本规定第 61 条重新确定责任，制作道路交通事故认定书，分别送达当事人。重新制作的道路交通事故认定书除应当载明本规定第 64 条规定的内容外，还应当注明撤销原道路交通事故认定书。

对于道路交通事故成因无法查清的，《道路交通事故处理程序规定》第 67 条规定，道路交通事故基本事实无法查清、成因无法判定的，公安机关交通管理部门应当出具道路交通事故证明，载明道路交通事故发生的时间、地点、当事人情况及调查得到的事实，分别送达当事人，并告知申请复核、调解和提起民事诉讼的权利、期限。

2. 对《交通事故认定书》不服，如何处理？

在《中华人民共和国道路交通安全法》实施前，当事人如果对交警部门做出的事故责任认定书不服，按规定可以申请复议。但现在依据《中华人民共和国道路交通安全法》第 73 条规定："公安机关交通管理部门应当根据交通事故现场勘验、检查、调查情况和有关的检验、鉴定结论，及时制作交通事故认定书，作为处理交通事故的证据。……"这一规定对《交通事故认定书》（不再称为《事故责任认定书》）性质做了确定，确定它属于证据的一种，而非公安交警部门的行政文书。

2007年6月11日，公安部交通管理局出台《服务群众十六项措施》第14条第1款规定，交通事故当事人接到《交通事故认定书》3日内，可以向上一级公安机关交通管理部门申请复核。上一级公安机关交通管理部门复核结束后，召集事故各方当事人，当场宣布复核结果。

2017年7月22日施行的《道路交通事故处理程序规定》第71条、第74条规定，当事人对道路交通事故认定或者出具道路交通事故证明有异议的，可以自道路交通事故认定书或者道路交通事故证明送达之日起3日内提出书面复核申请。当事人逾期提交复核申请的，不予受理，并书面通知申请人。复核申请应当载明复核请求及其理由和主要证据。同一事故的复核以一次为限。上一级公安机关交通管理部门自受理复核申请之日起30日内，对相关内容进行审查，并作出复核结论。

根据《道路交通事故处理程序规定》第76条规定，上一级公安机关交通管理部门认为原道路交通事故认定事实清楚、证据确实充分、适用法律正确、责任划分公正、程序合法的，应当作出维持原道路交通事故认定的复核结论。上一级公安机关交通管理部门认为调查及认定程序存在瑕疵，但不影响道路交通事故认定的，在责令原办案单位补正或者作出合理解释后，可以作出维持原道路交通事故认定的复核结论。上一级公安机关交通管理部门认为原道路交通事故认定有下列情形之一的，应当作出责令原办案单位重新调查、认定的复核结论：（一）事实不清的；（二）主要证据不足的；（三）适用法律错误的；（四）责任划分不公正的；（五）调查及认定违反法定程序可能影响道路交通事故认定的。

《道路交通事故处理程序规定》第77条规定，上一级公安机关交通管理部门审查原道路交通事故证明后，按下列规定处理：（一）认为事故成因确属无法查清，应当作出维持原道路交通事故证明的复核结论；（二）认为事故成因仍需进一步调查的，应当作出责令原办案单位重新调查、认定的复核结论。

《道路交通事故处理程序规定》第78条、第79条规定，上一级公安机关交通管理部门应当在作出复核结论后三日内将复核结论送达各方当事人。公安机关交通管理部门认为必要的，应当召集各方当事人，当场宣布复核结论。上一级公安机关交通管理部门作出责令重新调查、认定的复核结论后，原办案单位应当在十日内依照本规定重新调查，重新作出道路交通事故认定，撤销原道路交通事故认定书或者原道路交通事故证明。重新调查需要检验、鉴定的，原办案单位应当在检验报告、鉴定意见确定之日起五日内，重新作出道路交通事故认定。重新作出道路交通事故认定的，原办案单位应当送达各方当事人，并报上一级公安机关交通管理部门备案。

综上所述，对交通事故认定不服可以通过以下途径处理：

（1）可以通过机关执法自查时发现，自行纠正，重新制作《交通事故认定书》。

（2）可以通过上一级公安机关执法检查时来纠正，认为原认定有错误的，责令认定机关变更、撤销原认定书，重新制作认定书。

（3）可以通过向上级事故处理机关反映来纠正，上级事故处理机关经过复核，认为原认定有错误的，下达执法监督意见书，可以做出变更、撤销原认定书后，直接做出认定决定。

（4）可以通过刑事审判、行政处罚、民事争议诉讼活动提出异议，审判机关认为认定书确属不妥的，不予采信，根据庭审调查的事实作出裁判。

因《交通事故认定书》属于证据，任何一方当事人都可以在诉讼中对交通事故认定书这一证据提出异议。是否采纳，由人民法院决定。

笔者接触到一些受害人与物流企业，在道路交通事故认定书下来后，因为对事故结论有意见，迟迟不去领取和签字，以为不领取不签字就不生效，这是毫无意义的。正确的做法是：立即签字领取，立即委托专业律师在3日复核期限内申请复核。从代理复核的经验来看，有20%~30%的案件经过复核以后，改变了原来的认定结论。

所以，在发生交通事故后，受害人或死亡者家属正确的做法是：

（1）积极介入事故责任认定

一般人发生交通事故，当事人很难明白其中的法律问题及相关的意义，即使是一般律师或司法人员本身发生交通事故，也不是马上就能弄懂是怎么回事。如果能借助专业人士的帮助，即专门处理交通事故的律师帮助，能起到事半功倍效果。责任认定对受害人非常重要，因为这影响到以后的赔偿金额。

笔者遇到过这样一个案件，受害人为物流企业，交通事故认定书上认定甲方负主要责任，乙方负次要责任。主要责任和次要责任的比例可以为 8:2 或 7:3 或 6:4，可这个企业不懂法律，认为主要责任就是对方占 60% 的责任，己方占 40% 的责任，因而在公安交警部门签了一份和解协议，确定对方的责任比例为 60%，己方的责任比例为 40%，其实以己方的过错程度和经济负担能力等情形，即便起诉到法院也只需承担 20% 的责任，但是，由于没有请律师到场处理，又多承担了 20%。

（2）协调好与车方的关系

目前，大多数的车辆都有交强险，对于受害者一方伤情不重的交通事故，对方一般都愿意主动负全责，所以受害方一定要积极主动，晓之以理，动之以情，尽量让对方承担全部责任。因为对方虽然承担全部责任，但保险公司还是能赔偿给他的。

需要提醒的是，对于重大刑事案件，主要是指交通事故造成人员重大伤亡的，责任不能协调，公安交警部门也不允许这样做。

三、交通事故责任划分

道路交通事故认定应当做到程序合法、事实清楚、证据确实充分、适用法律正确、责任划分公正。公安机关交通管理部门应当根据当事人的行为对发生道路交通事故所起的作用以及过错的严重程度，确定当事人的责任。

根据《道路交通事故处理程序规定》第 60 条规定，公安机关交通管理部门应当根据当事人的行为对发生道路交通事故所起的作用以及过错的严重程度，确定当事人的责任。（一）因一方当事人的过错导致道路交通事故的，承担全部责任；（二）因两方或者两方以上当事人的过错发生道路交通事故的，根据其行为对事故发生的作用以及过错的严重程度，分别承担主要责任、同等责任和次要责任；（三）各方均无导致道路交通事故的过错，属于交通意外事故的，各方均无责任。一方当事人故意造成道路交通事故的，他方无责任。

交通事故责任划分包括以下四种情况：

情况一，一方负全部责任，另一方无责任；

情况二，一方负主要责任，另一方负次要责任；或双方负同等责任；

情况三，各方均无责任，属于交通意外事故；

情况四，责任无法划分。

1. 负全责的情形

《道路交通事故处理程序规定》第61条规定，当事人有下列情形之一的，承担全部责任：（一）发生道路交通事故后逃逸的；（二）故意破坏、伪造现场、毁灭证据的。为逃避法律责任追究，当事人弃车逃逸以及潜逃藏匿的，如有证据证明其他当事人也有过错，可以适当减轻责任，但同时有证据证明逃逸当事人有第1款第2项情形的，不予减轻。

2. 主次责任和同等责任

《道路交通事故处理程序规定》第60条第1款第2项规定，因两方或者两方以上当事人的过错发生道路交通事故的，根据其行为对事故发生的作用以及过错的严重程度，分别承担主要责任、同等责任和次要责任。双方的违章行为共同造成交通事故的，违章行为在交通事故中作用大的一方负主要责任，另一方负次要责任；违章行为在交通事故中作用基本相当的，双方负同等责任。三方以上的违章行为共同造成交通事故的，根据各自的违章行为在交通事故中的作用大小划分责任。

各方有条件报案而均未报案或者未及时报案，使交通事故责任无法认定的，应当负同等责任。但机动车与非机动车、行人发生交通事故的，机动车一方应当负主要责任，非机动车、行人一方负次要责任。

3. 责任无法划分

如果事故现场被破坏，各方的陈述相互矛盾；或者一方受害人昏迷，无法陈述案情；或者无法进行技术检测，即对于道路交通事故成因无法查清的，根据《道路交通事故处理程序规定》第67条规定，则公安交通管理部门可以出具《交通事故证明书》，具体的责任比例由双方协商确定或者由法院最后判定。

四、责任划分与赔偿关系

关于责任划分与赔偿之间关系，首先，应该明确责任划分影响赔偿比例，但不等于赔偿比例。在交强险赔偿限额内,是不区分责任比例的。很多交通事故当事人尤其是受害人因为不懂法律,常常错误地认为,责任比例就是赔偿比例,找不找专业律师都一样,因此经常吃亏。

举个例子:受害人王某为行人,在一起交通事故中受伤,被认定车方负主要责任,王某负次要责任。住院费用5万元,经过伤残鉴定,构成十级伤残,残疾赔偿金、误工费等赔偿项目经过计算,合计有10万元。在没有聘请律师之前,王某以为,车主应该赔偿自己9万元就可以了(5万元住院费 +10万元赔偿费=15万元,15万元×60% =9万元)。结果,请律师代理后,王某实际得到的赔偿款为14.2万元,其中保险公司赔了11万元,车主赔了3.2万元。

再举个例子:张某为司机,在一起交通事故中受伤,被认定"责任无法划分"。张某住院费用花了8万多元,经过伤残鉴定,构成九级伤残,残疾赔偿金、误工费等赔偿项目合计有15万元左右。在咨询律师之前,张某多次找对方车主协商赔偿事项,希望对方能赔10万元左右就可以了,但是对方却以"责任无法划分"为由拒绝赔偿。本案经过律师代理后,张某实际得到的赔偿款为17.6万元,其中保险公司赔偿12.2万元,车主赔偿5.4万元。

在主次责任中,赔偿比例究竟是90:10,还是85:15或者80:20,还是75:25或者70:30,甚至65:35或者60:40,是由法院最终确定的。所以,物流企业的车辆如果出了事故,希望获得对自己有利的赔偿比例,最好咨询或聘请专业的律师,以防在面对保险公司的专业律师时,在赔偿比例方面处于劣势。

在责任无法划分的时候,并不意味着另一方当事人无须承担赔偿责任,受害人一方当事人如果希望对方多承担赔偿责任,就需要借助专业律师的专业经验。

五、物流企业作为肇事方处理

1. 保障生命安全。人必须是放在第一位的,因此,首先要停车确认受害者状况并救护受害者。若事故发生伤亡时,应立即采取救护措施,必要时应立即送附近医院检查抢救或拨打120,使受害者最快得到救助,此处千万不可逃逸,若逃逸则会上升到刑事案件。

2. 第一时间报警。普通报警电话122,高速交警电话12122。等交警来了以后再撤离现场；如果一方撤离现场导致现场无法恢复的，应承担该次事故的全部责任，因此，不管有多重要的事都不得撤离现场。同时报警要说清楚：交通事故发生的时间和地点；伤亡人数及受伤者的伤势；损坏的物品及其损坏程度；就该事故已采取的措施。

3. 防止二次事故发生。发生事故后，要持续开启危险报警闪光灯，并在来车方向 50 米以外的地方设置警告标志，以免其他车辆再次碰撞。对油箱破裂、燃油溢出的现场，要严禁烟火，以免造成火灾，扩大事故后果。

4. 保护事故的现场。拍照，保护好车辆、物品、路面痕迹、散落物等不被移动、灭失，劝阻群众进入现场。除抢救伤者外，其他现场车辆应保持发生事故后的原样，必须移动时应标明位置，便于交通事故处理机关人员勘查现场，查明事故真实情况。

5. 收集必要的证据并通知单位、律师及保险公司。物流运输车辆多为重型卡车，一般都有交强险和商业险。48 小时内报案是目前保险行业通行的标准，若自己不知道怎么沟通，可以与单位和律师协商代替自己报案。

六、物流企业作为受害方处理

1. 确认肇事者并马上报警，确保事故能够及时得到处理，如果自己有受伤情况尽快拨打 120，使自己得到救助，在接受相关治疗后向有关部门报告。

2. 保护现场，收集材料。注意查看周围的情况，看看交通信号灯的情况并查看是否有目击者能为自己作证。

3. 如果肇事者要逃逸，应立即记录肇事车辆的车辆号牌、车型、颜色等特征。

七、交通事故处理流程

1. 先要确定自己的保险是否为交强险和商业险组合，如果没有交强险的话，很大一部分就需要根据责任承担了，如果有交强险，要看一下保额，只要不超过保额的部分，基本上不需要物流公司这边承担。

2. 积极配合受害人治疗，可以先帮忙申请保险公司的一万元医疗费垫付，给家属留下一个好印象。一方面出于对受害者的同情，另一方面和受害者做好和解的前期工作。

3. 如果己方垫付了医院押金，则留好所有的押金条，如果实在对方需要押金条进行起诉等，则让其给己方开具证明。

八、交通事故处理结果

1. 可以与对方选择和解。和解也就是俗称的私了，即肇事方、保险公司与受害方三方共同达成和解，一次性赔付一定数额的赔偿款后，互不再追究责任。这种方式的优点在于：受害人能快速拿到赔偿款；肇事方能够迅速了解此案，不再投入大量时间精力在这方面上；保险公司也能快速结案，避免长时间的诉讼。缺点在于：由于是一次性了结事故发生，所以如果有后续治疗则不能再要求继续赔付；赔偿款数额会与诉讼有差距，或多或少，看律师的专业水平。

2. 可以选择诉讼。诉讼也就是俗称的打官司，即受害者一方将肇事方、保险公司作为被告诉于法院，请求法院进行裁判的过程。诉讼的优点在于：对于并不配合和失踪找不到的对方当事人可以通过诉讼方式进行缺席判决；对于后期极有可能多次进行手术的当事人可以再次起诉，是一个保障。缺点在于：诉讼时长过长，对于急需赔偿款和想快速了结此案的当事人来说不方便；如果是认识的双方，打官司可能会伤和气。

CHAPTER 7

第七章

运单"藏"风险，利润全掏空

导读

如果说保险是物流企业的"被子",那么运单就是一个物流企业的"灵魂"。运单在托运人与承运人双方合作初始,以合同形式将双方权利义务进行明确固定,防止后期出现纠纷。因此对于托运人来说,如果自己处于市场主导地位,可以自由挑选承运人的情况下,将运单设计得有利于自己可以为后期双方产生纠纷省却很多力气。同样,如果承运人发出制式运单,则对于自己的企业来说,能够占据主动权,将后期出现的风险合理分担给承运人。因此,我们能够看出运单的重要性。但是,如何书写一份合格且有助于物流运输企业的运单,不是简单的工作,其中涉及法律的很多方面,本章将对此进行专门讲解。

一、运单的定义

运单，是由承运人签发的，证明货物运输合同和货物由承运人接管或装船、车及空运，以及承运人保证将货物交给指定的收货人的一种不可流通的单证。

运单具有合同证明和货物收据的作用。但是，运单不具有物权凭证的作用，是一种不可转让的债权凭证。

二、运单的内容

运单的正面由发货人信息、收货人信息、货物性质、费用明细、相关人员、时间节点、备注等内容构成。

运单的背面主要为各项条款，一般包含承运货物范围、性质、手续、包装、收货、管辖、保价、免责、赔偿、排他等条款。

三、运单正面条款的注意事项

1. 发货人信息

发货人信息由名称与联系方式构成。如果托运人为公司则在名称处填写公司全称，尽量不要写实际托运人，防止后期此工作人员离职，产生纠纷后无法诉求于托运公司。联系方式可以写托运直接负责人电话，但不要写送货司机的个人电话。

2. 收货人信息

收货人信息由名称与联系方式构成。如果收货人为公司，亦应在收货人名称处直接填写公司名称，理由同上。联系人方式处最好同时写上负责人电话与实际接货人的电话。

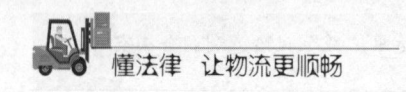

3. 货物信息

货物信息即应明确货物的数量、重量、体积、包装情况、是否保值、结算方式与送货方式等。数量、重量、体积等是为了防止后期收货时与发货时货物种类等不符，货物丢失，防止双方扯皮。

包装情况是双方明确是否需要物流企业进行包装以及后期收货是否出现包装破损等，如果托运时包装未破损而后期出现包装破损，则承运方要承担赔偿责任。

保值则与后期出现的货物的风险有关系，如果进行保值后期出现问题则承运人可按照保价的货物实际价值进行赔付；若没有进行货物保值，则出现货物损失，承运方可依据自行规定的运输条款给付运费的十倍及其他相关费用。

付款方式则分为到付、提付、返付等情况，根据付款方式不同，后期物流企业承担的风险与收取的费用是不同，因此在运单正面明确出来。到付为货物送达时再给付运费，提付为收货人提货时顺带将货款与运费一起交付给承运人、再由承运人转交给发货人，返付则为承运车辆返回发货地时一并结算往返一次的运费。

送货方式则明确是否送货，以及送货送到哪里，是市一级、县一级、乡一级还是其他特殊情况，明确好以后防止因送货不周而引起的法律纠纷。

4. 费用相关

在运单正面还应书写好实际或约定给付的费用，包括运费、手续费与包装费。

5. 相关人员

应当在运单正面体现出的人员有开票人、发货人、收货人等，在每个环节明确责任，且最好签名时不要简单地写一个姓，而是将全称都写明。

6. 时间

运单上面的时间因素有两个，一个是实际发货时间，另一个是预计到达时间。对于承运人来说，如果托运人的货特别着急，那么可能要把这些时间写上进行明确。

7. 备注

运单证明上可以留出一些空行进行书写，防止出现特殊情况而条款无法包含的个别情况。

四、运单背面条款的注意事项

1. 货物范围、性质

应明确禁运的品种和性质，且其他易燃易爆、玻璃等特殊物品应在知情的前提下提前进行特殊预防与免责。

2. 手续

应明确审批、检验手续，如果运输国家控制的特殊物品还需要提供专门的证件。

3. 包装

在运单上应明确承运方与托运方哪方负责包装、包装方式与免责情况。

4. 收货

明确收货的流程与所需出示证件的情况。另外，还要提前将未按时收货的风险写出来，以及是否提供保管、保管费用、保管时间等。

5. 赔偿

在运单中很重要的条款就是违约赔偿条款，此条款分别就托运方违约与承运方违约不同情况进行约定赔偿。

6. 免责

免责条款不仅是运单，在任何合同中都是非常重要的部分。其中不可抗力不必多提，像托运人过失、第三人原因、货物本身性质等更是需要额外注重的部分。

7. 管辖

管辖条款在运单中应该直接明确到具体的地点法院，而不是合同履行地等含糊的词语。有一个好的管辖法院能够为后期的诉讼活动节省大量的时间。

五、运单背面范本

1. 就本合同发生的任何争议，托运人与承运人（××物流有限公司）的任何一方均可向北京市××区人民法院通过诉讼解决。

2. 托运人办理货物运输，应当向承运人准确表明收货人的名称或者姓名或者凭指示的收货人，货物的名称、性质、重量、数量、特殊运输要求、收获地点等有关货物运输的必要情况。托运人必须保证货物是合法且非危险、限制运输物品。若托运人托运上述违法、违规物品，托运人应当赔偿承运人各项损失（各项损失包括但不限于直接损失、间接损失、律师费、交通费、罚款等）。

3. 货物运输需要办理审批、检验等手续的，托运人应当将办理完有关手续的文件提交承运人。托运人若托运国控货物，托运人必须按照国家有关规定向承运人提供有关证件及材料。

4. 托运人应当按照合理包装方式（合理包装方式指考虑到路途远近、路途交通状况、天气情况等各方面因素，足以保证货物完好的包装方式）包装货物，因货物包装问题导致货物损坏的，与承运人无关。玻璃等易损易坏货物的损坏，承运人不承担任何责任。承运人运输货物实行件收件交，对货物本身不承担保证责任，承运人交货时的货物包装完好的，视为承运人完全履行本托运合同的全部义务。

5. 货物运输到送达地址后，承运人及时通知收货人收取货物，承运人通知之日起三日内收货人未收货的，承运人不再承担货物所有风险，自第四日起托运人应向承运人支付货物保管费，每天的货物保管费按货物运费的20%标准计算。收货人在收货时，必须足额支付保管费，否则承运人有权留置货物。若收货人超过三十日未收货的，承运人可以选择以下方式处理：

（1）承运人将货物运回托运人地址，运回运费按照本单运费的双倍计算。货物运回后，自承运人向托运人发出取回货物的通知之日起三日内，托运人必须取回货物。托运人取回货物时必须足额支付承运人相关费用（相关费用包括但不限于运费、保管费、运回运费等全部费用），托运人不予支付承运人相关费用的，承运人有权留置货物。托运人未按时取回货物的，视为托运人抛弃货物的所有权。同时托运人应向承运人足额支付相关费用及处理货物的费用。

（2）承运人可以将货物就地保管，保管期间最长不超过三十日，托运人应向承运人支付货物保管费，每天的货物保管费按货物运费的20%标准计算。超过三十日的，承运人将货物运回托运人地址，运回运费按照本单运费的双倍计算。

6. 收货人是个人的，提货人向承运人出示身份证原件，承运人即可交付货物。收货人是单位的，提供人持有单位介绍信，身份证原件及复印件，承运人即可交付货物。鉴于承运人没有能力判断身份证、单位介绍信的真伪，承运人仅对相关证件进行形式确认（形式确认指承运人按照本合同中承运人填写的收货人姓名与提供人持有的相关证件是否一致的确认）。

7. 托运人应按托运货物的实际价值交纳保价费，交纳保价费的货物若因为承运人的原因发生损毁、丢失的，则承运人承担损害赔偿责任（损害赔偿责任不超过托运人向承运人声明其托运货物的实际价值），托运人需向承运人提交所需证明材料。未交纳保价费的货物若因为承运人的原因发生损毁、丢失的，承运人承担的赔偿款数额不超过运费的两倍。托运的货物无论是否交纳保价费的，下列任一情况发生时，承运人都不承担任何赔偿责任：

（1）发生不可抗力的情形（包括但不限于水灾、火灾、冰雹、地震、战争等）；

（2）托运人的过失（包括但不限于未如实告知货物性质、特殊运输要求、危险物品等）；

（3）第三人的侵权导致或者第三人的原因造成的；

（4）货物本身自然性质导致的。

8. 自本合同订立之日起三十日内，托运人可以持本合同查询货物状况，三十日后承运人不再负责查询。

9. 本合同是托运人与承运人之间的合同，其他人（含收货人）无权根据本合同向承运人提出任何要求。

10. 托运人违约时，托运人应赔偿承运人各项损失（包括但不限于运费、保管费、运回运费、交通费、律师费、直接损失、间接损失等）。

运单条款模板（仅供参考）：

<h2 style="text-align:center">××物流有限公司货物托运单</h2>

托运日期： 年 月 日　　起运站：　　　到达站：　　No0000001

收货单位					联系人			
详细地址					电话/手机			
货物名称	件数	包装	重量	体积	保险金额	保险费	运费	合计
总运费金额	万　　仟　　佰　　拾　　元整　￥：							
付款方式	预付：　到付：　回结：				送货方式	送货〔　〕自提〔　〕		
备　注								
托运单位 联系电话 托运方签章					承运人 签章			

第一联　存根（白）　第二联　客户（黄）　第三联　跟车（蓝）

<h3 style="text-align:center">物流服务协议</h3>

1. 就本合同发生的任何争议，托运人与承运人的任何一方均可向北京市××区人民法院通过诉讼解决。

2. 托运人办理货物运输，应当向承运人准确表明收货人的名称或者姓名或者凭指示的收货人，货物的名称、性质、重量、数量、特殊运输要求、收获地点等有关货物运输的必要情况。托运人必须保证货物是合法且非危险、限制运输物品。若托运人托运上述违法、违规物品，托运人应当赔偿承运人各项损失（各项损失包括但不限于直接损失、间接损失、律师费、交通费、罚款等）。

3. 货物运输需要办理审批、检验等手续的，托运人应当将办理完有关手续的文件提交承运人。托运人若托运国控货物，托运人必须按照国家有关规定向承运人提供有关证件及材料。

托运人应当按照合理包装方式（合理包装方式指考虑到路途远近、路途交通状况、天气情况等各方面因素，足以保证货物完好的包装方式）包装货物，因货物包装问题导致货物损坏的，与承运人无关。玻璃等易损易坏货物的损坏，承运人不承担任何责任。承运人运输货物实行件收件交，对货物本身不承担保证责任，承运人交货时的货物包装完好的，视为承运人完全履行本托运合同的全部义务。

4. 货物运输到送达地址后，承运人及时通知收货人收取货物，承运人通知之日起三日内收货人未收货的，承运人不再承担货物所有风险，自第四日起托运人应向承运人支付货物保管费，每天的货物保管费按货物运费的20%标准计算。收货人在收货时，必须足额支付保管费，否则承运人有权留置货物。若收货人超过三十日未收货的，承运人可以选择以下方式处理：

（1）承运人将货物运回托运人地址，运回运费按照本单运费的双倍计算。货物运回后，自承运人向托运人发出取回货物的通知之日起三日内，托运人必须取回货物。托运人取回货物时必须足额支付承运人相关费用（相关费用包括但不限于运费、保管费、运回运费等全部费用），托运人不予支付承运人相关费用的，承运人有权留置货物。托运人未按时取回货物的，视为托运人抛弃货物的所有权。同时托运人应向承运人足额支付相关费用及处理货物的费用。

（2）承运人可以将货物就地保管，保管期间最长不超过三十日，托运人应向承运人支付货物保管费，每天的货物保管费按货物运费的20%标准计算。超过三十日的，承运人将货物运回托运人地址，运回运费按照本单运费的双倍计算。

5. 收货人是个人的，提货人向承运人出示身份证原件，承运人即可交付货物。收货人是单位的，提供人持有单位介绍信、身份证原件及复印件，托运人即可交付货物。鉴于承运人没有能力判断身份证、单位介绍信的真伪，承运人仅对相关证件进行形式确认（形式确认指承运人按照本合同中承运人填写的收货人姓名与提供人持有的相关证件是否一致的确认）。

6. 托运人应按托运货物的实际价值交纳保价费，交纳保价费的货物若因为承运人的原因发生损毁、丢失的，则承运人承担损害赔偿责任（损害赔偿责任不超过托运人向承运人声明其托运货物的实际价值），托运人需向承运人提交所需证明材料。未交纳保价费的货物若因为承运人的原因发生损毁、丢失的，承运人承担的赔偿款数额不超过运费的两倍。托运的货物无论是否交纳保价费的，下列任一情况发生时，承运人不承担任何赔偿责任：

（1）发生不可抗力的情形（包括但不限于水灾、火灾、冰雹、地震、战争等）；

（2）托运人的过失（包括但不限于未如实告知货物性质、特殊运输要求、危险物品等）；

（3）第三人的侵权导致或者第三人的原因造成的；

（4）货物本身自然性质导致的。

7. 自本合同订立之日起三十日内，托运人可以持本合同查询货物状况，三十日后承运人不再负责查询。

8. 本合同是托运人与承运人之间的合同，其他人（含收货人）无权根据本合同向承运人提出任何要求。

9. 托运人违约时，托运人应赔偿承运人各项损失（包括但不限于运费、保管费、运回运费、交通费、律师费、直接损失、间接损失等）。

CHAPTER 8

第八章

股权激励——用"未来"留住人才

导读

　　股权激励，就是使员工通过获得公司股权的形式，享有一定的经济权利，能够以股东的身份参与企业决策、分享利润、承担风险，从而勤勉尽责地为公司的长期发展服务的一种激励方法。

　　股权激励——试金石。

　　给出一个股权激励的方案，就知道哪些员工值得培养、共同发展。

老板挣多少钱跟我有啥关系　　　反正干两年我就走

这个工作可有可无　　　别的公司待遇不错

跳槽也不错　　　我就是来练练手

　　根据企业情况不同，股权激励对象的特殊性、差异性，可以有16种方案进行选择，根据律师的专业指导和策划让企业和员工真正达到共赢的目的。

一、股权激励方式对比

激励方法	优点	缺点	适用的企业类型或人员
现股激励	股份收益短期内兑现；掏钱购买，因此倍加珍惜；有利于调动员工积极性	可能造成短期效益行为；若持股比例较大，有违双权分离；为增加利润，可能会牺牲员工利益	非上市公司高管及技术骨干
期权	具有长期激励效果；可降低委托代理成本；可提升公司的业绩；可提高投资者的信心	管理者可能会为自身利益而使用不法手段抬高股价管理者的收入与员工的收入差距加大	上市公司和上市公司控股企业
账面价值增值权	激励效果不受股票价格的上升和回跌而影响，激励对象无须现金付出，无须证监会的审批	每股净资产的增加幅度有限，没有充分利用资本市场的放大作用，难以产生较大的激励作用	现金流量比较充裕且股价比较稳定的上市公司或非上市公司
虚拟股份/在职分红	无须工伤登记，通过合同来约定激励对象的权益	只有分红权，没有表决权	上市公司或非上市公司中层干部与技术骨干
分红回偿	激励对象借款入股，日后用红利冲抵借款或转让款，从而拥有完整股权权益，公司收益与激励对象挂钩，充分调动其积极性	激励对象在未用红利冲抵借款前只有分红权，所有红利用于回偿，亦可回填一部分，即转实股一部分，需要时间限制约束激励对象	非上市公司中层干部与技术骨干
有限购买股份	公司增资扩股时激励对象有权按照事先的约定优于第三方取得公司股份	难以平衡创始人股东与激励对象的利益；将激励对象扩大到员工时，必须考虑员工的流动性与收益偏好	上市公司或非上市公司的核心骨干或员工
赠予股份	股份收益短期内兑；无须花钱购买，有利于调动激励对象的积极性	难以平衡创始人股东与激励对象的利益；因激励对象没有花钱购买，故其不会太珍惜	中层干部与技术骨干

续表

激励方法	优点	缺点	适用的企业类型或人员
技术入股	激励对象相应的技术成果或发明专利财产权转归公司所有	技术的不确定性；市场的不确定性；未来激励有限，缺乏持续创新的激励	非上市公司高管及技术骨干
员工持股	能增强企业的凝聚力、竞争力，可以调动员工的积极性，可以抵御公司被敌意收购	福利性较强，与员工业绩挂钩不足，平均化会降低员工的积极性，操作上缺乏法律基础和政策指导	所处行业较成熟的，具有稳定增长的公司
虚拟股票	虚拟股票发放不会影响公司的总资本和所有权的结构，无须证监会批示，只需股东大会通过即可	公司的现金压力较大，虚拟股票的行权和抛售时的价格确定难度较大	现金流量比较充裕的非上市公司和上市公司
股票增值权	激励对象无须现金付出，无须证监会审批	资本市场的弱有效性使股价和经营者业绩关联不大，公司的现金压力较大	现金流量比较充裕且股价比较稳定的上市公司或非上市公司（核心经营层与核心技术层）
限制性股票/项目性股份	附加条件的激励方式，只有当激励对象完成既定目标后才能获得这部分股份，激励对象一般不需要付钱购买，可以激励高层管理人员将更多的时间精力投入长期的战略目标中	业绩目标或股价的科学确定较困难，现金流压力较大	业绩不佳的上市公司，产业调整期的上市公司，初创立的非上市公司（新产品开发，技术攻关）
延期支付	锁定时间长，减少了经营者的短期行为，计划可操作性强，激励对象的收益与折算后存入延期支付账户的股票市价上升及回跌挂钩，有利于长期激励，留住并吸引人才	高管人员持股数量少，难以产生较大的激励力度，二级市场有风险，经营者不能及时把薪酬变现	业绩稳定型上市公司及其集体公司、子公司
业绩股票	激励对象的业绩与企业的经济收入息息相关，效果实在，激励高管人员努力完成业绩目标，实现股东和高管双赢	业绩目标的科学性很难保证；容易导致高管为获取业绩股票而弄虚作假；高管抛售股票受到限制	业绩目标稳定型上市公司及其集体公司、子公司（市场营销骨干、生产骨干）

续表

激励方法	优点	缺点	适用的企业类型或人员
管理层收购	激励力度加大，加强管理层主人翁意识，使其利益与公司的利益紧密结合在一起	目标公司价值的准确评估较困难，收购资金来源缺乏，若处理不当，收购成本将增大	国有资本退出的企业，国有民营型企业，返收购时期的公司
期股	股票增值与企业效益关联；经营者更多地关注企业的中长期利益，克服了一次性中奖所带来的收入差距，经营者不必一次性支付重资	经营者难以在短期内实现收益，且承担持有股份的风险	经改制的国有资产控股企业，国有独资企业

二、股权激励考核标准

配合股权激励使用的还有严格的考核标准，根据对股权激励对象的考核，真正地评估员工的能力以及价值观。

序号	考核项目	考核标准
1	价值观	考核标准：要求价值观与公司保持一致一票否决制
2	公司指标/部门标准	考核内容：公司指标：财务指标　权重50% 客户指标　权重20% 运营指标　权重10% 员工指标　权重20%　评分标准： （1）85%≤公司指标完成率，系数为1 （2）70%≤公司指标完成率<85%，系数为0.8 （3）公司指标完成率<70%，系数为0
3	自律项	评分标准：违纪次数不超过规定次数一票否决制
4	客户满意	评分标准：被投诉（成立）不能超过3次一票否决制
5	品德项	全员支持率不得低于85%一票否决制
6	成长项	评分标准：学习投资等于或高于收入的5%，系数为1；学习投资每降低1%，成长项系数降低0.05%。成长项系数最低为0.8

三、股权激励落地步骤

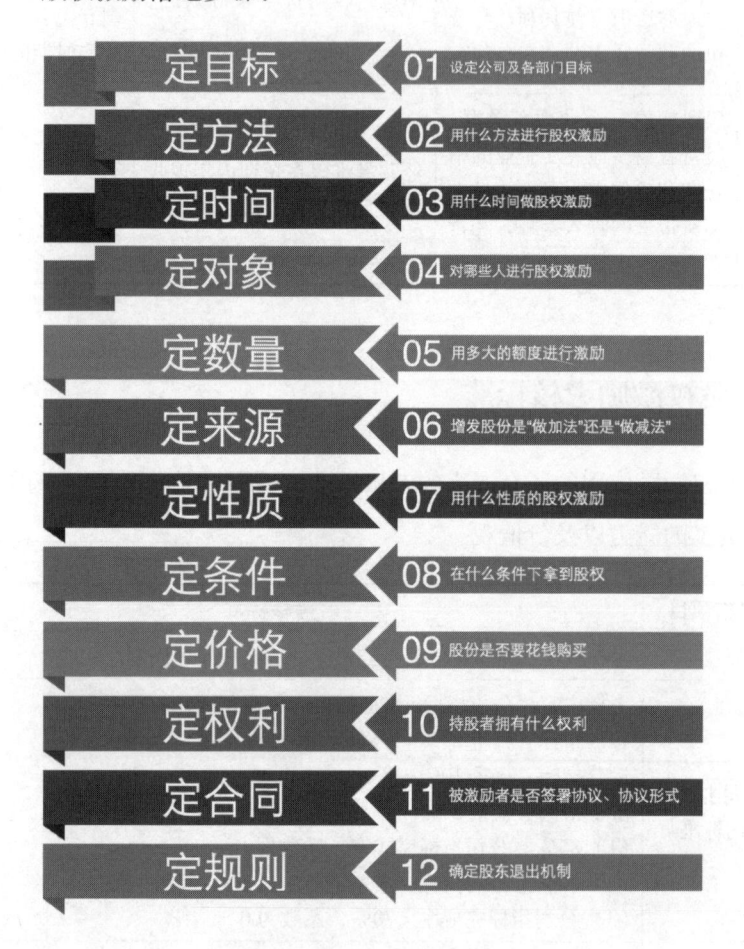

股权激励落地步骤：

定目标	01	设定公司及各部门目标
定方法	02	用什么方法进行股权激励
定时间	03	用什么时间做股权激励
定对象	04	对哪些人进行股权激励
定数量	05	用多大的额度进行激励
定来源	06	增发股份是"做加法"还是"做减法"
定性质	07	用什么性质的股权激励
定条件	08	在什么条件下拿到股权
定价格	09	股份是否要花钱购买
定权利	10	持股者拥有什么权利
定合同	11	被激励者是否签署协议、协议形式
定规则	12	确定股东退出机制

股权激励不是"模板"，一个企业的股权激励方案放在另一个企业身上可能并不能发挥激励的作用，建议参考专业人士的意见，因为股权激励是一件很慎重的决策，伴随股权激励而来的是利润的倍增还是股权纠纷的引发都源于股权激励方案设计得是否成功，所以每个企业都需要发展，每个员工都需要激励，重要的是是否用对方法。

四、股权激励协议版本参考

模板一、股权激励协议书

甲方：

地址：

法定代表人：　　　　　　　联系电话：

乙方：×××，身份证号码：

地址：　　　　　　　　　　联系电话：

乙方系甲方员工。鉴于乙方以往对甲方的贡献和为了激励乙方更好地工作，也为了使甲、乙双方进一步提高经济效益，经双方友好协商，双方同意甲方以虚拟股权的方式对乙方的工作进行奖励和激励。为明确双方的权利义务，特订立以下协议：

一、定义

除非本协议条款或上下文另有所指，下列用语含义如下：

1. 股权：指××有限公司在工商部门登记的注册资本金，总额为人民币50万元，一定比例的股权对应相应金额的注册资本金。

2. 虚拟股权：指××制品有限公司对内名义上的股权，虚拟股权拥有者不是指甲方在工商注册登记的实际股东，虚拟股权的拥有者仅享有参与公司年终净利润的分配权，而无所有权和其他权利。此虚拟股权对内、对外均不得转让，不得继承。

3. 分红：指××制品有限公司按照《中华人民共和国公司法》及公司章程的规定可分配的税后净利润总额，各股东按所持股权比例进行分配所得的红利。

二、协议标的

根据乙方的工作表现，甲方经过全体股东一致同意，决定授予乙方5%的虚拟股权。

1. 乙方取得的5%的虚拟股权不变更甲方公司章程，不记载在甲方公司的股东名册，不做工商变更登记。乙方不得以此虚拟股权对外作为拥有甲方资产的依据。

2. 每年度会计结算终结后，甲方按照公司法和公司章程的规定计算出上一年度公司可分配的税后净利润总额。

3. 乙方可得分红为乙方的虚拟股比例乘以可分配的净利润总额。

三、协议的履行

1. 甲方应在每年的三月进行上一年度会计结算，得出上一年度税后净利润总额，并将此结果及时通知乙方。

2. 乙方在每年度的四月享受分红。甲方应在确定乙方可得分红后的七个工作日内，将可得分红一次性支付给乙方。

3. 乙方的可得分红应当以人民币形式支付，除非乙方同意，甲方不得以其他形式支付。

四、协议期限以及与劳动合同的关系

1. 本协议无固定期限，乙方可终身享受此5%虚拟股权的分红权。

2. 本协议与甲乙双方签订的劳动合同相互独立，履行及解除劳动合同不影响本协议所约定的权利义务。

3. 乙方在获得甲方授予的虚拟股权的同时，仍可根据甲乙双方签订的劳动合同享受甲方给予的其他待遇。

五、协议的权利义务

1. 甲方应当如实计算年度税后净利润，乙方对此享有知情权。

2. 甲方应当及时、足额支付乙方可得分红。

3. 乙方对甲方负有忠实义务和勤勉义务，不得有任何损害公司利益和形象的行为。

4. 乙方对本协议的内容承担保密义务，不得向第三人泄露本协议中乙方所得虚拟股及股数以及分红等情况。

5. 若乙方离开甲方公司，或者依据第六条变更、解除本协议的，乙方仍应遵守本条第3、4项约定。

六、协议的变更、解除和终止

1. 甲方可根据乙方的工作情况将授予乙方的5%虚拟股权部分或者全部转化为实际股权，但双方应协商一致并另行签订股权转让协议。

2. 甲乙双方经协商一致同意的，可以书面形式变更协议内容。

3. 甲乙双方经协商一致同意的，可以书面形式解除本协议。

4. 乙方违反本协议义务，给甲方造成损害的，甲方有权书面通知乙方解除本协议。

5. 乙方有权随时通知甲方解除本协议。

6. 甲方公司解散、注销或者乙方死亡的，本协议自行终止。

七、违约责任

1. 如甲方违反本协议约定，迟延支付或者拒绝支付乙方可得分红的，应按可得分红总额的 10% 向乙方承担违约责任。

2. 如乙方违反本协议约定，甲方有权视情况相应减少或者不予支付乙方可得分红，并有权解除本协议。给甲方造成损失的，乙方应当承担赔偿责任。

八、争议的解决

因履行本协议发生争议的，双方首先应当争取友好协商来解决。如协商不成，则将该争议提交甲方所在地人民法院裁决。

九、协议的生效

甲方全体股东一致同意本协议的前提，《股东会决议》是本协议生效之必要附件。本协议一式两份，双方各持一份，自双方签字或盖章之日起生效。

××有限公司　　　　　　　　乙　方（签署）

全体股东（签署）

模板二、股权赠与协议

甲方（赠与方）：

身份证号码：

住址：

电话：

乙方（受赠人）：

身份证号码：

住址：

电话：

甲、乙双方本着互利互惠的原则，经充分协商，就股权赠与事宜达成如下协议，以资共同遵守。

本协议于＿＿＿＿年＿＿月＿＿日在＿＿＿＿＿＿签订。

第一条　赠与标的

1. 甲方拥有＿＿＿＿＿＿公司（以下简称公司）股权，是章程中所载明的合法股东，其中甲方占公司股权＿＿＿＿％；

2. 甲方同意将其拥有不超过公司股权总额＿＿＿％的股权给乙方；

3. 乙方同意接受上述赠与。

第二条　赠与条件

无条件赠与。

第三条　承诺和保证

1. 甲方保证其所持有的股权并未设置任何种类留置权、质押权或其他物权或债权，且甲方保证无注册资金抽逃的违法行为，且甲方对依据本协议赠与给乙方的股权拥有完全的处分权。

2. 乙方承认原公司章程和股东之间的合同，保证按原章程和合同的规定承担股东权利、义务和责任。

3. 股权赠与后，甲、乙双方应根据公司所在地的有关法律、法规及公司章程的规定，提请公司向登记机关办理股权变更登记，并将股权变动情况登载于公司的股东名册，同时向乙方出具《出资证明书》。

4. 如此项赠与需征得公司其他股东同意的，甲方应负责取得该项同意。

第四条　股权赠与的法律后果

1. 双方签订本协议且公司章程法定变更程序完成后，乙方即拥有公司＿＿＿％的股权，成为公司股东，按其股权比例分享公司的利润和分担风险及亏损。

2. 公司已经发生的债权债务不受股东变更的影响。

第五条　费用的负担

本转让协议实施所需支付的有关税费，双方各负担二分之一。

第六条　赠与的撤销

1. 有下列情形之一的，甲方可以撤销赠与：

（1）乙方严重侵害甲方或甲方的近亲属；

（2）乙方严重损害公司利益或给公司造成损失；

2. 因上款第（1）项、第（2）项撤销赠与的，乙方应当返还其基于本协议受赠的全部股权，并配合甲方和公司办理公司股权变更手续；

3. 赠与撤销后，本协议终止履行。

第七条　违约责任

如果本协议任何一方未按本协议的规定，适当地、全面地履行其义务，应该承担违约责任。守约一方由此产生的任何责任和损害，应由违约一方赔偿。

第八条　法律适用和争议解决

1. 本协议受中国法律管辖并按其解释。

2. 凡因本协议引起的或与本协议有关的任何争议，双方应协商解决；协商不成，任何一方均可向公司所在地法院提起诉讼。

第九条　其他

1. 本协议由双方签字或盖章后生效。

2. 本协议正本一式五份，甲乙双方各执一份，公司执一份，其余由有关政府部门留存。

甲方：　　　　　　　　　　　　　乙方：

_____年___月___日　　　　　　　_____年___月___日

模板三、转股协议参考样本之：股东内部转让股权

公司股权转让协议

甲乙双方根据《中华人民共和国公司法》等法律、法规和_____公司（以下简称该公司）章程的规定，经友好协商，本着平等互利、诚实信用的原则，签订本股权转让协议，以资双方共同遵守。

甲方（转让方）：　　　　　　　　乙方（受让方）：
住所：　　　　　　　　　　　　　住所：

第一条　股权的转让

1. 甲方将其持有该公司____%的股权转让给乙方；

2. 乙方同意接受上述转让的股权；

3. 甲乙双方确定的转让价格为人民币_____万元；

4. 甲方保证向乙方转让的股权不存在第三人的请求权，没有设置任何质押，未涉及任何争议及诉讼。

5. 甲方向乙方转让的股权中尚未实际缴纳出资的部分，转让后，由乙方继续履行这部分股权的出资义务。

（注：若本次转让的股权系已缴纳出资的部分，则删去第5项）

6. 本次股权转让完成后，乙方即享受____%的股东权利并承担义务。甲方不再享受相应的股东权利和承担义务。

7. 甲方应对该公司及乙方办理相关审批、变更登记等法律手续提供必要协作与配合。

第二条　转让款的支付

（注：转让款的支付时间、支付方式由转让双方自行约定并载明于此）

第三条　违约责任

1. 本协议正式签订后，任何一方不履行或不完全履行本协议约定条款的，即构成违约。违约方应当负责赔偿其违约行为给守约方造成的损失。

2. 任何一方违约时，守约方有权要求违约方继续履行本协议。

第四条　适用法律及争议解决

1. 本协议适用中华人民共和国的法律。

2. 凡因履行本协议所发生的或与本协议有关的一切争议，双方应当通过友好协商解决；如协商不成，则通过诉讼解决。

第五条　协议的生效及其他

1. 本协议经双方签字盖章后生效。

2. 本协议生效之日即为股权转让之日，该公司据此更改股东名册、换发出资证明书，并向登记机关申请相关变更登记。

3. 本合同一式四份，甲乙双方各持一份，该公司存档一份，申请变更登记一份。

甲方（签字或盖章）：　　　　　　　　乙方（签字或盖章）：

签订日期：　　年　　月　　日　　　签订日期：　　年　　月　　日

CHAPTER 9

第九章

财产混同的弊端

导读

《中华人民共和国公司法》第20条第1款规定，公司股东应当遵守法律、行政法规和公司章程，依法行使股东权利，不得滥用股东权利损害公司或者其他股东的利益；不得滥用公司法人独立地位和股东有限责任损害公司债权人的利益；第21条规定，公司的控股股东、实际控制人、董事、监事、高级管理人员不得利用其关联关系损害公司利益。违反前款规定，给公司造成损失的，应当承担赔偿责任。

以上各条款较全面地规定了股东利用股东身份、利用法人民事责任独立，实施损害公司债权人利益的行为，依法应当承担的法律责任。

一、公司财产与股东财产的混同

公司财产与股东财产的混同是指公司的财产与股东的财产（自然人股东、法人股东）的财产混为一体，不能明确严格区分，从而股东可以随意地对公司财产占有、转移，导致公司的财产与股东的财产无法区分。

导致公司财产与股东财产混同的原因是多方面的，最常见的有以下几种（见图1）：

1. 财产混同

财产混同的情形有：企业主随意挪用公司资金；母公司随意处置子公司的资产，控制子公司的资金往来；关联公司的成本由一个公司承担，而盈利转化为另一个公司的财产；公司经营场所、主要生产设备和办公设施与其股东、关联公司的营业场所基本相同；股东、关联公司与公司财务公章的混用等。这些情况都会被认定为财产混同。

2. 机构混同

组织机构交叉主要发生在母子公司和姐妹公司之间，通常表现为"两块牌子、一套人马"。法定代表人、董事、经理等高级管理人员一致，相互兼任、统一调配，参与公司经营的主要业务员一致。甚至存在子公司没有管理层、母公司管理层即为子公司管理层等情况。

3. 业务混同

业务混同是指公司与股东或关联公司之间的主营业务、经营行为、交易方式等发生混同。通常表现为：公司在生产、经营、交易活动中丧失独立意志；股东、关联公司与公司之间的共同业务，由一方实际控制和实施等。

4. 人员混同

人员混同是指股东的经营管理人员与投资设立的公司经营管理人员相同，股东的经营管理人员既从事股东安排的业务又从事投资设立的企业的义务，即一手托两家。

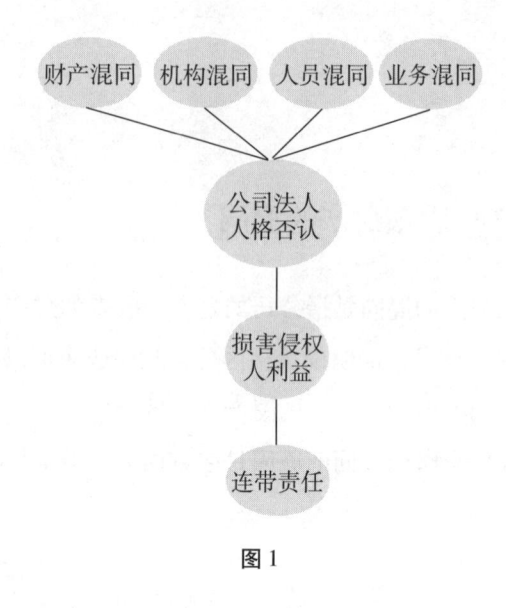

```
    财产混同  机构混同  人员混同  业务混同
             ↘    ↓    ↓    ↙
              公司法人
              人格否认
                 ↓
              损害侵权
               人利益
                 ↓
              连带责任
```

图1

二、公司财产与股东财产的法律责任

《中华人民共和国公司法》第20条第3款规定，公司股东滥用公司法人独立地位和股东有限责任，逃避债务，严重损害公司债权人利益的，应当对公司债务承担连带责任。一人有限责任公司作为有限责任公司的特例，也对公司财产与股东财产混同下民事责任的承担作出了明确具体的规定。《中华人民共和国公司法》第63条规定，一人有限责任公司的股东不能证明公司财产独立于股东自己的财产的，应当对公司债务承担连带责任。公司法以上法律条款表明：公司财产与股东财产混同时，股东与公司对债权人承担连带赔偿责任。

依照《最高人民法院关于民事诉讼证据的若干规定》第5条、《中华人民共和国公司法》第63条规定可知，在股东个人财产与一人公司财产混同之诉中，一人公司的股东（法定代表人）应承担举证责任，如法定代表人不能自证清白、不能举证证明：一人有限责任公司有独立的财务账目，一人有限责任公司债权债务明晰，股东与一人有限责任公司不存在关联交易及不存在其他损坏一人有限责任公司利益的行为，一人有限责任公司的法定代表人可能要承担与一人有限责任公司共同向债权人承担连带赔偿的责任。典型案例有高峰投资"合作协议"合同纠纷案[①]。

---

① 案例号：（2014）沪一中民四（商）终字第1267号。

三、股东与责任公司连带责任的法律风险防范

为防范股东（法定代表人）对有限责任公司承担连带责任，应做好以下三个方面的工作：

1. 建立健全公司特别是一人有限责任公司的财务制度和财务账册

有限责任公司应当建立健全公司财务制度和财务账册。通过财务制度的健全规范公司与股东的财务往来行为，通过财务账册的建立明确股东投资资金走向和公司资金使用状况，做到财务账目清晰、合规，避免账务账目混乱。典型案例有刘××与上海水路通国际旅行社有限公司等股东损害公司债权人利益责任纠纷案[①]。

2. 股东及时与有限责任公司、股份有限公司进行清算

《最高人民法院关于适用〈中华人民共和国公司法〉若干问题的规定（二）》第18条第2款规定，有限责任公司的股东、股份有限公司的董事和控股股东因怠于履行义务，导致公司主要财产、账册、重要文件等灭失，无法进行清算，债权人主张股东对公司债务承担连带赔偿责任的，人民法院应当支持。

3. 一人有限责任公司要坚持进行年度审计

由于一人有限公司不存在股东会，公司所有的重大事项均由股东决定，没有有效的监督和约束机制，正因如此，《中华人民共和国公司法》第62条、第63条对一人有限公司作了特别规定，其中《中华人民共和国公司法》第62条规定："一人有限责任公司应当在每一会计年度终了时编制财务会计报告，并经会计师事务所审计。"因此，作为一人有限公司理应根据该《中华人民共和国公司法》第62条的规定坚持聘请有资质的会计师事务所进行年度审计，以便逐年留下公司财务独立的相关证据。

---

① 案例号：（2016）沪民申1953号。

CHAPTER 10

第十章

合理节税，节省成本

导读

税收支出直接影响着企业的利润，影响着企业股东的收益。由于物流行业部分企业管理制度不规范及对会计、税法不了解，或理解得不透彻，容易使企业遭遇涉税风险，从而承担一些不必要的税收支出。所以企业能否适当控制涉税风险，并通过纳税筹划降低税收成本，在"剩"者为王的市场竞争中至关重要。依法规避涉税风险，维护企业的合法权在防范涉税风险的同时，利用纳税筹划来减少税费支出，是企业家的制胜法宝。

一、揭露纳税筹划的"面纱"

我国在税收征收管理方面日益严格,无论是管理者还是财税人员都越来越重视税收的问题,但是在企业的运营管理过程中,企业仍然会因为不了解、操作不当等因素,遇到涉税风险。企业经营都在哪些环节存在涉税风险呢,我们一一分析。

1. 合同管理不规范

在物流企业的经营中,需要签订各种类型的合同。很多企业往往由公司的相关业务部门人员与对方协商合同条款并签订合同。在合同签订之前,律师并未参与合同的审核,等到合同签订后,需要支付款项或者收取款项时,才发现合同可能存在的问题。从企业的业务管理流程看,这是错误的。因为合同是企业纳税的重要原始凭证,在企业的合同中隐藏着很多涉税风险,因此,律师需要在合同签订前参与合同的审核工作,以防范和化解涉税风险。

案例:

A 物流公司 2013 年 12 月进行了股权变更,新股东甲接收公司。2013 年 12 月 31 日公司原有的仓储作业合同到期,该公司与客户重新签订了仓库租赁合同,合同期限为 1 年,租赁费用为 600 万元。该公司仓库的账面原值为 7000 万元。A 公司 2014 年缴纳了 58.8 万元的房产税。该项行为将产生何种涉税风险呢?

案例解析:

(一) 如果 A 公司与客户签订的是仓库租赁合同,其税务处理为:

(1) 仓库租赁属于不动产租赁,租金收入需要按照 5% 的税率缴纳 30 万元。

(2) 房产税。企业出租仓库,需要从租计征房产税,需要按照租金收入的 12% 缴纳 72 万元房产税。

(二) 如果 A 公司与客户仍旧签订仓储作业合同,其税务处理为:

(1) 增值税,仓储服务属于物流辅助服务,纳入增值税的征税范围。因此,如果 A 公司与客户签订的是仓储作业合同,则可以按照物流辅助服务 6% 的税率计算增值税销项税额,而且可以抵扣进项税额。

同时，如果服务接收方为一般纳税人，A公司可以向其开出增值税专用发票，对方可以按照规定抵扣进项税额。

（2）房产税。A公司利用本企业的仓库提供仓储服务，属于经营自用的房产，应该从价计征房产税。当地规定房产原值减除率为30%。

应纳房产税 = 7000 × （1 - 30%） × 1.2% = 58.8（万元）

由此我们可以看到，A公司与客户签订的是仓库租赁合同，因此2014年应该缴纳72万元的房产税，而非58.8万元房产税。所以A公司需要补缴房产税，并缴纳相应的滞纳金。

2. 发票管理不当导致的涉税风险

依法办理税务登记的单位和个人，在领取《税务登记证》后可以申请领取发票，属于法定的发票领购对象；如果单位和个人办理变更或者注销税务登记，则应同时办理发票和发票领购簿的变更、缴销手续；依法不需要办理税务登记的单位，发生临时经营业务需要使用发票的，可由税务机关代开发票；临时到本省、自治区、直辖市以外充实经营活动的单位和个人，凭所在地税务机关开具的《外出经营活动税收管理证明》，在办理纳税担保的前提下，可向经营地税务机关申请领购经营地的发票。

任何填开发票的单位和个人必须在发生经营业务并确认经营收入时，才能开具发票，未发生经营业务一律不得开具发票；不得转借、转让或者代开发票；未经税务机关批准，不得拆本使用发票；不得自行扩大增值税专用发票的使用范围。

纳税人发生发票丢失、被盗等情况时，必须及时报告主管税务机关，并根据税法规定采取有效措施。

3. 账务处理不当导致的涉税风险

企业经济业务发生后，财务人员要根据经济业务的实际情况及时进行账务处理。确认收入、结转成本、费用等，并计算相应的税金。一旦财务人员账务处理不当，就会产生相应的风险。

4. 未按税法规定进行操作导致的涉税风险

（1）为及时进行审批或者备案导致的涉税风险

企业在进行实际经营的过程中，不仅要遵循税收实体法的规定，而且要遵循税收程序法的规定，对于特定的税收事项，如减免税等税收优惠，要按照规定办理备案或者审批手续。

我国减免税分为报批类减免税和备案类减免税。报批类减免税是指应由税务机关审批的减免税项目，纳税人享受报批类减免税，应提交相应资料，提出申请，经具有审批权限的税务机关审批确认后执行。未按照规定申请或者虽申请但未经过审批权限的税务机关审批确认的，纳税人不得享受减免税。备案类减免税是指取消审批手续的减免税项目和不需税务机关审批的减免税项目。纳税人享受备案类减免税优惠的，应提请备案，经税务机关登记备案后，自登记备案之日起执行。纳税人未按照规定备案的，一律不得减免税。

(2) 未及时申报、未及时缴纳税款导致的涉税风险

企业要按期进行纳税申报，按时缴纳税款。如果因为特殊原因不能及时进行纳税申报或者缴纳税款，需要办理延期手续，否则会产生相应的涉税风险。企业发生资产损失在企业所得税前进行扣除时，也需要按照规定办理清单申报或专项申报手续。

5. 为及时掌握税收政策变化导致的涉税风险

随着经济的发展，税收环境的变化，国家不断完善税收制度，适时出台新的税收政策法规。目前，我国每年颁布上百个具体的税收规定，这些具体规定或者给企业带来机遇，或者给企业带来风险与挑战，企业需要预测税收政策可能发生的变化，及时掌握已经颁布的政策法规，及时研究其具体内容，并采取相应的措施，抓住机遇，迎接挑战。如果企业未能及时洞悉这些变化，将给企业带来无法挽回的损失。

二、三项措施轻松防范涉税风险

措施一：企业管理者高度重视涉税风险，倡导企业树立全员、全环节防范涉税风险的意识

从上述分析可知，企业在日常经营管理中对于合同、发票等事项的操作环节都可能产生涉税的风险，因此，企业的高管们应该对税务问题给予高度的重视，倡导企业全员、全环节防范税务风险。

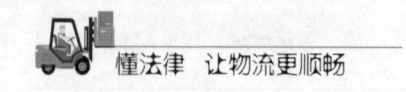

措施二：建立法税团队

对于良性发展的企业而言应该就税务事宜由专业的人士给予咨询建议，及交易架构的设计。定期由法税团队给所有相关部门进行培训以及专业化操作的指导。

措施三：全面及时获取税收政策法规信息

企业要主动和税务机关建立融洽的税企关系，经常对税收方面的法律法规及政策予以学习、了解。并对税务方面事宜进行标准化的操作。

三、纳税筹划的四大要点

1. 合法性

合法性是进行纳税的基础也是底线，纳税筹划必须是合法的。合法节税和偷税漏税绝不是同样的概念。很多企业总是想尽办法偷税、漏税，认为这是节省成本增加利润的一种良方，但是一不小心就掉进了深渊触犯了法律，最终自食恶果。但是很多企业家并没有意识到，正确的、合法的纳税筹划可能最终也会节省企业的成本，并且促使企业良性发展，所以"省钱"是目的，但是方法途径一定要合法。

2. 筹划性

纳税人的纳税义务通常具有滞后性，企业交易行为发生后才涉及税的问题，也就是说纳税人对已经发生的应税行为必须全面履行纳税义务，所以一旦应税行为已经发生，就不存在纳税筹划的空间了。如果企业再进行筹划可能就是有意逃避纳税义务了，存在偷税、漏税的嫌疑。因此，企业应根据国家税收法律的差异提前筹划纳税事宜。

3. 全局性

企业在进行纳税筹划时，应综合考虑各方面的税负问题，不仅仅考虑自身的税收负担，还要考虑筹划方案对于合作方的各种影响，应尽力使各方利益最大化。

4. 专业性

纳税筹划不仅需要财务、税务专业人员的参与、设计、操作。更需要律师的指导和配合，在合法合规的基础上节省企业成本，真正地实现良性经营、合法经营的目的。

CHAPTER 11

第十一章

物流企业 100 问

一、公司设立环节

1. 公司的法人地位意味着什么？

公司独立地行使权利、独立地承担义务、独立地因其行为而负责、独立作为诉讼主体承担责任，公司的人格与公司的股东是分开的，不因为公司的行为而让股东承担责任。

2. 有限责任是谁的什么责任？

人们通常讲的有限责任是指公司法上的有限责任，即量的有限责任或人的有限责任。这里的"有限"的含义不是指作为债务人的公司仅以其部分资产对其债务承担清偿责任，而是指作为公司的股东而言的。公司作为法人，应当以其全部资产承担清偿债务的责任，债权人也有权就公司的全部财产要求清偿债务，在公司的资产不足以清偿全部债务时，公司的债权人仍不得请求公司的股东承担超过其出资义务的责任，更不得将其债务转换到其股东身上。这就是公司的独立责任。它是由公司的独立人格所决定的，也是公司的独立人格的体现。在民法上，任何民事主体均应以其全部资产承担清偿债务的责任。公司相对于自然人而言，公司作为法人有独立财产权，并且此种财产与公司成员及创立人（股东）的财产是分开的，具有自己的独立人格；而且公司的人格与其成员的人格也是分离的，所以公司作为独立的民事主体应以自己的独立的全部财产承担清偿债务责任。

有限责任是指有限责任公司的股东以其认缴的出资额为限对公司承担责任，一旦公司倒闭，只需以出资额为最高限度承担责任。比如，股东出资一百万元，一旦公司倒闭，有债务拖欠，只需要股东出资一百万元为最高限度去还债。

3. 我国《中华人民共和国公司法》规定了几种公司类型？

根据我国《中华人民共和国公司法》的规定，公司包括有限责任公司和股份有限公司两种类型。

有限责任公司是指股东以其出资额为限对公司承担责任，公司以其全部资产

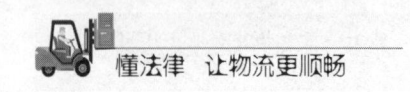

对公司债务承担责任的企业法人。

股份有限公司是将公司的全部资本分为等额股份，股东以其所持股份为限对公司承担责任，公司以其全部资产对公司的债务承担责任的企业法人。

4. 公司作为一个组织，如何从事法律行为？代理和代表的区别是什么？法定代表人的权利和义务是什么？

代理与代表有如下区别：

（1）代表人与被代表的主体之间是同一个民事主体；代理人与被代理人是两个民事主体间的关系，是两个独立的民事主体。

（2）代表人实施的民事法律行为就是被代表的主体实施的民事法律行为，因此不存在效力归属问题；代理人从事的法律行为不是被代理人的法律行为，只是其效力归属于被代理人。

法定代表人权利：

（1）企业法定代表人在国家法律、法规以及企业章程规定的职权范围内行使职权、履行义务，代表企业法人参加民事活动，对企业的生产经营和管理全面负责，并接受本企业全体成员和有关机关的监督。

（2）企业法定代表人可以委托他人代行职责。

（3）企业法定代表人在委托他人代行职责时，应有书面委托。法律、法规规定必须由法定代表人行使的职责，不得委托他人代行。

（4）企业法人的法定代表人是代表企业行使职权的签字人。

（5）法定代表人的签字应向登记主管机关备案。法定代表人签署的文件是代表企业法人的法律文书。

法定代表人义务：

（1）法定义务是直接依据法律规定产生的而非由当事人约定的义务，如不得侵犯他人财物的义务。约定义务是指当事人自行约定的义务，如合同债务人的义务。

（2）积极义务，是指以义务人须为一定行为（作为）为内容的义务，如交付财物的义务。消极义务，是指以义务人须不为一定行为（不作为）为内容的义务，如不干涉所有人行使权利的义务。

（3）专属义务是指义务人不得将其移转给其他人负担的义务，如某特邀演员演出的义务。非专属义务，是指义务人可将其移转给他人负担的义务，如偿还欠款的义务。

5. 公司的经营范围有什么实际意义？超过公司经营范围的行为的效力如何判断？

公司的经营范围涉及四重法律关系：公司自身的确定与保护关系，经营者与股东的关系，公司与交易第三人的关系，以及公司与政府监管的关系。经营范围具备四方面的基本功能，对公司的存在与发展和市场的稳定运行起到了一定的促进作用。

对于企业法人超出经营范围所签订的合同的效力问题，依据《最高人民法院关于适用〈中华人民共和国合同法〉若干问题的解释（一）》第10条规定："当事人超越经营范围订立合同，人民法院不因此认定合同无效。但违反国家限制经营、特许经营以及法律、行政法规禁止经营规定的除外。"也就是说，只要不违反限制经营等，企业法人超越经营范围签订的合同均为有效合同，此点充分体现了当事人的意思自治。

上述所谓限制经营，即体现为国家产业的规制；所谓特许经营，即国家宏观经济和整体社会利益的经营活动，如烟草专卖、广播电视、新闻出版、药品等；所谓禁止经营，是指违反法律、行政法规的强制性规定。

6. 公司能否设立分支机构？可以采取哪些形式？不同形式的选择在主体资格和责任承担方面有哪些异同？

公司可以设立分支机构。企业分支机构主要有两种形式：一种为分公司；另一种为办事处。分公司可以从事经营活动；而办事处一般只能从事总公司营业范围内的业务联络活动。办事处、代表处是不能申请领取营业执照的，是不具有经营资格的，不能以自己的名义签订商业贸易合同进行营利性的贸易、投资活动，否则其签订的营利性协议是无效的。其职责仅仅是联络、了解分析市场行情、参与商务谈判。分公司、办事处税收待遇不同，主要体现在企业所得税和流转税上。

7. 公司设立中有哪些需要注意的问题？哪些事项需要特许？

公司设立过程需跟哪些机关部门打交道？

（1）需注意公司的成立日期，营业执照登记日期起一个月内要到国、地税报到。需带资料如下：执照、组织机构代码证、税务登记证副本原件及复印件；房租合同、产权证明、章程、验资报告、法人身份证、银行开户许可证原件及复印件；公章、财务章、人名章、分户通知单。

（2）在领取税务登记证后一周内需到国税报到，地税是领取税务登记证后三天内报到。

（3）国、地税报到是在税务期间的，当月需申报，无收入的也需要零申报。

（4）公司有分期缴款情况的，注意下期出资时间，以免错过造成罚款。

（5）公司有非货币出资情况的，注意及时将知识产权变更转让，会计在做账时也应及时处理这种情况。

（6）到国税报到时，同时申购国税申报工具。网报120元、卡报860元。询问税收管理员税额、税务所电话等信息。

（7）到地税报到时，选择地税申报方式，综合申报（注意索取密码）或CA申报200元。同时也需要询问税收管理员税额和税务所电话。

（8）国税、地税，现在都有要求办理银行、税务、企业间的三方协议。询问专管员是否需要办理。这是一种在网上划拨税款的方式。

（9）办理三方协议的企业，注意在基本账户里适当留有资金。我们也会在您公司产生税款的当月，提示您查询基本户是否留有余额，以便划拨税款。

（10）要及时到公司所在地工商所进行报到（基本是所在街道的工商所），以免为次年的工商年检造成不便。需带资料如下：执照、组织机构代码证、税务登记证副本原件及复印件；房租合同、产权证明、章程、验资报告、法人身份证、银行开户许可证原件及复印件、股东身份证复印件；公章、财务章、人名章、合同章。

（11）办理发票审批手续业务时需要提前15天与公司沟通，因发票审批手续不是每个工作日都能办理的。各税务所办理时间不同，并需提前准备大量材料。

（12）发票办理时间大概是递交完审批手续15个工作日后，才能购买发票。

（13）国税一般纳税人企业需办理机打发票，国税小规模企业可以购买手撕发票，地税企业只能购买机打发票。由于税务改革，地税逐步取消定额手撕发票。

（14）办理机打发票时需购置税控器，针式打印机等设备。

（15）企业在当月开具收入发票或有银行进账时，要及时与您的做账会计沟通。收入当月必须申报，要缴纳相应的流转税及由其产生的附加税种。费用票当年入账即可。

（16）每年 3 月 1 日到 6 月 30 日工商年检；每年 7 月 1 日到 9 月 30 日核定上年度残保金；每年 1 月 1 日到 5 月 30 日做会计年报。

（17）销售业开发票后，需要交纳企业所得税 25%、增值税 3%、城建税是增值税的 7%（偏远地区的城建税会有所下调）、教育费附加是增值税的 3%。服务业开发票后，需要交纳企业所得税 25%、营业税 5%、城建税是营业税的 7%（偏远地区的城建税会有所下调）、教育费附加是营业税的 3%。

（18）行为税：印花、车船、房产；流转税：企业所得税、增值税、消费税。

（19）企业的银行分为基本户银行和一般户银行。基本户银行可以用于提取现金（用现金支票），转账（用转账支票），或划拨各项税款（用税票）；一般户只能用于企业与企业间的转账业务（用转账支票）。

8. 公司设立有哪些不同的方式？不同的设立方式在技术上有哪些区别？

公司设立的方式基本为两种，即发起设立和募集设立。

发起设立又称"同时设立""单纯设立"等，是指公司的全部股份或首期发行的股份由发起人自行认购而设立公司的方式。有限责任公司只能采取发起设立的方式，由全体股东出资设立。股份公司也可以采用发起设立的方式。《中华人民共和国公司法》第 77 条第 1 款明确规定，股份有限公司可采取发起设立的方式，也可以采取募集设立的方式。发起设立在程序上较为简便。

募集设立又称"渐次设立"或"复杂设立"，是指发起人只认购公司股份或首期发行股份的一部分，其余部分对外募集而设立公司的方式。《中华人民共和国公司法》第 77 条第 3 款规定："募集设立，是指由发起人认购公司应发行股份的一部分，其余股份向社会公开募集或者向特定对象募集而设立公司。"所以，募集设立既可以通过向社会公开发行股票的方式设立，也可以不发行股票而只向特定对象募集而设立。这种方式只为股份有限公司设立。由于募集设立的股份有限公司资本规模较大，涉及众多投资者的利益，故各国公司法均对其设立程序严格限制。如为防止发起人完全凭借他人资本设立公司，损害一般投资者的利益，各国大都规定了发起人认购的股份在公司股本总数中应占的比例。我国规定的比例是 35%。

9. 设立有限责任公司超过 50 人怎么办？设立股份有限公司发起人超过 200 人怎么办？

（1）一般公司成立的时候股东不能超过 200 人。

根据《中华人民共和国公司法》第 78 条："设立股份有限公司，应当有二人以上二百人以下为发起人，其中须有半数以上的发起人在中国境内有住所。"

（2）公司成立后增发股票可以超过 200 人，但需要证监会审批。

根据《中华人民共和国证券法》第 10 条："公开发行证券，必须符合法律、行政法规规定的条件，并依法报经国务院证券监督管理机构或者国务院授权的部门核准；未经依法核准，任何单位和个人不得公开发行证券。有下列情形之一的，为公开发行：（一）向不特定对象发行证券的；（二）向特定对象发行证券累计超过二百人的；……"而公开发行（IPO）必须经过证监会审批。

（3）公司成立后还可以转让股权超过 200 人，也需要证监会审批。

根据《非上市公众公司监督管理办法》（以下简称《管理办法》）第 2 条："本办法所称非上市公众公司（以下简称公众公司）是指有下列情形之一且其股票未在证券交易所上市交易的股份有限公司：（一）股票向特定对象发行或者转让导致股东累计超过 200 人；（二）股票公开转让。"

《管理办法》还规定，该转让需要证监会核准。这就是俗称的新三板挂牌。

10. 股东出资协议是否为必要？

（1）可以通过股东协议约定具体的出资时间

在认缴资本制度下，很多公司的章程都会规定注册资本可以在二十年甚至三十年内实缴到位。也就是说，在理论上，股东即便在认缴期限的最后一天才投入注册资金，也是合法的。然而，公司的开办不但需要前期资金投入，后续开展业务也需要资金投入，不可能等到认缴期限的最后一天才出资。如果当中有一个股东坚持最后一天才出资，那么就会出现大家都不出资而令公司停顿的状况，亦会造成对其他已经出资的股东不公平。虽然公司法规定了未出资的股东可以不享受利润分红，但公司在创业初期一般是没有盈利的，相反，此时的投资风险往往很大。某些股东出于观望心态，不成功的话放弃也没什么损失，而一旦认为项目有成功的希望了，才会投入资金，这样一来，就会让其他股东承担更大的商业风险。本来公司章程规定注册资本认缴条款是为了放宽对股东出资的约束，但如果没有辅以股东协议，到头来却很有可能成为公司致命的雷区。因此，股东之间还需要在公司创办之初签署股东协议，约定每期资金投入的具体时间、比例和金额，以及股东未出资的违约责任；当注册资本不够用的情况下，后续如何出资也建议约定清楚。

（2）股东协议可以约定股东的退出机制

在过去，往往以出资的多寡决定股东的地位和权益，但在今天的社会，知识和资源更占主导地位。开办一家公司，不仅仅需要股东投入一定的注册资金，更需要股东投入劳动力、渠道、非专利技术等资源，而后者才是决定公司的命脉。由于这些资源的投入不属于法定出资形式，因此，需要各股东通过协议的形式，明确股东投入这些资源的义务及具体要求。当股东违反这些规定时，将触发股权回购条款，让违约的股东退出。

（3）股东协议可以约定预留员工期权池

很多互联网公司在成立之初，会预留一定比例的股权设立员工激励期权池，用于将来对核心员工的股权激励。由于这部分预留的股权需要由现有股东代持，无法写入公司章程，因此，需要由各股东以股东协议的形式予以详细规定。

（4）股东协议可以约定不宜在公司章程中公开的内容

在公司章程备案的过程中，工商行政管理部门会对章程内容进行审查，章程中的部分条款，可能会被工商行政管理部门要求删改，令股东之间的一些特别约定无法写入公司章程中。此外，公司章程需要对外公示，而一些带有对赌性质的条款，涉及技术秘密、商业秘密的条款，以及规定股东具体分工、工资情况等的条款，则不宜在公司章程中公开规定，只能通过股东之间的内部协议予以规定。

虽然，股东协议属于股东之间的内部约定，不能对抗善意第三人，但股东协议在股东内部具有法律约束力，同样起到约束股东的作用。为了避免股东协议与公司章程的规定不一致时引发的文件效力优先性的争议，股东协议应当约定"当备案的公司章程与本股东协议规定不一致的，以本股东协议的约定为准"等之类的内容。

11. 公司章程的法律性质什么？所记载的事项分成几类？

公司章程在本质上属于公司股东或投资者签署的合同，但大多数人认为，公司章程是公司的"自律性"规范，其形式上虽然与合同有类似之处，但本质上属于完全不同的两个概念。合同效力具有相对性，即合同仅对合同当事人具有约束力，对合同或协议以外的其他人并无约束力。而公司章程却包含了对未来公司的约束（签署公司章程时公司尚未成立，但成立后的公司行为如与公司章程所定的内容不相符，就将被视为无效行为）；对公司未来股东的约束力（公司章程不仅对签署章程的投资者具有约束力，而且对后来进入公司的新股东同样具有约束力）；对公司交易的相对人也产生约束力（公司章程于公告后具有公示效力，经过公示的公司章程条款也构成对公司交易相对人的约束，如有限责任的公示）等。另外，签署合同应当遵循自主原则，合同当事人可以依法自由约定合同条款，也可以在法律规定范围内选择合同形式，但签署公司章程属于要式行为，这不仅要求公司章程必须采用书面形式，而且要求公司章程必须具备法定条款。

公司章程所记载的事项可以分为必备事项和任意事项。必备事项是法律规定的在公司章程中必须记载的事项，或称绝对必要事项；任意事项是由公司自行决定是否记载的事项，包括公司有自主决定权的一些事项。

12. 公司章程中的可变条款有哪些？

公司章程可自行约定的事项包括：

（1）经营范围：公司的经营范围由公司章程规定，并依法登记。公司可以修改公司章程，改变经营范围，但是应当办理变更登记。

（2）法定代表人：公司法定代表人依照公司章程的规定，由董事长、执行董事或者经理担任，并依法登记。公司法定代表人变更，应当办理变更登记。

（3）对外投资或对外担保：公司向其他企业投资或者为他人提供担保，依照公司章程的规定，由董事会或者股东会、股东大会决议；公司章程对投资或者担保的总额及单项投资或者担保的数额有限额规定的，不得超过规定的限额。

（4）股东的出资额：股东应当按期足额缴纳公司章程中规定的各自所认缴的出资额。股东以货币出资的，应当将货币出资足额存入有限责任公司在银行开设的账户；以非货币财产出资的，应当依法办理其财产权的转移手续。

（5）其他股东的职权：股东会行使下列职权：……（十一）公司章程规定的其他职权。

（6）定期股东大会的召开：股东会会议分为定期会议和临时会议。定期会议应当依照公司章程的规定按时召开。

（7）股东大会通知股东的时间：召开股东会会议，应当于会议召开十五日前通知全体股东；但是，公司章程另有规定或者全体股东另有约定的除外。

（8）行使表决权的依据：股东会会议由股东按照出资比例行使表决权；但是，公司章程另有规定的除外。

（9）股东会的议事方式和表决程序：股东会的议事方式和表决程序，除本法有规定的外，由公司章程规定。

（10）正副董事长的产生办法（有限责任公司）：董事会设董事长一人，可以设副董事长。董事长、副董事长的产生办法由公司章程规定。

有限责任公司和股份有限公司的规定是不一样的。

例如，《中华人民共和国公司法》第44条规定，有限责任公司董事会设董事长一人，可以设副董事长。董事长、副董事长的产生办法由公司章程规定。

而《中华人民共和国公司法》第109条规定，股份有限公司董事会设董事长一人，可以设副董事长。董事长和副董事长由董事会以全体董事的过半数选举产生。

（11）董事任期：董事任期由公司章程规定，但每届任期不得超过三年。董事任期届满，连选可以连任。

（12）其他董事会的职权：董事会对股东会负责，行使下列职权：……（十一）公司章程规定的其他职权。

（13）其他董事会的议事方式和表决程序：董事会的议事方式和表决程序，除本法有规定的外，由公司章程规定。

（14）其他经理职权：有限责任公司可以设经理，由董事会决定聘任或者解聘。经理对董事会负责，行使下列职权：……公司章程对经理职权另有规定的，从其规定。

（15）执行董事职权：股东人数较少或者规模较小的有限责任公司，可以设一名执行董事，不设董事会。执行董事可以兼任公司经理。

执行董事的职权由公司章程规定。

（16）职工代表在监事会中的比例：监事会应当包括股东代表和适当比例的公司职工代表，其中职工代表的比例不得低于三分之一，具体比例由公司章程规定。

（17）其他监事会、监事的职权：监事会、不设监事会的公司的监事行使下列职权：……（七）公司章程规定的其他职权。

（18）其他监事会的议事方式和表决程序：监事会每年度至少召开一次会议，监事可以提议召开临时监事会会议。

监事会的议事方式和表决程序，除本法有规定的外，由公司章程规定。

监事会决议应当经半数以上监事通过。

（19）一人有限责任公司的最低出资额：一人有限责任公司的注册资本最低限额为人民币十万元。股东应当一次足额缴纳公司章程规定的出资额。

（20）职工代表在国有独资公司监事会中的比例：国有独资公司监事会成员不得少于五人，其中职工代表的比例不得低于三分之一，具体比例由公司章程规定。

13. 出资协议和公司章程是什么关系？二者有冲突时以何为准？

公司章程与公司出资协议的不同：

（1）公司章程是公司必备文件，而公司出资协议则是任意性文件

《中华人民共和国公司法》规定，公司必须有章程。也就是说，一个公司要想成功设立，前提就是要有公司章程。而公司出资协议不是公司成立的必备要件，除外商投资企业和股份有限公司法律要求要签订出资协议外。因此在实践中，会出现有的发起人在出资时没有签署公司出资协议，未明确股东之间的权利和义务，其实这样的做法是不利于公司将来的发展的。

（2）公司章程与公司出资协议的约束力不同

公司章程的约束力远大于公司出资协议。公司章程对公司、股东、董事、监事、高级管理人员都有约束力。也就是说，公司章程的范围涉及整个公司的管理、公司的一切人员。而公司出资协议约束的范围就小很多，从设立的目的就可以看出，主要约束的是发起人，就是说谁在公司出资协议上签字就约束谁。

（3）公司章程与公司出资协议的效力期限不同

公司章程的效力期限是与公司同生共死的，就是说从公司成立到运营再到公司解散清算这期间，公司章程都是有效力的。公司出资协议是在公司设立期间签订的，所以它的效力期间是从设立行为开始到公司成立为止。

(4) 公司章程与公司出资协议的性质不同

公司章程是要式法律文件，制定要求较高。《中华人民共和国公司法》对章程的内容有明确规定，公司章程必须按《中华人民共和国公司法》的规定制定。而公司出资协议一般是不要式法律文件，作为发起人之间的合同，主要根据发起人的意思表示形成，其内容更多地体现了发起人的意志和要求，就设立协议而言，需要遵守合同法的一般规则即可。

(5) 公司章程与公司出资协议的效力不同

当公司章程与公司出资协议发生冲突时，应该以公司章程为准。因为出资协议的存续期间到公司成立为止，意味着公司成立时，出资协议的效力就终止了。再者，出资协议是内部协议，除参与签署的股东外，甚至公司董事、高级管理人员等可能都不知道其内容。而公司章程就不一样，它是公开文件，其目的是能让公司投资者、债权人、交易对象了解公司的组织与运行。还有就是公司章程的存续期间远远长于公司出资协议。最后，在司法实践中，当公司成功设立之后，当事人以出资协议为依据提起的民事诉讼，法院一般是不予支持的。所以，公司章程的效力高于公司出资协议。

14. 何为注册资本、实缴资本、认缴资本、实收资本？

(1) 注册资本

注册资本是指合营企业在登记管理机构登记的资本总额，是合营各方已经缴纳的或合营者承诺一定要缴纳的出资额的总和。我国法律、法规规定，合营企业成立之前必须在合营企业合同、章程中明确企业的注册资本，合营各方的出资额、出资比例、利润分配和亏损分担的比例，并向登记机构登记。

(2) 实缴资本

实缴资本又称实收资本，是指公司成立时公司实际收到的股东的出资总额。它是公司现实拥有的资本。由于股东认购股份以后，可能一次全部缴清，也可能在一定期限内分期缴纳。故而实缴资本可能等于或小于注册资本。我国新修订的《中华人民共和国公司法》对公司资本采纳了一定程度上的授权资本制，即允许公司成立时股东只实际缴付一定比例的认缴资本，其余认缴的资本在公司成立后的一定期限内缴清即可。

（3）认缴资本

①这个概念是《中华人民共和国公司法》提到的股东对本人所应缴纳的全部股本的承诺和认可，但是它和实缴资本是两个概念。

②财务进入资本金股本不是认缴资本，而是实缴资本。经常出现股东的实缴资本与认缴资本有差额，而且迟迟不到位，影响资本金的及时入账。

③财务应该依据股东实缴资本的交款书为股东开出收据，凭此进行账务处理。

（4）实收资本

实收资本（Paid-in Capital）是指企业实际收到的投资人投入的资本。按投资主体可分为国家资本、集体资本、法人资本、个人资本、港澳台资本和外商资本等。

实收资本是指投资者作为资本投入企业的各种财产，是企业注册登记的法定资本总额的来源，它表明所有者对企业的基本产权关系。实收资本的构成比例是企业据以向投资者进行利润或股利分配的主要依据。中国企业法人登记管理条例规定，除国家另有规定外，企业的实收资本应当与注册资本一致。企业实收资本比原注册资本数额增减超过20%时，应持资金使用证明或验资证明，向原登记主管机关申请变更登记。

15. 非货币出资包括哪些方式？

非货币出资，是指用实物、知识产权、土地使用权等可以用货币估价并可以依法转让的非货币财产作价出资。

16. 瑕疵出资是什么？其表现方式有哪些？法律后果是怎样的？

瑕疵出资是指出资人违反公司法和公司章程的规定，未足额出资或出资的财产权利有瑕疵，不包括根本未出资和履行出资义务后的抽逃出资行为。在瑕疵出资的状态下，出资人能否享有权利，享有的权利是否为公司法意义上的股东权利，其是否具有可让与性，我国公司法未予以明确规定，给司法实务造成很大的困扰和混乱。

根据资本瑕疵原因的不同，我们可以把公司资本瑕疵划分为如下几种类型：

（1）出资虚假瑕疵，是指股东于公司设立之时根本没有出资却声明已经出资，致使公司实际无任何实收资本而设立并有违该国法律规定的情形。此系最为严重的资本瑕疵情形，多数国家将此视为犯罪予以严惩。

（2）出资不足瑕疵，对于出资不足的瑕疵，可以理解为股东只足额缴纳了第一期出资，而以后各期均未缴纳或只缴纳了部分，而导致公司注册资本不实。这是由于规定了分期缴纳制度而出现的新情况。

（3）出资价值瑕疵，是指实物、权利等出资的评估价值，高于评估对象实际价值之情形。

（4）出资权利瑕疵，是指用于出资的有形或无形财产的所有权、使用权等存在着权利上的瑕疵，如已出卖他人或已抵押他人等。

（5）出资形式瑕疵，是指以不符合法定要求的出资形式进行出资的情形。例如，《法国商事公司法》第38条第2款规定：有限责任公司之股份原则上不得以技艺出资方式认购；再如，《中华人民共和国公司法》第27条第1款规定：股东可以用货币出资，也可以用实物、知识产权、土地使用权等可以用货币股价并可以依法转让的非货币财产作价出资；但是，法律、行政法规规定不得作为出资的财产除外。由是，违反以上规定的其他形式的出资，便构成出资形式瑕疵。

（6）出资比例瑕疵，是指公司的货币出资金额比例低于法律规定的最低比例。我国最低比例为30%。2005年的《中华人民共和国公司法》第27条第3款规定：全体股东的货币出资金额不得低于有限责任公司注册资本的百分之三十。股份有限公司适用该款的规定（2014年3月1日实施的《中华人民共和国公司法》已删除原第27条第3款之规定）。

a. 股东瑕疵出资审查认定的一般规则

股东瑕疵出资，就是指股东按照公司章程所缴付的出资存在品质上或权利上的缺陷，从而形成自然瑕疵或法律瑕疵，是股东违反法定出资义务的一种表现形式。

《最高人民法院关于企业开办的其他企业被撤销或者歇业后民事责任承担问题的批复》中，将股东瑕疵出资区分为一般瑕疵出资和严重瑕疵出资，即虚假出资和抽逃出资。虚假出资的本质特征是未支付相应对价而取得公司股权。抽逃出资是指股东将已缴纳的出资，在公司成立后又以某种形式转归其自身所有。关于瑕疵出资的认定标准，相关法律法规也都作出了相应规定。据此，以实物、工业产权、非专利技术或者土地使用权出资的，是否将所认缴的出资标的物的财产权利移转归公司享有，成为确定股东是否履行出资义务的标准。

b. 瑕疵出资股东应承担的民事责任

为保证公司资本的充实，维护债权人和社会公众的利益，各国立法对股东和公司的发起人规定了严格的出资责任，包括股东出资违约责任和资本充实责任。我国公司法亦相应规定了股东的出资违约责任和差额填补责任。因股东瑕疵出资导致公司注册资本不足，出资不实的股东应如何承担违约责任，"一般表现为已足额缴纳出资的股东可以依法要求出资违约的股东赔偿因未缴付或未缴清出资造成的经济损失"。

17. 设立中公司是什么？其是否具有法律地位？发生纠纷该如何处理？

设立中公司是指公司发起人（或称设立人）订立设立公司的合同或协议，根据《中华人民共和国公司法》及相关公司法规的规定着手进行公司成立的各种准备工作过程中形成的特殊组织。它是以有效的公司设立合同为基础，将公司发起人联系起来，并建立其相应的权利义务关系而形成的未来公司之雏形。

《中华人民共和国公司法》虽然未对设立中公司的具体行为能力作出较为详细的规定，但根据我国现行法规定，设立中公司为进行筹备活动可以到银行开立账户、刻制公章、刊登广告、签订合同与此相对应，在这过程中发生合同上纠纷或者侵权纠纷时，可将设立中公司的诉讼地位与2007年《中华人民共和国民事诉讼法》第108条的"其他组织"对应起来，使该理论与法律实践能够较好地衔接。如果把设立中公司视为无权利能力之团体，则设立中公司的行为完全被肢解成发起人的个人行为，这不仅是对设立中公司行为的错误认知，而且将导致对该问题的分析陷入支离破碎的境地，并且在司法实践上也极易造成混乱和麻烦。

（1）以设立中公司名义实施的行为引发纠纷的责任归属在我国，设立中公司既然是具有一定权利能力和行为能力的特殊社团，其当然可以以自己的名义实施一定的行为，只要该行为是由设立中公司的意思机关作出并由设立中公司的机关实施，那么这就是设立中公司的行为，设立中公司当然应在其责任能力范围内对该行为之后果承担责任。但需强调的是，这里所说的设立中公司的行为，是指设立公司的必要行为，如果超出此范围，则就超出了设立中公司行为能力的范围，应为设立中公司无权实施的行为，该行为应归于无效，由行为人和设立中公司对因此而产生的责任负连带责任。但是从法规上看，我国公司法和《中华人民共和国公司登记管理条例》并没有明确规定设立中公司的法律地位问题，而是在相关条文中暗含了设立中公司可以从事一定法律行为。只是《中华人民共和国公司法》第 80 条和第 95 条规定了股份公司设立过程中发起人应当承担的责任和承担责任的形式。我们认为，这两条规定可以作为该类纠纷请求权的直接法律依据。

（2）以拟成立之公司名义实施的行为引发纠纷的责任归属，如果设立中公司或其发起人以拟成立之公司名义实施行为，则构成无权代理，根据民法通则有关无权代理的规定，应由设立中公司或发起人承担责任。需指出的是，前述设立中公司以拟成立公司名义实施的行为应是设立公司的必要行为，如果不是设立公司的必要行为，而是经营行为，则因其为法律所明文禁止，应为无效行为，由行为人和设立中公司对因此产生的责任负连带责任。如果发起人以拟成立公司名义从事经营行为，实质上是发起人自己以一个不存在的主体的名义从事经营行为，其法律后果当然应当由发起人自己承担。因此，对于此类纠纷，应当适用《中华人民共和国民法通则》第 66 条第 1 款和《中华人民共和国公司登记管理条例》第 3 条进行处理。

（3）以行为人自己之名义实施的行为引发纠纷的责任归属如果是发起人或设立中公司的董事以自己名义实施的行为，该如何看待呢？若其是为设立中公司实施行为的，责任当如何承担？对这一问题，应根据委托理论解决行为效果的归属问题。此时，设立中公司是委托人，发起人或设立中公司之董事是受托人，受托人以自己的名义为委托人实施其所委托的行为，根据我国合同法关于受托人以自己名义与第三人订立合同的规定，如第三人在订立合同时知道行为人与设立中公司有代理关系的，该合同直接约束设立中公司与第三人，即设立中公司应对该行为负责；如第三人在订立合同时不知道行为人与设立中公司之间有代理关系的，当行为人因设立中公司的原因对第三人不能履行义务，行为人应当向第三人披露作为委托人的设立中公司，由第三人选择行为人或设立中公司作为相对人主张其权利，但第三人不得变更选定的相对人。但是如果所委托的行为是营业行为，则因该行为为法律所禁止，而作为发起人或设立中公司之董事对此都知道或应知道，所以此时只能由行为人自己负其责任。因此，此类纠纷的处理，应当以《中华人民共和国合同法》第 403 条和《中华人民共和国公司登记管理条例》第 3 条作为直接的请求权基础和法律依据。

18. 瑕疵设立的法律后果是怎样？

公司设立瑕疵，是指经公司登记机关核准登记并获营业执照而宣告成立的公司，在设立过程中，存在不符合公司法规定的条件和程序而设立公司的情形。

《中华人民共和国公司法》第198条规定："违反本法规定，虚报注册资本、提交虚假材料或者采取其他欺诈手段隐瞒重要事实取得公司登记的，由公司登记机关责令改正，对虚报注册资本的公司，处以虚报注册资本金额百分之五以上百分之十五以下的罚款；对提交虚假材料或者采取其他欺诈手段隐瞒重要事实的公司，处以五万元以上五十万元以下的罚款；情节严重的，撤销公司登记或者吊销营业执照。"相应地，《中华人民共和国公司登记管理条例》第63条、第64条也作出了同样的解读。

据此，在公司设立过程中，若出现虚报注册资本、提交虚假材料或者采取其他手段隐瞒重要事实取得公司登记的，只要情节不严重，此类瑕疵设立的法律后果是由公司登记机关，也即国家工商行政管理总局或者地方各级工商行政管理局（分局）责令改正；只有在情节严重的情况下，公司登记机关才可撤销公司登记或者吊销营业执照。此时，企业应当停止经营活动，在15日之内成立清算组，开始清算。

此外，根据2004年《企业登记程序规定》第17条之规定：

有下列情形之一的，企业登记机关或者其上级机关根据利害关系人的请求或者依据职权，可以撤销登记：

（一）滥用职权、玩忽职守作出准予登记决定的；

（二）超越法定职权作出准予登记决定的；

（三）对不具备申请资格或者不符合法定条件的申请人作出准予登记决定的；

（四）依法可以撤销作出准予登记决定的其他情形。

被许可人以欺骗、贿赂等不正当手段取得登记的，应当予以撤销。

依照前两款规定撤销登记，可能对公共利益造成重大损害的，不予撤销，应当责令改正或者予以纠正。

19. 什么是一人公司？公司法上对一人公司有什么特殊要求？

一人公司，是指公司的出资全部属于单一股东的公司。《中华人民共和国公司法》允许自然人或法人单独出资设立一人公司，而国有独资公司也可视为一人公司的一种特殊形式。

《中华人民共和国公司法》对一人公司的特殊规定主要包括以下几点：

（1）注册资本的最低额和出资要求比普通有限责任公司更严格。

（2）规定了设立限制。《中华人民共和国公司法》第58条规定："一个自然人只能投资设立一个一人有限责任公司。该一人有限责任公司不能投资设立新的一人有限责任公司。"即表明了此点。

（3）规定了特别的公示和透明要求。《中华人民共和国公司法》第59条规定："一人有限责任公司应当在公司登记中注明自然人独资或者法人独资，并在公司营业执照中载明。"即对公示和透明要求。

（4）强调会计审计的要求。《中华人民共和国公司法》第62条规定："一人有限责任公司应当在每一会计年度终了时编制财务会计报告，并经会计师事务所审计。"即对会计审计的要求。

（5）规定财产独立举证责任倒置的法律规则。《中华人民共和国公司法》第63条规定："一人有限责任公司的股东不能证明公司财产独立于股东自己的财产的，应当对公司债务承担连带责任。"即对财产独立举证责任倒置的规定。

（6）规定了更简易的管理方式。《中华人民共和国公司法》第61条规定："一人有限责任公司不设股东会。股东作出本法第三十七条第一款所列决定时，应当采用书面形式，并由股东签名后置备于公司。"即对管理方式的规定。

20. 一人公司在责任承担上是否有什么特殊要求？

一人公司对公司债务承担责任，但当公司的财产与独资股东的财产混同时，独资股东与公司对外承担连带责任。

21. **股份有限公司如何募集设立？**

（1）发起人认购规定数额的股份；

（2）申请公开募股；

（3）认股缴款；

（4）创立大会；

（5）申请设立登记；

（6）公告及备案。

二、股东权利与义务

22. 公司能否对外担保？担保需要经过哪些程序？违背程序提供的担保在合同和担保本身的效力上有着怎样的后果？

公司可以对外担保，且需满足以下条件：

（1）由董事会或者股东会作出决议。

（2）不得突破公司章程规定的限额。

（3）为股东或实际控制人提供担保必须经股东会决议，且在决议表决时，该股东或受该实际控制人支配的股东，不得参加表决。该项表决由出席会议的其他股东所持表决权的过半数通过。

未经股东会作出的关于为股东或实际控制人提供担保的决议，以公司资产为本公司股东或者实际控制人提供的担保无效。

23. 股东有哪些权利？抽象的权利有哪些？具体的权利有哪些？参与决策权受损能否提起侵权损害赔偿之诉？

股东权利可分为两类：财产权和管理参与权。前者如股东身份权、资产收益权、优先受让和认购新股权、转让出资或股份的权利，后者如参与决策权，选择、监督管理者权，提议、召集、主持股东会临时会议权，知情权，提议、召集、主持股东会临时会议权。其中，财产权是核心，是股东出资的目的所在，管理参与权则是手段，是保障股东实现其财产权的必要途径。

（1）股东身份权

《中华人民共和国公司法》规定：有限责任公司成立后，应当向股东签发出资证明书；有限责任公司应当置备股东名册。

（2）参与决策权

《中华人民共和国公司法》规定：股份有限公司股东大会由全体股东组成。股东大会是公司的权力机构。股东出席股东大会会议，所持每一股份有一表决权。股东大会作出决议，必须经出席会议的股东所持表决权过半数通过。但是，股东大会作出修改公司章程、增加或者减少注册资本的决议，以及公司合并、分立、解散或者变更公司形式的决议，必须经出席会议的股东所持表决权的三分之二以上通过。

（3）选择、监督管理者权

《中华人民共和国公司法》规定：股东大会选举董事、监事，可以依照公司章程的规定或者股东大会的决议，实行累积投票制。

（4）资产收益权

《中华人民共和国公司法》规定：公司分配当年税后利润时，应当提取利润的10%列入公司法定公积金，并提取利润的5%~10%列入公司法定公益金。公司法定公积金累计额为公司注册资本的50%以上的，可不再提取。公司的法定公积金不足以弥补上一年度公司亏损的，在依照前款规定提取法定公积金和法定公益金之前，应当先用当年利润弥补亏损。公司在从税后利润中提取法定公积金后，经股东会决议，可以提取任意公积金。公司弥补亏损和提取公积金、法定公益金后所余利润，有限责任公司按照股东的出资比例分配，股份有限公司按照股东持有的股份比例分配。

（5）退股权

《中华人民共和国公司法》规定有以下情形可以请求公司收购其股份：公司连续5年不向股东分配利润，而公司该5年连续盈利，并符合《中华人民共和国公司法》规定的分配利润条件的；公司合并、分立、转让主要财产的；公司章程规定的营业期限届满获其他解散事由出现，股东会会议通过决议修改章程使公司存续的。

（6）知情权

《中华人民共和国公司法》规定：股东有权查阅公司章程、股东名册、公司债券存根、股东大会会议记录、董事会会议决议、监事会会议决议、财务会计报告，对公司的经营提出建议或者质询。

（7）提议、召集、主持股东会临时会议权

《中华人民共和国公司法》规定：董事会不能履行或者不履行召集股东大会会议职责的，监事会应当及时召集和主持；监事会不召集和主持的，连续九十日以上单独或者合计持有公司百分之十以上股份的股东可以自行召集和主持。

（8）优先受让和认购新股权

《中华人民共和国公司法》规定：经股东同意转让的出资，在同等条件下，其他股东对该出资有优先购买权；公司新增资本时，股东有权优先按照实缴的出资比例认缴出。《中华人民共和国公司法》规定：股东持有的股份可以依法转让。股东转让其股份，应当在依法设立的证券交易场所进行或者按照国务院规定的其他方式进行。

(9) 以自己名义向侵犯公司或股东利益的人提起诉讼

《中华人民共和国公司法》第 151 条规定的股东代表诉讼和第 152 条规定的股东直接诉讼。两者的区别主要在于前者侵犯的是公司的利益，后者侵犯的是股东的利益。相对而言，股东派生诉讼比较复杂，它指的是董事、监事、高级管理人员或其他人侵犯公司利益给公司造成损失，应该承担赔偿责任，但是公司、董事会（执行董事）、监事会（监事）怠于行使权利诉权或者情况紧急，股东可以依法以自己的名义直接向法院提起诉讼。为了防止股东滥用诉权，公司法对原告资格设定了一定限制，即必须是连续 180 天以上单独或者合计持有公司 1% 以上股份的股东才具有主体资格，同时公司法要求原告应当先竭尽公司的内部救济措施，股东的书面请求只有遭到公司董事会、监事会的拒绝或收到请求后 30 天董事会、监事会不起诉的，股东才能以自己的名义代表公司起诉。

(10) 分配公司利润，取得公司剩余财产

获得分红是股东出资设立公司的原动力，因此，当公司在弥补亏损、提起法定公积金后，股东可以依法分配取得相应的营业利润。股东分多少、公司留多少，股东按什么分配比例，以及什么时间进行利润分配等问题公司法均不加干涉，由股东通过公司章程自行约定。

当公司因各种原因决定解散或者被主管部门撤销需要解散的，公司完成清算程序后就可以注销从而终止其民事主体资格，而股东就有权在公司注销前依照出资比例，分配公司的剩余财产。

(11) 出现公司僵局可以请求法院解散公司

所谓"公司僵局"，是指公司股东、董事之间矛盾激化，公司运行陷入僵局，导致股东会、董事会等公司机关不能按照法定程序作出决策，从而使公司陷入无法正常运转甚至瘫痪的状况。《中华人民共和国公司法》第 182 条针对公司僵局作出了股东可以请求强制解散公司的规定："公司经营管理发生严重困难，继续存续会使股东利益受到重大损失，通过其他途径不能解决的，持有公司全部

股东表决权百分之十以上的股东，可以请求人民法院解散公司。"

《中华人民共和国公司法》并没有直接规定"公司经营管理发生严重困难"以及"通过其他途径不能解决"的认定标准，最高人民法院2014年2月发布的《关于适用〈中华人民共和国公司法〉若干问题的规定（二）》第1条规定了股东可以提起解散公司诉讼的四种情况："（一）公司持续两年以上无法召开股东会或者股东大会，公司经营管理发生严重困难的；（二）股东表决时无法达到法定或者公司章程规定的比例，持续两年以上不能作出有效的股东会或者股东大会决议，公司经营管理发生严重困难的；（三）公司董事长期冲突，且无法通过股东会或者股东大会解决，公司经营管理发生严重困难的；（四）经营管理发生其他严重困难，公司继续存续会使股东利益受到重大损失的情形。"这一条既是法院受理这类案件的形式审查依据，也是法院判决是否解散公司时的实体审查标准。

24. 股东在与公司的关系中处于什么地位？

股东与公司的关系问题，根据《中华人民共和国公司法》规定，股东依法享有资产收益、参与重大决策和选择管理者等权利。

25. 股东的权利可以做怎样的学理分类？这种分类在现实中有什么意义？

（1）按照股东权的内容，可以分为自益权和共益权，这是最基本的分类。自益权是指股东以自己的利益为目的而行使的权利，如请求分红的权利、请求分配剩余财产的权利。这类权利无须其他股东的配合即可以行使。共益权是指股东参与公司经营管理的权利，但客观上是有利于公司和其他股东的，故称为共益权，如表决权、查阅权这类权利一般需要结合其他股东一同行使。自益权主要是指财产权，共益权主要是指管理公司事务的参与权，他们共同构成完整的股东权。自益权表明了股东的财产性请求权，共益权则直接表明股东权的身份性和支配性。

（2）按照股东权的性质，可以分为固有权和非固有权。固有权是指除非得到股东的同意，不得以章程或者股东会决议予以剥夺或者限制的权利，它又叫不可剥夺权；非固有权是指可以依照章程或者股东会决议予以限制或者剥夺的权利，又称为可剥夺权。固有权往往是和股东的基本权益相关的权利，如对股份和出资的所有权，普通股的表决权，因而，这类权利常常由公司法或者商法加以明

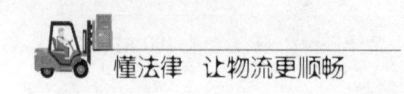

确规定，以强行法形式赋予股东。

（3）按照股东权的行使方式，可以分为单独股东权和少数股东权。

单独股东权是指股东自己就可以行使的权利，自益权和共益权的表决权都是单独股东权。少数股东权是指需持有公司一定比例的股份才可以行使的权利，《中华人民共和国公司法》第39条规定，只有持有公司股份十分之一以上有表决权的股东才享有临时股东会召集请求权。行使少数股东权的，既可以是股东一人亦可以是数人共同去做。法律设置少数股东权的目的在于防止股份多数决的滥用，保护中小股东。

除此之外，股东权还可以分为比例性权利和非比例性权利等。

26. 股东表决权是如何计算的？除了资本多数决以外还有什么合法的表决方式？

（1）股东表决权的基本原则

在资合性的现代公司，股东依出资额享有权益，股东对公司事务的决定支配权力与其对公司投资额的多少成正比，因而股东表决权实行一股一票的资本平等、资本民主原则，而非现代人合性的民主社会中一人一票的表决原则。17世纪初，英国东印度公司实行了股东大会制度，采用了一股一票的表决权原则。对于以出资额或所持股份对公司负相应的有限责任的资合性有限责任公司和股份有限公司，各国公司法普遍确立了股东行使表决权的基本原则：一股一票，资本多数通过。

《中华人民共和国公司法》关于有限责任公司和股份有限公司的议事方式和表决程序的规定也体现了这一基本原则。股东依其所持股份享有与其股份数同样数额的表决权，这就是股东表决权平等原则，其主要内容为一股一权，多数通过。这里的股东表决权平等并不是指每个股东享有同样的表决权，而是指每一等额的出资或每一股份具有同等的表决权，是股东在股份基础上的平等，股东按其出资或所持股份的数量享有相应的表决权。

（2）无表决权

所谓无表决权股份，是指不问股东为谁，股份自身即不含有表决权的股份。是否允许无表决权股份，各国立法例颇不相同。一种立法例对此持肯定态度，如美国的《模范公司法》和特拉华州《公司法》、英国、法国、日本和我国台湾地区有关立法；另一种立法例则持否定态度，如德国、奥地利、意大利、瑞士、比利时、荷兰和丹麦。即使后一立法例亦非绝对地否定无表决权股份。例如，德国《股份法》第12条第1项规定，优先股份可作为没有表决权的股份发行，并自第139条至第141条就没有表决权的优先股作了详细规定。

《股份有限公司规范意见》第51条曾规定，优先股股份不享有表决权，不适用一股一表决权之原则。但现行《中华人民共和国公司法》对此未置可否。股份公司的股东可分为投资股东、投机股东和经营股东，投资股东只关心股利之多寡，而不在乎表决权之行使，高利率的投资回报即足以对其投资产生较大的吸引力；投机股东只关心股票市场中价格之涨落，亦无意于行使表决权；经营股东往往为公司之发起人，他们不仅关心股利之多寡，且关心公司之经营管理和发展前途。若《中华人民共和国公司法》允许无表决权股份之设立，则既可为投资股东和投机股东提供丰厚的投资回报，又可强化经营股东对公司事务所享有的经营权，也可消除收购委托书所导致之流弊，从而使各类股东各得其所。尤其是在国有企业进行公司制改革的今天，为确保国有资产的保值增值，减轻国家股代理机构在表决权行使方面的工作负担，避免国家股代理机构的工作人员滥用表决权，诚有必要将国家股界定为无表决权的可参加的累积优先股，但关乎国家安全和重大社会经济利益的公司中的国家股则不在此限。故《中华人民共和国公司法》应允许无表决权优先股之存在。

无表决权股不享有表决权并不是绝对的，在特定情形下发生表决权复活的问题。所谓特定情形，是指无表决权股东未能依章程优先分取股利而言的，在此种情形下，此类股东的自益权未能获得满足，若不承认其表决权之复活，势必导致权利与义务失衡，从而使无表决权股之存在丧失意义。所谓表决权的复活也是有期限的，一旦无表决权股东的优先股利分取请求权获得满足，其表决权之存在亦重新归于消灭。《日本商法典》第242条和《德国股份法》第140条均对无表决股表决权复活的条件作了规定，颇值我国借鉴。

（3）多重表决

所谓多重表决权股，是指一股享有多个表决权的股份。是否允许多重表决权股，各国规定颇不一致。日本一般不允许多重表决权股，而英美公司法则允许公司章程规定多重表决权股。例如，依英国1985年《公司准则表格A》第54条之规定，公司章程既可设立永久性的多重表决权股，亦可规定特定股东就特定事项享有多重表决权。

根据一股一表决权原则，《中华人民共和国公司法》不允许多重表决权股份之存在，固无不当，但为充分发挥多重表决权股在特定紧急情形下维护公司利益和社会公共利益的应有作用，宜仿德国立法例，例外地允许多重表决权股之设立。

（4）自己股份

公司就其持有的自己股份（含以他人名义，为自己之计划而持有的自己股份），不得享有表决权。这是避免董事会滥用此种股东表决权、巩固自身经营者地位、削弱其他股东表决力、扭曲表决权本来面目的必然要求。此种场合下的股份自体含有表决权，只不过当公司自己成为其持有主体时，公司必须停止行使表决权而已，故与无表决权股的场合有所不同。

（5）相互持有

《中华人民共和国公司法》原则禁止公司自己股份之取得。可以断言，不少公司将会通过相互持有股份的形式回避这一规定，从而产生与自己股份表决权之行使完全相同的弊害。例如，甲公司持有乙公司 30% 的股份，即可通过其持股支配乙公司的意思表示，若承认乙公司就其持有甲公司的股份行使表决权，就难以避免乙公司按甲公司经营者的意志投票，从而产生甲公司经营者支配乙公司股东大会之弊害，实与自己股份之情形无异。在甲乙公司相互持有对方股份的比例相当时，更易于为双方公司的经营者狼狈为奸创造方便。由此可见，《中华人民共和国公司法》应禁止相互持有的股份行使表决权。在这方面《日本商法典》第 241 条第 31 项颇值参考。

（6）零股份

股东表决权之行使贯彻一股一权原则，若股东持有零股份即不足一股时，自然不能行使表决权。此种情形与其说是一股一表决权原则之例外，不如说是该原则的本质要求。无表决权股东既然不能行使表决权，则其持有的股份数不得算入公司已发行的股份总数，以免影响公司股东大会定足数和决议要件之构成。另外，无表决权股东固然不得行使表决权，能否享有股东大会出席权、提案权和质询权等参与权呢? 表决权与参与权固然有别，但后者毕竟服务于前者之行使，既然前者之行使被法律予以否定，后者自无存在之必要。

27. 股东能否在股东会上提出提案？要满足什么条件？通常情况下提案是由谁提起的？

可以股东提案权是指股东可以向股东大会提出供大会审议或表决的议题或者议案的权利。该项权利能够保证少数股东将其关心的问题提交给股东大会讨论，有助于提高少数股东在股东大会中的主动地位，实现对公司经营的决策参与、监督与纠正作用。

为使小股东的提案权能够得以实现，《中华人民共和国公司法》第102条第2款规定："单独或者合计持有公司百分之三以上股份的股东，可以在股东大会召开十日前提出临时提案并书面提交董事会；董事会应当在收到提案后二日内通知其他股东，并将该临时提案提交股东大会审议。临时提案的内容应当属于股东大会的职权范围，并有明确议题和具体决议事项。"这样既保证小股东能够有机会提出议案，同时，也能确保股东大会及其他股东有充分的时间审议、表决议案。

通常情况下提案一般由大股东提起。

28. 股东知情权是什么？股东有权了解公司哪些信息？有限责任公司和股份有限公司的股东知情权是否有不同？为什么不同？

股东知情权是指公司股东了解公司信息的权利。按照公司类型不同，股东知情权可分为有限责任公司股东知情权和股份有限公司股东知情权。

《中华人民共和国公司法》相关条款对股份有限公司、有限责任公司股东的知情权作了规定，具体如下：

（1）关于股份有限责任公司股东知情权

《中华人民共和国公司法》第97条规定："股东有权查阅公司章程、股东名册、公司债券存根、股东大会会议记录、董事会会议决议、监事会会议决议、财务会计报告，对公司的经营提出建议或者质询。"

《中华人民共和国公司法》第116条规定："公司应当定期向股东披露董事、监事、高级管理人员从公司获得报酬的情况。"

《中华人民共和国公司法》第150条第1款规定："股东会或者股东大会要求董事、监事、高级管理人员列席会议的，董事、监事、高级管理人员应当列席并接受股东的质询。"

（2）关于有限责任公司股东知情权

《中华人民共和国公司法》第33条规定："股东有权查阅、复制公司章程、股东会会议记录、董事会会议决议、监事会会议决议和财务会计报告。股东可以要求查阅公司会计账簿。股东要求查阅公司会计账簿的，应当向公司提出书面请求，说明目的。公司有合理根据认为股东查阅会计账簿有不正当目的，可能损害公司合法利益的，可以拒绝提供查阅，并应当自股东提出书面请求之日起十五日内书面答复股东并说明理由。公司拒绝提供查阅的，股东可以请求人民法院要求公司提供查阅。"

29. 股东是否有权分配股利？什么情况下股东的股利分配请求权才由期权变成既得权？在公司发行新股时股东拥有优先认购的权利，这种权利设置的理由是什么？

（1）依照《中华人民共和国公司法》的相关规定，股东享有"股利分配请求权"。

（2）股东行使股利分配请求权必须具备以下条件：

a. 公司必须具有可供分配的利润；

b. 股东利润分配方案已经由股东会或者股东大会表决通过。

（3）《中华人民共和国公司法》规定了股份有限公司股东优先认购股份的权利，公司法之所以作出这样的规定旨在保护老股东，防止公司发行新股给老股东造成股权利益的损失。此外，还具有提高老股东积极性和提高公司凝聚力的作用。

30. 股东是否也负责一定的义务？股东有哪些一般性的义务？股东有哪些具体的义务？

（1）依照公司法的规定，股东既享有权利也承担义务。

（2）按照公司法的规定，股东应当承担以下一般性义务：

a. 出资义务；

b. 权利不得滥用的义务；

c. 遵守法律、法规和公司章程的义务。

31. 股东对公司或者其他股东的责任可能是怎样的？

（1）股东对公司的责任：

a. 当股东按照公司章程的规定，履行全部出资义务后，其对公司仅在其出资义务范围内承担有限责任；

b. 当股东没有按章程履行出资义务的，应当与公司在未履行出资义务的责任范围内，与公司承担连带支付的责任。

（2）股东对其他股东的责任：

a. 股东应对其他股东承担，按照公司章程履行出资义务；

b. 在股东出资不实时，股东应对其他股东一起向公司债权人承担连带付款责任。

32. 股东对债权人可能承担什么样的责任？

有限责任公司的法人人格独立与股东有限责任是公司制度得以确立的基石，其根本要求就是股东仅以出资额为限对公司债务承担责任。但是股东与公司债务的隔离往往导致股东为了追求利益的最大化而利用其在法人制度中的优势地位，从事滥用法人人格的各种行为，损害债权人的利益，而在其受到法律追究时又主张只承担有限责任。这在股东与公司债权人之间导致了明显的利益失衡。为此，只有使股东在一定情形下对公司债务承担责任，才能实现公平正义的法律价值，法人人格否认制度由此产生。

所谓公司法人人格否认制度，是指在特定的法律关系中，对公司股东滥用公司法人人格从事各种不正当行为迅雷不及导致公司债权人受到损害的，公司债权人可直接请求股东偿还公司债务，在英美法系中称为"揭开公司面纱"。《中华人民共和国公司法》第 20 条第 3 款对该制度作出了规定："公司股东滥用公司法人独立地位和股东有限责任，逃避债务，严重损害公司债权人利益的，应当对公司债务承担连带责任。"按照该规定，股东对公司债务直接承担法律责任应满足以下条件：

（1）股东实施了不正当使用或滥用公司人格和股东有限责任，逃避债务的行为。滥用公司法人人格逃避债务是引起公司法人人格否认法律关系的基本法律事实，是适用法人人格否认制度的必要条件。其在实践中的表现形式多种多样，如"一套班子、两个牌子"，财产混同，利用同一资产设立多个公司，转移资产、空壳运转等。

（2）严重损害公司债权人利益。这是衡量法人人格是否滥用的一个客观标准。法人人格否认制度的适用是由债权人启动的，而只有当债权人的损害达到一定程度时，其才可以启动这一制度。而何谓"严重损害"则是需要人民法院在审判实践中自由裁量的不确定条款，要根据债权人所举证据综合认定。

（3）滥用公司人格行为与债权人利益损害之间具有因果关系。债权人必须举证证明自己因为股东的滥用公司人格行为而遭受到了损害。

（4）行为人主观上有过错。行为人的主观过错是确定民事损害赔偿责任的一般原则，虽然公司人格被否定后，要追究的责任并非一般的赔偿责任，但主观过错仍是承担这种责任的必要条件。

实践中，在适用法人人格否认制度追究股东责任时，还应当注意以下问题：一是法人人格否认制度仅仅是在个案情形下否认法人的人格，直接追究股东的责任，而不是对法人人格的根本否认，在个案之外，仍应认定公司具有独立的法人资格。二是在出现法人人格否认情形时，并不是公司的所有股东均要对公司债务承担责任，而仅仅是追究实施了滥用法人人格的股东（主要是控股股东）的法律责任。三是股东对债权人直接承担责任并不排除公司应当承担的责任，并不意味着公司责任完全转化为股东责任。股东所承担的连带责任性质应为补充连带责任，即应先以公司财产清偿债务，只有当公司财产不足以清偿时，方才由股东承担责任。四是为了充分保护债权人的利益，滥用公司人格的股东对其所控制的公司的债权应不享有抵销权。在公司破产清算时，该股东也不应享有别除权和优先权。

33. 股东抽逃出资是什么？表现形式是怎样的？法律后果如何？

（1）抽逃出资是指在公司验资注册后，股东将所缴出资暗中撤回，却仍保留股东身份和原有出资数额的一种欺诈性违法行为。抽逃出资包括抽逃注册资本和抽逃股东出资。抽逃注册资本属于违法犯罪行为，这不仅侵犯了公司的利益，而且可能侵犯公司以外第三人的利益，如公司的债权人，因此法律严令禁止，情节严重的还构成犯罪。

（2）股东抽逃出资的表现形式为：

①制作虚假财务会计报表虚增利润进行分配；

②通过虚构债权债务关系将其出资转出；

③关联交易。

(3) 法律后果：

①民事责任：对公司承担民事赔偿责任；对已足额履行出资义务的股东承担违约责任；对公司债权人承担补充赔偿责任。

②刑事责任。

34. 股东会作为公司的权利机构，它有哪些职权？

《中华人民共和国公司法》第 37 条规定：股东会行使下列职权：决定公司的经营方针和投资计划；选举和更换非由职工代表担任的董事、监事，决定有关董事、监事的报酬事项；审议批准董事会的报告；审议批准监事会或者监事的报告；审议批准公司的年度财务预算方案、决算方案；审议批准公司的利润分配方案和弥补亏损方案；对公司增加或者减少注册资本作出决议；对发行公司债券作出决议；对公司合并、分立、解散、清算或者变更公司形式作出决议；修改公司章程；公司章程规定的其他职权。

35. 股东会的召集程序是怎样的？

股东会的类型分为：

(1) 首次股东会：由出资最多的股东召集和主持。

(2) 定期股东会：按照公司章程定期召开。会议召开 15 日之前通知全体股东。

(3) 临时股东会：代表十分之一以上表决权的股东、三分之一以上的董事、监事会（监事）提议召开时。

36. 股东会应当如何议事和表决？资本多数表决带来的问题是什么？

(1) 股东会行使职权，主要以决议形式定之。股东会决议可分为两种：普通决议和特别决议。普通决议是对公司一般事项所作的决议，只需经代表二分之一以上表决权的股东通过；特别决议，特别决议是对较之公司一般事项为重要的事项所作的决议，须经三分之二以上表决权的股东通过。股东会会议应当对所议事项的决定作成会议记录，出席会议的股东应当在会议记录上签名。

(2) 资本多数表决带来的问题是：

a. 大股东控制企业的经营管理权，使小股东在股东知情权等权利方面无法得到保障。

b. 妨碍了股东股权平等权利的实现。这使持有少数股的股东表决权形同虚设，削弱了持有少数股东权的股东对公司事务的管理权力。

c. 资本多数表决使控股股东利用其优势，实施损坏公司小股东利益的行为。

37. 股东会作出决议需要怎样的比例？

一般事务，持有表决权的股东半数以上同意，便可通过；《中华人民共和国公司法》第 43 条规定事务必须经持有表决权三分之二以上表决权的股东通过。

《中华人民共和国公司法》第 43 条规定："股东会的议事方式和表决程序，除本法有规定的外，由公司章程规定。股东会会议作出修改公司章程、增加或者减少注册资本的决议，以及公司合并、分立、解散或者变更公司形式的决议，必须经代表三分之二以上表决权的股东通过。"

38. 累计投票制需要怎样的操作？要解决什么问题？如何最大化和最小化累计投票制的作用？

（1）确定累计投票计算公式：

可得席位数的计算公式：$Y = 股份比例 \times （席位数 N + 1）／总股份数 S + 1／席位数 N + 1$；

（2）确定公司股份总数及准备投票选定的董事人数；

（3）按照公式计算出大股东和小股东可能选定的董事人数。

（4）解决以下问题：

a. 扩大股东的表决权数量，防止大股东操纵控制选举；

b. 控制、削弱了大股东选举中的绝对控制力。

39. 当股东是自然人时，若其不能参加股东会时该怎么办？当股东是法人时，其如何参加股东会？股东亲自出席时，代理人的权限是否受到影响？

（1）当股东是自然人时可向股东会出具《授权委托书》、受托人身份证及持股证明，由受托人行使股东表决权；

（2）法人股东应当由法人的法定代表人或者法人代表（代理人）参加股东会，代表法人行使权利。

40. 股东如果想要推翻股东会董事会作出的决议，可以怎样主张？有没有章程无效之诉？该如何主张章程无效？决议无效之诉与撤销之诉有何区别？

（1）股东如认为股东会董事会作出的决议违法，可以在决议作出之日起 60

日内，向法院起诉，要求撤销股东会董事会决议。

（2）按照司法实践，依照公司法相关规定，在司法实践中可以起诉请求确认章程无效。

按照公司法规定，请求法院确认章程无效的，应以公司为被告。

（3）决议无效之诉与决议撤销之诉的区别：

a. 时效期限不同。决议无效之诉，公司法没有具体期限规定；决议撤销之诉，诉讼时效为60日，自决议作出之日起计算。

b. 缘由不同。无效之诉指决议内容违反法律、行政法规，而可撤销之诉包括三种情形：会议召集程序违反法律、行政法规与公司章程；表决方式违反法律、行政法规与公司章程；决议内容违反公司章程。

c. 主体不同。无效之诉并不限于公司股东，可撤销之诉以公司股东为限。

41. 股东直接诉讼是什么？股东直接诉讼和股东派生诉讼的区别在哪里？

（1）股东直接诉讼，是指股东为了自己的利益而基于股份所有人地位向其他侵犯自己利益的主体提起的诉讼。此处侵犯自己利益的主体包括股东所在的公司及董事或其他股东。

（2）直接诉讼与派生诉讼（间接诉讼）的区别：

a. 产生原因不同

股东的权利虽然多种多样，但总的来说，股东的权利可以分成两大类：股东的个人性权利和股东的公司性权利。股东个人性权利是指法律或公司章程明确规定股东可以单独要求并实现的权利，如分配权利、认购股份的权利、要求记录其投票表决的权利等。股东公司性权利则是指股东不能够单独实现，而是与公司的发展紧密相关的权利，如投资收益权。根据与公司成员之间的契约而享有的、能够对公司事务和事项作出决议的权利。股东派生诉讼是股东公司性权利因公司本身受到侵犯而间接受到损害，只有当公司因法定原因未起诉时，才可以由股东以自己的名义提起诉讼，而股东直接诉讼的起因则是因为股东个人性权利受到侵犯，股东以自己的名义提起诉讼。

b. 诉讼性质不同

股东派生诉讼提起权是股东监督、纠正公司不适或违法行为的一种权利，应为共益权，而股东直接诉讼是股东为了自己的利益而提起的诉讼，即便该种诉讼成功，股东通过该种诉讼所取得的利益亦不归于公司。因而，该诉权从本质上说是一种自益权。

c. 诉权根据不同

提起派生诉讼的根据具有二元性，即一方面派生诉讼提起权源于股东作为股份所有人即出资人的地位；另一方面派生诉讼提起权源于股东作为公司代表人的地位。此二者缺一不可。其中，前者是每一个股东所享有的股东权的题中应有之义，而后者只有在公司法规定的条件和程序得以满足之后方可发生。而提起直接诉讼的根据仅具有一元性，即直接诉讼提起权仅源于股东作为股份所有人即出资人的地位。

d. 诉讼目的不同

在股东派生诉讼中，虽然公司和股东个人都是侵害行为的受害者，但公司是直接受害者，股东个人是间接受害者，原告股东提起诉权是为了公司的利益，但也间接地维护了自己的利益；而在股东直接诉讼中，股东个人是侵害行为的直接受害者，原告股东行使诉讼权纯粹是为了自身的利益，而非整个公司的利益。

e. 诉讼归属不同

在股东派生诉讼中，原告股东仅享有形式意义上的诉权，至于实质意义上的诉权则属于公司，即形式意义上的诉权与实质意义上的诉权是互相分离的。因此，即使原告股东在派生诉讼中胜诉，则胜诉的利益应当归于公司，而非原告股东。倘若原告股东败诉，则不仅由原告股东负担该案的诉讼费用，而且该案的判决对于公司产生既判力，不仅其他股东不得就同一理由再次提起派生诉讼，公司的机关亦不得再就同一理由为公司提起直接诉讼；而在股东直接诉讼中，原告股东所享有的形式意义上的诉权与实质意义上的诉权是合一的，无论原告股东胜诉抑或败诉，一切利益和损失均归属于原告股东，而非其所持股份的公司董事、监事、高管。

42. 董事会的构成是怎样的？董事一定是股东吗？董事任期与董事会的任期必须一致吗？

（1）董事会设董事长1人，副董事长1人，董事长、副董事长由董事会选举产生，董事任期3年，任期届满，可连选连任，董事在任期届满前，股东会不得无故解除其职务。

（2）我国法律分别对有限责任公司和股份有限公司的董事人数作出了规定。《中华人民共和国公司法》第 44 条第 1 款规定，有限责任公司设董事会，其成员为 3~13 人。《中华人民共和国公司法》第 51 条第 1 款规定，有限责任公司，股东人数较少或规模较小的，可以设一至二名监事，不设监事会。《中华人民共和国公司法》第 108 条第 1 款规定，股份有限公司应一律设立董事会，其成员为 5~19 人。

（3）股份有限公司的董事由股东大会选举产生，可以由股东或非股东担任。

公司法规定，有限责任公司董事会成员中可以有公司职工代表。董事会中的职工代表由公司职工通过职工代表大会、职工大会或者其他形式民主选举产生。监事会应当包括股东代表和适当比例的公司职工代表，其中职工代表的比例不得低于三分之一，具体比例由公司章程规定。监事会中的职工代表由公司职工通过职工代表大会、职工大会或者其他形式民主选举产生。

（4）董事任期与董事会的任期并非一致。根据《中华人民共和国公司法》第 45 条规定可知，股份有限公司"董事任期由公司章程规定，但每届任期不得超过三年。董事任期届满，连选可以任选。董事任期届满未及时改选，或者董事在任期内辞职导致董事会成员低于法定人数的，在改选出的董事就任前，原董事仍应当依照法律、行政法规和公司章程的规定，履行董事职务"。由此可以得出两者时间不一致。

43. 董事长有哪些职权？

《中华人民共和国公司法》第 109 条规定：董事会设董事长一人，可以设副董事长。董事长和副董事长由董事会以全体董事的过半数选举产生。董事长召集和主持董事会会议，检查董事会决议的实施情况。副董事长协助董事长工作，董事长不能履行职务或者不履行职务的，由副董事长履行职务；副董事长不能履行职务或者不履行职务的，由半数以上董事共同推举一名董事履行职务。

44. 董事会有哪些职权？董事会与股东会的权力分配遵循怎样的原则？当某些权利不知属于股东会还是董事会时该如何处理？股东会将权利授予董事会后董事会能否再行授权给其他主体？

（1）董事会的职权：《中华人民共和国公司法》第 46 条规定：董事会对股东会负责，行使下列职权：

（a）召集股东会会议，并向股东会报告工作；

（b）执行股东会的决议；

（c）决定公司的经营计划和投资方案；

（d）制订公司的年度财务预算方案、决算方案；

（e）制订公司的利润分配方案和弥补亏损方案；

（f）制订公司增加或者减少注册资本以及发行公司债券的方案；

（g）制订公司合并、分立、解散或者变更公司形式的方案；

（h）决定公司内部管理机构的设置；

（i）决定聘任或者解聘公司经理及其报酬事项，并根据经理的提名决定聘任或者解聘公司副经理、财务负责人及其报酬事项；

（j）制定公司的基本管理制度；

（k）公司章程规定的其他职权。

（2）董事会与股东会的权利分配遵循怎样的原则：

股东会的专属权利一般集中在结构性战略决策、决策批准和监控上；

董事会的专属权利一般集中在经营性战略决策、决策方案的提出及监控上。

（3）按照公司法的规定结合司法实践，股东会可以将部分权限授予董事会行使，但不得自行授权。

45. 执行董事是什么？与外资背景的公司执行董事有什么区别？执行董事能否兼任经理？

《中华人民共和国公司法》第50条第1款规定：股东人数较少和规模较小的有限责任公司，可以设一名执行董事，不设立董事会。执行董事可以兼任公司经理。由此可知：执行董事是指规模较小的有限公司在不设立董事会的情况下设立的负责公司经营管理的职务。

外资背景下的执行董事由投资方委派。而内资中的执行董事由股东会决定。此外按照《中华人民共和国公司法》规定，执行董事可以兼任公司经理。

46. 董事会的召集程序是怎样的？

《中华人民共和国公司法》规定，董事会会议由董事长负责召集并主持；董事长因故不能履行职责时，由董事长指定的副董事长或其他董事代行职权；董事长无故不履行职责，亦未指定具体人员代其行使职责的，可由副董事长或者半数以上的董事共同推举一名董事负责召集会议。

召开董事会会议，应当履行一定的召集程序，向董事提前发出会议通知。对于会议的召集期限和程序，各国公司法一般不作限制性规定。《中华人民共和国公司法》规定，有限责任公司召开董事会会议，应当于会议召开十日以前通知全体董事；股份有限公司董事会每次定期会议应当于会议召开十日以前通知全体董事，董事会召开临时会议，可以另定召集董事会的通知方式和召集时限。董事会会议通知包括以下内容：会议日期和地点、会议期限、事由及议题、发出通知的日期。

47. 董事会的议事方式和表决程序是怎样的？

《中华人民共和国公司法》第48条规定："董事会的议事方式和表决程序，除本法有规定的外，由公司章程规定。董事会应当对所议事项的决定作成会议记录，出席会议的董事应当在会议记录上签名。董事会决议的表决，实行一人一票。"对于《中华人民共和国公司法》已规定的议事方式表决程序，章程不能作出不同的规定；对于《中华人民共和国公司法》未规定的议事方式表决程序，章程可以另行规定。

48. 董事与公司是怎样的法律关系？

董事与公司的关系可以从内外两个方面认定：在内部关系上，双方是代理关系，董事的行为也就是公司的行为，董事在章程规定范围内实施的行为由公司承担；在外部关系上看，二者是劳动合同关系，董事与公司建立劳动关系，董事的收入由公司支付，职位由公司聘用，双方存在管理与被管理关系。

49. 公司经理的职权是什么？对内对外拥有哪些权力？

（1）《中华人民共和国公司法》第49条规定：有限责任公司可以设经理，由董事会决定聘任或者解聘。经理对董事会负责，行使下列职权：（a）主持公司的生产经营管理工作，组织实施董事会决议；（b）组织实施公司年度经营计划和投资方案；（c）拟订公司内部管理机构设置方案；（d）拟订公司的基本管理制度；（e）制定公司的具体规章；（f）提请聘任或者解聘公司副经理、财务负责人；（g）决定聘任或者解聘除应由董事会决定聘任或者解聘以外的负责管理人员；（h）董事会授予的其他职权。公司章程对经理职权另有规定的，从其规定。经理列席董事会会议。

（2）总经理是董事会聘任的，对董事会负责，在董事会的授权下，执行董事会的战略决策，实现董事会制定的企业经营目标。并通过组建必要的职能部门，组织管理人员，形成一个以总经理为中心的组织、管理、领导体系，实施对公司的有效管理。总经理的主要职责是负责公司日常业务的经营管理，经董事会授权，对外签订合同和处理业务；组织经营管理班子，提出任免副总经理、总技师、总工程师及部门经理等高级职员的人选，并报董事会批准；定期向董事会报告业务情况，向董事会提交年度报告及各种报表、计划、方案，包括经营计划、利润分配方案、弥补亏损方案等。

50. 监事会的构成是怎样的？监事必须是股东吗？

（1）《中华人民共和国公司法》第51条规定，有限责任公司设监事会，其成员不得少于三人。股东人数较少或者规模较小的有限责任公司，可以设一至二名监事，不设监事会。

监事会应当包括股东代表和适当比例的公司职工代表，其中职工代表的比例不得低于三分之一，具体比例由公司章程规定。监事会中的职工代表由公司职工通过职工代表大会、职工大会或者其他形式民主选举产生。

监事会设主席一人，由全体监事过半数选举产生。监事会主席召集和主持监事会会议；监事会主席不能履行职务或者不履行职务的，由半数以上监事共同推举一名监事召集和主持监事会会议。

董事、高级管理人员不得兼任监事。

（2）职工监事是指股份有限公司或者有限责任公司的监事会中代表职工利益，检查公司财务，监督董事经理活动的，由职工民主选举产生的职工充任的监事。职工监事是监事会中必设的人员，其具体人数比例由公司章程规定。由此可见，监事不一定是股东。

51. 职工代表监事如何产生？

职工代表监事的候选人由公司工会组织职工提名，经公司职工（代表）大会选举产生。公司工会主席、副主席应提名为职工董事、监事的候选人，经二分之一以上应到职工代表的同意始得当选。

52. 监事会或者不设监事会的监事的职权是怎样的？

《中华人民共和国公司法》第53条规定，监事会、不设监事会的公司的监事行使下列职权：

（1）检查公司财务；

（2）对董事、高级管理人员执行公司职务的行为进行监督，对违反法律、行政法规、公司章程或者股东会决议的董事、高级管理人员提出罢免的建议；

（3）当董事、高级管理人员的行为损害公司的利益时，要求董事、高级管理人员予以纠正；

（4）提议召开临时股东会会议，在董事会不履行本法规定的召集和主持股东会会议职责时召集和主持股东会会议；

（5）向股东会会议提出提案；

（6）依照本法第 151 条的规定，对董事、高级管理人员提起诉讼；

（7）公司章程规定的其他职权。

53. 董事、监事、高级管理人员需要具备什么资格？

监事的任职资格：《中华人民共和国公司法》第 51 条规定，监事会由两类人员组成：第一类是股东代表，第二类是职工代表。

公司董事、监事、高级管理人员的任职资格，《中华人民共和国公司法》采取了禁止性规定。

《中华人民共和国公司法》第 146 条规定，有下列情形之一的，不得担任公司的董事、监事、高级管理人员：

（1）无民事行为能力或者限制民事行为能力；

（2）因贪污、贿赂、侵占财产、挪用财产或者破坏社会主义市场经济秩序，被判处刑罚，执行期满未逾五年，或者因犯罪被剥夺政治权利，执行期满未逾五年；

（3）担任破产清算的公司、企业的董事或者厂长、经理，对该公司、企业的破产负有个人责任的，自该公司、企业破产清算完结之日起未逾三年；

（4）担任因违法被吊销营业执照、责令关闭的公司、企业的法定代表人，并负有个人责任的，自该公司、企业被吊销营业执照之日起未逾三年；

（5）个人所负数额较大的债务到期未清偿。

公司违反前款规定选举、委派董事、监事或者聘任高级管理人员的，该选举、委派或者聘任无效。

董事、监事、高级管理人员在任职期间出现本条第 1 款所列情形的，公司应当解除其职务。

54. 董事、监事、高管承担什么样的义务？向谁承担？

关于公司董事、监事、高级管理人员承担忠实义务，具体而言，根据《中华人民共和国公司法》第 148 条和相关法条的规定，忠实义务表现为以下几个方面：

（1）不得因自己的身份而获益

a. 公司不得直接或者通过子公司向董事、监事、高级管理人员提供借款；

b. 公司应当定期向股东披露董事、监事、高级管理人员从公司获得报酬的情况。

（2）不得利用职权收受贿赂、获取某种秘密利益或所允诺的其他好处

a. 董事、监事、高级管理人员不得利用职权收受贿赂或其他非法收入，不得侵占公司的财产；

b. 禁止董事和高级管理人员接受他人与公司交易的佣金归为己有。

（3）不得侵占和擅自处置公司的财产

董事和高级管理人员不得挪用公司资金，不得将公司资金以其个人名义或以其他个人名义开立账户存储，不得违反公司章程的规定，未经股东会、股东大会或董事会同意，将公司资金借贷给他人或以公司财产为他人提供担保。

（4）不得擅自泄露公司秘密

董事和高级管理人员不得擅自披露公司秘密。董事既不可利用内幕信息从事各种内幕交易从而获取私利，也不得将内幕信息泄露给他人以谋取私利。

根据以上规定可知：董事、监事、高管向公司承担义务。

55. 董事、监事、高级管理人员的勤勉义务是什么？

《中华人民共和国公司法》第 147 条规定：董事、监事、高级管理人员应当遵守法律、行政法规和公司章程，对公司负有忠实义务和勤勉义务。董事、监事、高级管理人员不得利用职权收受贿赂或者其他非法收入，不得侵占公司的财产。

《中华人民共和国公司法》第 148 条规定：董事、高级管理人员不得有下列行为：

（1）挪用公司资金；

（2）将公司资金以其个人名义或者以其他个人名义开立账户存储；

（3）违反公司章程的规定，未经股东会、股东大会或者董事会同意，将公司资金借贷给他人或者以公司财产为他人提供担保；

（4）违反公司章程的规定或者未经股东会、股东大会同意，与本公司订立合同或者进行交易；

（5）未经股东会或者股东大会同意，利用职务便利为自己或者他人谋取属于公司的商业机会，自营或者为他人经营与所任职公司同类的业务；

（6）接受他人与公司交易的佣金归为己有；

（7）擅自披露公司秘密；

（8）违反对公司忠实义务的其他行为。

董事、高级管理人员违反前款规定所得的收入应当归公司所有。

56. 董事、监事、高级管理人员违反义务承担什么样的法律后果？

违背忠实义务，违反忠实义务所得的收入应当归公司所有，给公司造成损失的，承担赔偿责任。

违背勤勉义务给公司造成损失的，应当承担赔偿责任。

57. 董事、监事、高级管理人员的责任如何实现？股东派生诉讼是什么？

股东派生诉讼是指当公司的合法权益受到他人侵害，特别是受到有控制权的股东、母公司、董事和管理人员等的侵害而公司怠于行使诉权时，符合法定条件的股东以自己名义为公司的利益对侵害人提起诉讼，追究其法律责任的诉讼制度。

三、股权

58. 有限责任公司股权转让需要满足什么条件？

股东之间可以相互转让其全部股权或者部分股权，即我国法律不禁止股东之间转让股权，也不需股东会表决通过。

向股东以外的第三人转让股权会直接引起股东结构的变化，增加新股东。对此，我国公司法明确规定，股东向股东以外的人转让其股权时，必须经其他股东

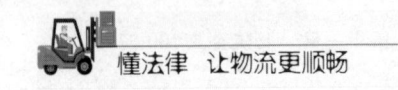

过半数同意；不同意转让的股东应购买该转让的股权，如果不购买转让的股权，视为同意转让。

59. 未经其他股东同意且未行使有限购买权的股份转让合同是否有效？

股东向非股东转让股权必须过半数其他股东同意，过半数股东不同意或虽同意，但行使优先购买权，则不能向非股东转让股权，否则股权转让合同无效。这是无条件的，也是股权转让的原则。其法理依据是一种为保证有限责任公司人合理性而赋予股东的权利，该权利是对拟转让股份的股东股权的一定程度限制，防止其随意转让股权。

60. 公司法对股权转让规定的公司章程但书意味着什么？

股东优先购买权并非绝对意义上的法律强制性规定，《中华人民共和国公司法》赋予了股东排除优先购买权的途径，即通过公司章程设定股权转让的条件。公司在设立之初，公司章程已明确其他股东应当放弃优先购买权的，各股东在公司章程上签字确认的，在这种情况下说明其他股东是同意的，那么股东将不再享有优先购买权。公司成立之后，大股东通过股东会决议修改公司章程删除了股东优先购买权条款，此时的公司章程是不符合《中华人民共和国公司法》规定的，在客观上已经侵害了小股东的权利。股东放弃优先购买权必须有股东的明示，由其自己作出决定，公司股东会不可代替小股东作出放弃优先购买权的决定。

61. 转让未实缴出资该如何操作？

直接进行转让即可。但当股东未足额实缴其认缴出资时，此时的股权转让，是包含权利和义务的概括转让，即受让方接受转让方的股权，也必须承担转让方的债务，按照公司章程规定的时间向公司实际缴付出资。

62. 股权的强制执行该如何操作？

（1）向股份企业和工商行政管理部门调查了解被执行人的股权情况和股份企业的有关情况

债权人依生效的具有给付内容的法律文书向人民法院申请执行。在查明被执行人无其他财产可供执行或其他财产不足以清偿股东所欠债务时，才可进行对股东在企业的股权强制执行程序。

（2）裁定冻结被执行人的股权

（3）被执行股权进行作价

由于对股权作价我国目前尚无法律规定，且投资的方式和种类异常灵活，因而对股权作价较为复杂。应委托有合法资格的专门机构进行价格评估。

（4）通知其他股东行使优先受让权

若其他股东愿意行使优先购买权并付诸实施，则股权转让的金额直接交付给申请执行人，股权执行即告结束。若其他股东不愿购买，则视为同意股权依法转让。

（5）由法院发布转让股权的公告，以公开招标方式转让股

招标时以所做股权价值为基础，允许竞买。同时还应充分体现公平自愿原则，也应给予企业以一定的选择新股东的权利。

（6）签订股权转让合同

中标人确定以后，应由转让方与被转让方签订股权转让的正式合同，记载转让的各种事项，如法律规定应办理审批等手续的，还应办理相应的手续方使股权转让得以完成。若被强制执行股权的股东不愿意与被转让方签订合同，则法院可依职权向其企业和其他审批部门发出协助执行通知书变更新股东，以充分保护债权的最后实现。

63. 股权转让后要完成什么程序？

（1）领取《公司变更登记申请表》（工商局办证大厅窗口领取）

（2）变更营业执照（填写公司变更表格，加盖公章，整理公司章程修正案、股东会决议、股权转让协议、公司营业执照正副本原件到工商局办证大厅办理）

（3）变更组织机构代码证（填写企业代码证变更表格，加盖公章，整理公司变更通知书、营业执照副本复印件、企业法人身份证复印件、老的代码证原件到质量技术监督局办理）

（4）变更税务登记证（拿着税务变更通知单到税务局办理）

64. 有限责任公司股权能否继承？

自然人股东生前合法持有的有限责任公司的股权纳入遗产的范畴，可以由自然人股东的合法继承人继承。

65. 异议股东股权回购请求权如何操作？

第一，股东对异议决议明确提出反对意见。《中华人民共和国公司法》的表述是"有下列情形之一的，对股东会该项决议投反对票的股东可以请求公司按照

合理的价格收购其股权"。该规定是对通常情形的一般规定，并没有考虑到股东有正当理由无法出席股东会的特殊情况。在公司未向股东依法履行召开股东会会议的通知义务的情况下，只要股东在合理的期间内明确提出反对意见，仍可主张股权回购请求权。

第二，在自股东会会议决议通过之日起六十日内向公司主张股权回购请求权。

异议股东与公司协议回购股权，协议回购是诉讼回购的前置程序。异议股东自股东会会议决议通过之日起九十日内向人民法院提起诉讼。

四、其他

66. 什么是关联交易？公司如何管理和控制关联交易？关联交易损害公司利益的，相关主体承担什么后果？

（1）关联交易就是企业关联方之间的交易，是公司运作中经常出现的而又易于发生不公平结果的交易。

（2）根据《中华人民共和国公司法》的规定，与公司有关联关系的五种人不得利用其与公司的关联关系损害公司利益。包括公司控股股东、实际控制人、董事、监事（是指公司股东会或者股东大会选举出来的监事会成员）、高级管理人员。《中华人民共和国公司法》规定了对公司关联交易的处理。违反《中华人民共和国公司法》规定，致使公司遭受损害的，应当就其损害承担赔偿责任。

67. 有限责任公司的出资证明书、股东名册、工商登记三者是什么关系？公司对内对外关系以什么为准？

出资证明书是股东名册产生的根据；股东名册是出资证明书的外部显现形式；工商登记是股东名册的外部记载。

公司对内对外以工商登记为准；股东名册是工商登记的基础，但对外仍以工商登记为准。

68. 股权代持是什么？具有什么法律效力？股份有限公司的股份能否代持？

（1）股权代持又称委托持股、隐名投资或假名出资，是指实际出资人与他人约定，以他人名义代实际出资人履行股东权利义务的一种股权或股份处置方式。

（2）股权代持在股权协议的双方当事人之间有效。

股权代持对第三方的法律效力。《最高人民法院关于适用〈中华人民共和国公司法〉若干问题的规定（三）》第27条第1款规定：公司债权人以登记于公司登记机关的股东未履行出资义务为由，请求其对公司债务不能清偿的部分在未出资本息范围内承担补充赔偿责任，股东以其仅为名义股东而非实际出资人为由进行抗辩的，人民法院不予支持。通过以上规定可以看出，实际出资人与名义股东之间的约定不得对抗善意第三人。

69. 董事会秘书的职能是什么？

董事会秘书（简称"董秘"）为上市公司高级管理人员，由董事会聘任并对董事会负责，是上市公司与证券交易所之间的指定联络人。其对外负责公司信息披露、投资者关系管理；对内负责股权事务管理、公司治理、股权投资、筹备董事会和股东大会，保障公司规范化运作等事宜。

70. 有限责任公司股权如何定价？

先进行评估、审计，最后再由股东进行协商。

所谓审计评估，是指对企业的资产负债、经营情况、会计账目等进行调查核实，最终在一定程度上反映企业的资产情况和价值。一般情况下，评估是指对资产进行评估，审计则是指净资产审计。

71. 股份有限公司借款能力受到哪些限制？有限责任公司是否也受到这样的限制？

除非公司章程有特别规定或者经股东（大）会的批准同意，公司的董事、经理不得擅自将公司资产借贷给他人。股份有限公司，需要经出席会议股东所持表决权过半数通过。这是股东大会一般决议。

对于有限责任公司，需要全部经代表半数以上表决权股东通过。

72. 上市公司有重大交易的，要由股东大会决议，什么是重大资产出售？

符合下列三种条件的任意一种都属于重大的资产重组：

（1）购买、出售、置换入的资产的总额占上市公司最近一个会计年度经审计的合并报表总资产的比例达50%以上；

(2) 购买、出售、置换入的资产净额（资产扣除所承担的负债）占上市公司最近一个会计年度经审计的合并报表净资产的比例达50%以上；

(3) 购买、出售、置换入的资产在最近一个会计年度所产生的主营业务收入占上市公司最近一个会计年度经审计的合并报表主营业务收入的比例达50%以上。

73. 独立董事是什么？独立董事的责任和非独立董事的责任是否有差异？

独立董事是指独立于公司股东且不在公司中内部任职，并与公司或公司经营管理者没有重要的业务联系或专业联系，并对公司事务做出独立判断的董事。独立董事从本质上讲是董事，独立董事是相对于上市公司而言的，在一般的有限责任公司和股份有限公司中，是不存在独立董事的。独立董事是指不在公司担任除董事外的其他职务，并与其所受聘的上市公司及其主要股东不存在可能妨碍其进行独立客观判断的关系的董事。意思是，独立董事必须保持独立性，要发表独立意见，与一般董事是不同的。

74. 上市公司的关联董事的回避是什么？

上市公司董事与董事会会议决议事项所涉及的企业有关联关系的，不得对该项决议行使表决权，也不得代理其他董事行使表决权。该董事会会议由过半数的无关联关系董事出席即可举行，董事会会议所作决议须经无关联关系董事过半数通过。出席董事会的无关联关系董事人数不足三人的，应将该事项提交上市公司股东大会审议。

75. 同股同权、同股同价是指什么？阿里的合伙人制度是怎么挑战同股同权的？

《中华人民共和国公司法》第126条规定："股份的发行，实行公平、公正的原则，同种类的每一股份应当具有同等权利。同次发行的同种类股票，每股的发行条件和价格应当相同；任何单位或者个人所认购的股份，每股应当支付相同价额。"

76. 阿里的合伙人制度是怎么挑战同股同权的？

阿里巴巴合伙人拥有提名简单多数（50%以上）董事会成员候选人的专有权。表面上看，阿里巴巴的合伙人拥有的仅仅是董事的提名权，而非决定权。但是仔细研究阿里巴巴的章程，不难发现其中暗藏玄机。根据阿里的官方资料，虽然合伙人提名的董事，需要得到年度股东大会半数以上的赞同票，才能当选为董事会成员；但是如果阿里巴巴合伙人提名的候选人没有被股东选中，或选中后因任何原因离开董事会，则阿里巴巴合伙人有权指定临时过渡董事来填补空缺，直到下届年度股东大会召开。

不仅如此，阿里的最新招股说明书还阐明：在任何时间，不论因何原因，当董事会成员人数少于阿里巴巴合伙人所提名的简单多数，阿里巴巴合伙人有权指定不足的董事会成员，以保证董事会成员中简单多数是由合伙人提名。

也就是说，无论合伙人提名的董事，股东会是否同意，合伙人总能让自己人行使董事的权利。实质上，阿里巴巴的合伙人已经通过上述程序实际控制了公司半数以上的董事。

77. 股票发行溢价该如何处理？其法律性质是什么？

股票发行溢价指发行人按照高于股票面额的价格发行股票。我国公司法对溢价发行股票作了规定，即需经国务院证券管理部门批准。证券法进一步作了明确规定，即溢价发行价格，"由发行人与承销的证券公司协商确定，报国务院证券监督管理机构核准"。

78. 优先股是什么？谁能发行？

优先股是享有优先权的股票。优先股的股东对公司资产、利润分配等享有优先权，其风险较小。但是优先股股东对公司事务无表决权。优先股股东没有选举及被选举权，一般来说对公司的经营没有参与权，优先股股东不能退股，只能通过优先股的赎回条款被公司赎回，但是能稳定分红的股份。

在试点阶段，只有上市公司（含注册地在境内的境外上市公司）和非上市公众公司可以发行优先股，其中只有上市公司可以公开发行优先股。除上市公司和非上市公众公司外，其他公司不能发行优先股。

79. 股份有限公司股份能否自由转让？章程中限制了股份公司股份转让的条款效力如何？

能自由转让。如果公司章程规定股东不能转让股权，或者如本案中上海某公司的章程一样限制股权转让，那么该种规定应视为无效，而改为适用《中华人民共和国公司法》的相应规定。

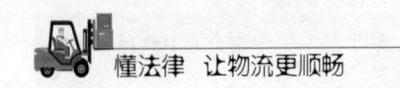

80. 并未印发股票的股份有限公司的股份转让的条款效力如何？

股权转让协议是以股权转让为内容的合同，股权转让是合同项下债的履行。股权转让协议生效与股权转让生效时间是不一致的，股权转让生效是在协议生效之后。

（1）股权转让协议应包括哪些内容？

股权转让协议一般应包括下列内容：

a. 当事人双方基本情况，包括转让方与受让方的名称、住所、法定代表人的姓名、职务、国籍等。

b. 公司简况及股权结构。

c. 转让方的告知义务。

d. 股权转让的份额，股权转让价款及支付方式。

e. 股权转让的交割期限及方式。

f. 股东身份的取得时间约定。

g. 股权转让变更登记约定，实际交接手续约定。

h. 股权转让前后公司债权债务约定。

i. 股权转让的权利义务约定。

j. 违约责任。

k. 适用法律争议解决方式。

l. 通知义务、联系方式约定。

m. 协议的变更、解除约定。

n. 协议的签署地点、时间和生效时间。

（2）股权转让合同从何时生效？

股权转让合同不属于应当办理批准、登记手续才生效的合同，因此股权转让合同自成立时生效。

（3）股权转让合同生效是否等于股权转让已经实现？

不等于。股权转让合同生效是指股权转让合同对合同双方产生了法律约束力，即出让人有转让股权，受让人有支付对价的义务，但此时股权仍未发生转移，只有完成上述手续，办理工商变更登记，受让人才能真正有效地行使股权。

（4）股权受让人能否以"股权转让未经其他股东同意"为由要求确认股权

转让合同无效？

《中华人民共和国公司法》规定，有限责任公司股东向公司股东以外的第三人转让股权，应当经其他股东过半数同意并行使优先受让权。这是股权转让时公司其他股东享有的权利。

基于上述理由导致的股权转让无效或异议之诉，通常应由公司其他股东提出，而不应由其他民事主体提出。受让人仅能就股权转让合同本身提起确认之诉、无效之诉或者履行给付之诉，不应有权提起本应由公司其他股东提起的无效确认之诉。

（5）股东名册变更的法律性质及对股权转让合同效力的影响？

有限责任公司股权转让需要进行三个变更手续：股东名册的变更、公司章程的变更、工商登记的变更。

《中华人民共和国公司法》第32条第2款规定："记载于股东名册的股东，可以依股东名册主张行使股东权利。"可见，股东名册的作用在于调整公司与股东之间的关系，是股东资格被公司接受的依据。

变更股东名册是股权转让合同的履行内容，而非生效要件，是否变更并不影响股权转让合同的效力。股东名册的变更使受让方现实地取得股权，从而享有并行使股东权利。

公司章程变更的性质与上述类同。

（6）工商变更登记的法律性质及对股权转让合同效力的影响？

《中华人民共和国公司法》第32条第3款规定："公司应当将股东的姓名或者名称向公司登记机关登记；登记事项发生变更的，应当办理变更登记。未经登记或者变更登记的，不得对抗第三人。"由此可见，工商登记是一种公示行为，对外起对抗效力，是证权性质，而不是设权性质。未经登记不会导致整个商事行为失效，只是该事项本身不具有对抗第三人的效果。

股权转让合同是股东将其在公司中的股东权益让与他人，他人由此取得股东资格而签订的合同。其性质属于债权合同，合同生效后在当事人之间产生债权债务关系。对于股权转让合同何时生效，应当按照《中华人民共和国合同法》的规定进行确认，《中华人民共和国合同法》第44条规定："依法成立的合同，自成立时生效。"所以，双方当事人达成股权转让的合意，签署转让合同时就已经生效。

因此，工商登记是否变更既不影响股权转让合同的生效，也不影响股权的取得。

(7)"阴阳"股权转让合同的法律效力？

股权转让当事人为了达到一定目的而签署两份（甚至多份）内容不同的合同称为"阴阳合同"。一般情况下，对外公开的"阳合同"非当事人真实意思；另一份是仅仅存在于当事人内部的"阴合同"，是当事人真实意思表示。例如，为规避有关法律法规而提交工商登记的"阳合同"，为阻止其他股东行使优先购买权而签订价格不一致的两份合同。

在实践中为工商登记便利或为符合工商部门的格式要求而签署的两份不同的合同或简易版本，如其股权数量、价格等主要条款是完全一致的，不能认为是"阴阳合同"。

"阳合同"的法律效力："阳合同"并不是当事人真实意思表示，而仅仅是为了不正当目的而签订的，属于当事人恶意串通。依据《中华人民共和国合同法》第52条第2款"有下列情形之一的，合同无效：……（二）恶意串通，损害国家、集体或者第三人利益；……"的规定，该合同是无效的，可申请撤销。

"阴合同"的法律效力："阴合同"是当事人之间的真实意思表示，只要没有其他无效因素，一般应认定有效。但对于第三人能否对合同效力提出异议，要具体分析。对于为工商虚假登记或逃税等规避法律法规中的"阴合同"，不应否认该合同的效力，但要根据合同内容重新登记、补缴税款。对于为了阻止其他股东优先受让权中的"阴合同"，因为该合同的履行必将损害其他股东的合法权利，其他股东可以申请法院予以撤销，使该合同归于无效。

81. 股份有限公司自己持股有哪些限制和例外？

关于公司不得持有自己的股份，《中华人民共和国公司法》第149条规定："公司不得收购本公司的股票，但为减少资本而注销股份或与持有本公司股票的其他公司合并时除外。公司依照前款规定收购本公司的股票后，必须在十日内注销该部分股份，依照法律、行政法规办理变更登记并公告。"

82. 公司股权（股份）激励计划是如何设计与运行的？

股权激励是企业拿出部分股权用来激励企业高级管理人员或优秀员工的一种方法。一般情况下都是附带条件的激励，如员工需在企业干满多少年，或完成特定的目标才予以激励,当被激励的人员满足激励条件时,即可成为公司的股东,从而享有股东权利。

股权是指股东基于股东资格而享有的、从公司获得经济利益并参与公司经营管理的权利。

83. 公司股票期权该如何设计与实施?

期权是指公司授予某些人在未来一定期限内以预先确定的价格和条件来购买公司一定数量的股权或股份的权利。实践中,以期权作为激励的情况很常见,具体由公司决定,主要考虑的因素包括公司的股权结构、现金流状况、激励对象的诉求等。

84. 公司债券是什么?法律性质是什么?

公司债券是指公司依照法定程序发行的、约定在一定期限内还本付息的有价证券。公司债券是公司债的表现形式,基于公司债券的发行,在债券的持有人和发行人之间形成了以还本付息为内容的债权债务法律关系。因此,公司债券是公司向债券持有人出具的债务凭证。

85. 公司的公积金是干什么的?分为几种类型?每一种能用来干什么?

公积金又称储备金,是公司为巩固自身的财产基础,提高公司的信用和预防意外亏损,依照法律和公司章程的规定,在公司资本以外积存的资金。此项公积金与公司资本的性质相同,又称公司的附加资本。那么公积金都分为哪些?都有什么用途?

(1)法定公积金

a. 法条规定:

《中华人民共和国公司法》第 166 条规定:"公司分配当年税后利润时,应当提取利润的百分之十列入公司法定公积金。公司法定公积金累计额为公司注册资本的百分之五十以上的,可以不再提取。公司的法定公积金不足以弥补以前年度亏损的,在依照前款规定提取法定公积金之前,应当先用当年利润弥补亏损。公司从税后利润中提取法定公积金后,经股东会或者股东大会决议,还可以从税后利润中提取任意公积金。公司弥补亏损和提取公积金后所余税后利润,有限责任公司依照本法第三十四条的规定分配;股份有限公司按照股东持有的股份比例分配,但股份有限公司章程规定不按持股比例分配的除外。股东会、股东大会或

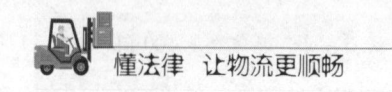

者董事会违反前款规定,在公司弥补亏损和提取法定公积金之前向股东分配利润的,股东必须将违反规定分配的利润退还公司。公司持有的本公司股份不得分配利润。"

b. 法条要点:

在公司分配当年税后利润时,应当提取利润的 10% 列入公司法定公积金。公司法定公积金累计额为公司注册资本的 50% 以上的,可不再提取。

股份有限公司经股东大会决议将公积金转为资本时,按股东原有股份比例派送新股或者增加每股面值。但法定公积金转为资本时,所留存的该项公积金不得少于转增前公司注册资本的 25%。

若股东会、股东大会或董事会,违反法定公积金提取的规定,在公司亏损或者未提取法定公积金的情况下分配当年利润的,各股东需将所分配的利润退还给公司。

(2) 任意公积金

a. 法条规定:

《中华人民共和国公司法》第 166 条第 3 款规定:"公司从税后利润中提取法定公积金后,经股东会或者股东大会决议,还可以从税后利润中提取任意公积金。"

b. 任意公积金的提取比例:

任意公积金就是公司提取法定公积金后,经股东会决议,公司依据股东会决议按比例提取。因为公司的公积金是用于弥补公司亏损及扩大经营的储备金,储备金的提存多少,由公司的最高权力机构决议,属于公司自治范畴。

(3) 资本公积金

a. 资本公积金的含义:

资本公积金是指公司由投入资本本身所引起的各种增值,这种增值一般不是由公司的生产经营活动产生的,与公司的生产经营活动没有直接关系,主要包括资本(或股本)溢价、法定财产重估增值、资本汇率折算差额、接受现金捐赠、股权投资准备、拨款转入等。资本公积金是一种准资本或资本的储备形式,经过一定的程序可以转为资本金。

b. 资本公积金要点：

本质上属于资本的范畴。资本公积金是指由投资者或其他人（或单位）投入，所有权归属于投资者，但不构成实收资本的那部分资本或者资产。即资本公积金从形成来源看是投资者投入的资本金额中超过法定资本部分的资本，它不是由企业实现的净利润转化而来的。

资本公积金的构成包括两个方面：

一是股份有限公司以超过股票票面金额的发行价格发行股份所得的溢价款。

二是国务院财政部门规定列入资本公积金的其他收入。资本公积金的不同来源反映在会计科目上，表现为："资本（或股本）溢价""接受非现金资产捐赠准备""接受现金捐赠""股权投资准备""拨款转入""外币资本折算差额""关联交易差价""其他资本公积金"。

c. 资本公积金的分类：

按其来源和用途可分为一般项目、准备项目和特殊项目。

一般项目中的"资本（或股本）溢价"主要用于转增资本，这也是资本公积金的主要组成部分；

准备项目，如股权投资准备、非现金资产捐赠准备等，是所有者权益的一种准备，在未实现前，不得用于转增资本（或股本）；

特殊项目主要是企业改制兼并过程中形成的一些资本公积金，一般有特殊的规定。

d. 资本公积金的特点：

因此，资本公积金从本质上讲属于资本的范畴。通常被视为企业的永久性资本，不得任意支付给股东，一般只有在企业清算时，在清偿所有的负债后才能将剩余部分返还给投资者。

资本公积金还起着巩固公司财产基础、防范公司经营风险、加强公司信用、维持资本完整等作用，不仅有利于企业自身的持续发展，也有利于债权人利益的保护。

86. 公司利润分配的一般规定是怎样的？

公司法规定，企业实现的利润总额按国家规定作相应调整后，应先依法缴纳所得税，利润总额减去缴纳所得税后的余额即为可供分配的利润。除国家另有规

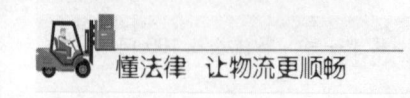

定者外，可供分配利润按下列顺序分配：

（1）被没收的财务损失、支付各项税收的滞纳金和罚款。

（2）弥补企业以前年度亏损。即弥补超过用所得税的利润抵补期限，按规定用税后利润弥补的亏损。

（3）提取法定盈余公积金。即按税后利润扣除前两项后的10%提取法定盈余公积金。盈余公积金已达注册资金的50%时可不再提取。盈余公积金可用于弥补亏损或按国家规定转增资本金。

（4）提取公益金。公益金主要用于企业职工的集体福利设施。

（5）向投资者分配利润。企业以前年度未分配的利润，可以并入本年度向投资者分配。分配顺序为：

a. 支付优先股股利。

b. 按公司章程或股东会决议提取任意盈余公积金。

c. 支付普通股股利。

87. 公司的现金以个人名义开立账户存储要承担什么责任？

这是违反公司法和会计制度的。《中华人民共和国公司法》第148条第1款第2项规定，董事、高管人员不能将公司资金以其个人名义或者以其他个人名义开立账户存储。

公司在设立时需要进行验资，向工商部门登记注册时需要提交验资报告，如果是这样的账户，申请登记可能会因不符合而不能注册，如果是虚假的验资报告，那就有更多的责任了。

即使按照所说的账户设立后，根据公司法的理论，公司作为独立的法人，拥有独立的财产所有权，因此所有的财产应该是登记在公司的名下，而不是股东等个人，即使是一人公司也不允许。同时，如果登记在个人名下，就有可能是利用公司有限责任和股东优先责任来规避法律，要适用公司法中的"揭开公司面纱"制度，一旦承担责任，就是连带的。（详见《中华人民共和国公司法》第20条）

88. 公司合并分为哪些类型？

法人合并，有新设式合并和吸收式合并两种方式。

新设式合并也称创设式合并，是两个以上的法人归并为一个新法人，原法人均告消灭的合并方式。吸收式合并也称吞并式合并，是一个法人吸收被合并的其他法人，合并后只有一个法人存续，被吸收法人均告消灭的合并方式。

89. 公司分立分为哪些类型？

公司分立有两种基本方式：

（1）新设分立。即将原公司法律主体资格取消而新设两个及以上的具有法人资格的公司。

（2）派生分立。即原公司法律主体仍存在，但将其部分业务划出去另设一个新公司。

90. 公司减资要满足什么条件？实质减资和形式减资有什么区别？

公司减资，无论是否造成剩余资本少于法定标准的情况，都必须符合法律规定。为了切实贯彻资本确定原则，确保交易安全，减资要从法律上严加控制。按照资本不变原则，原则上公司的资本是不允许减少的。考虑到一些具体情况我国法律允许减少资本，但必须符合一定的条件。从实际情况看，应具备下列条件之一：

（1）公司资本过多

原有公司资本过多，形式资本过剩，再保持资本不变，会导致资本在公司中的闲置和浪费，不利于发挥资本效能，另外也增加了分红的负担。

（2）公司严重亏损

公司严重亏损，资本总额与其实有资产悬殊，公司资本已失去应有的证明公司资信状况的法律意义，股东也因公司连年亏损得不到应有的回报。

依公司净资产流出与否划分，减资有实质减资与形式减资之分。实质减资之际，公司净资产从公司流向股东。形式减资之际，仅仅导致公司注册资本额减少，而不发生公司净资产的流动。如果将资产，尤其是净资产，与公司的信用、偿债能力锁定在一起，那么，实质减资必然导致净资产的减损，相应的连锁反应则是公司信用或偿债能力的减弱。实质减资击破了债权人优先获得清偿的定律，换言之，经由实质减资，发生公司资产首先流向股东，而非先满足债权人的要求。

91. 公司增资要走什么程序？

企业资金增资流程：

（1）各股东同意增资的股东会决议；

（2）修改或补充增资章程；

（3）投入增资资金（或聘请评估公司进行实物/无形资产评估）；

（4）聘请会计师事务所出具验资报告；

（5）办理工商、税务等系列变更登记。

企业资金增资材料：

（1）营业执照正副本原件；

（2）组织机构代码正本原件；

（3）税务登记证正本原件；

（4）开户许可证原件；

（5）法人股东身份证原件；

（6）公章、法人章、财务章、股东章；

（7）原公司验资报告复印件；

（8）原公司章程；

（9）股东会决议；

（10）章程修正案；

（11）资产负债表、损益表（会计报表）复印件；

（12）银行上个月对账单复印件；

（13）密码支付器、金融服务卡（必须提供）；

（14）网银动态 U 盾。

92. 公司可以因哪些原因解散？

公司解散的原因有三大类：一是一般解散的原因；二是强制解散的原因；三是股东请求解散的原因。

一般解散的原因

一般解散的原因是指只要出现了解散公司的事由公司即可解散。我国公司法规定的一般解散的原因有：

（1）公司章程规定的营业期限届满或者公司章程规定的其他解散事由出现时。但在此种情形下，可以通过修改公司章程而使公司继续存在，并不意味着公司必须解散。如果有限责任公司经持有 2/3 以上表决权的股东通过或者股份有限公司经出席股东大会会议的股东所持表决权的 2/3 以上通过修改公司章程的决议，公司可以继续存在。

（2）股东会或者股东大会决议解散。

（3）因公司合并或者分立需要解散。

强制解散的原因

强制解散的原因是指由于某种情况的出现，主管机关或人民法院命令公司解散。《中华人民共和国公司法》规定强制解散公司的原因主要有：

（1）主管机关决定。国有独资公司由国家授权投资的机构或者国家授权的部门作出解散的决定，该国有独资公司应即解散。

（2）责令关闭。公司违反法律、行政法规被主管机关依法责令关闭的，应当解散。

（3）被吊销营业执照。

请求解散的原因

新修订的公司法规定，当公司经营管理发生严重困难，继续存在会使股东利益受到重大损失，通过其他途径不能解决的，持有公司全部股东表决权10%以上的股东可以请求人民法院解散公司。

93. 公司僵局是什么？司法解散的条件该如何理解？

公司僵局是指公司在存续运行中由于股东、董事之间矛盾激化而处于僵持状况，导致股东会、董事会等公司机关不能按照法定程序作出决策，从而使公司陷入无法正常运转，甚至瘫痪的状况。

《中华人民共和国公司法》

第一百八十二条

【法院解散公司】公司经营管理发生严重困难，继续存续会使股东利益受到重大损失，通过其他途径不能解决的，持有公司全部股东表决权百分之十以上的股东，可以请求人民法院解散公司。

《最高人民法院关于适用〈中华人民共和国公司法〉若干问题的规定（二）》

第一条　单独或者合计持有公司全部股东表决权百分之十以上的股东，以下列事由之一提起解散公司诉讼，并符合公司法第一百八十二条规定的，人民法院应予受理：

（一）公司持续两年以上无法召开股东会或者股东大会，公司经营管理发生严重困难的；

（二）股东表决时无法达到法定或者公司章程规定的比例，持续两年以上不能做出有效的股东会或者股东大会决议，公司经营管理发生严重困难的；

（三）公司董事长期冲突，且无法通过股东会或者股东大会解决，公司经营管理发生严重困难的；

（四）经营管理发生其他严重困难，公司继续存续会使股东利益受到重大损失的情形。

股东以知情权、利润分配请求权等权益受到损害，或者公司亏损、财产不足以偿还全部债务，以及公司被吊销企业法人营业执照未进行清算等为由，提起解散公司诉讼的，人民法院不予受理。

94. 清算一共分多少种？公司法上的清算和破产法的清算有什么区别？

公司清算一般分破产清算、非破产清算、自由清算三种。

（1）破产清算

破产清算是指在公司不能清偿到期债务的情况下，依照破产法的规定所进行的清算。《中华人民共和国公司法》第190条规定："公司被依法宣告破产的，依照有关企业破产的法律实施破产清算。"

流程：

a. 破产宣告

破产宣告由自人民法院裁定作出之日起五日内送达债务人和管理人，自裁定作出之日起十日内通知已知债权人，并予以公告。

b. 破产财产变价方案

破产财产变价方案由管理人拟订并提交债权人会议讨论通过。

c. 变价

管理人按照债权人会议通过的或者人民法院裁定的破产财产变价方案，通过拍卖变价出售破产财产。债权人会议另有决议的除外。

d. 清偿

破产财产依照下列顺序清偿，破产财产不足以清偿同一顺序清偿要求的，按照比例分配。

第一，破产费用和共益债务。

第二，破产人所欠职工的工资和医疗、伤残补助、抚恤费用，所欠的应当划入职工个人账户的基本养老保险、基本医疗保险费用，以及法律、行政法规规定应当支付给职工的补偿金。破产企业的董事、监事和高级管理人员的工资按照该企业职工的平均工资计算。

第三，破产人欠缴的除前项规定外的社会保险费用和破产人所欠税款。

第四，普通破产债权。

e. 终结

公司无财产可供分配或最后分配完结后，管理人提请人民法院裁定终结破产程序。人民法院裁定终结破产程序的，应当予以公告。

管理人自破产程序终结之日起十日内，持人民法院终结破产程序的裁定，向破产人的原登记机关办理注销登记。

（2）非破产清算

非破产清算则是指在公司解散时，在财产足以偿还债务的情况下，依照公司法的规定所进行的清算。非破产清算时，公司财产在分别支付清算费用、职工的工资、社会保险费用和法定补偿金。

具体流程见本章第 96 问。

在清偿公司债务时，应注意以下几点：

（a）偿还公司债务，一般没有先后顺序，但公司财产必须能够清偿公司债务；

（b）在催告债权人申报的期限届满前，公司一般不得先行清偿债务；

（c）在清偿全部公司债务前，不得向公司股东分配公司财产。

清算组在清理公司财产、编制资产负债表和财产清单后，应当制订清算方案，并报股东会、股东大会或者人民法院确认。

公司财产在分别支付清算费用、缴纳所欠税款、清偿公司债务后的剩余财产，有限责任公司按照股东的出资比例分配，股份有限公司按照股东持有的股份比例分配。

清算期间，公司存续，但不得开展与清算无关的经营活动。公司财产在未依照前款规定清偿前，不得分配给股东。

c. 分配公司剩余财产

根据《中华人民共和国公司法》第 186 条第 2 款规定，对于清偿了全部公司债务之后公司的剩余财产，有限责任公司按照股东的出资比例分配，股份有限公司按照股东持有的股份比例分配取得公司剩余财产的分配权，是公司股东权益的一项重要内容，是公司股东的基本权利。

（3）自由清算

任意清算也称自由清算，即指公司按照股东的意志和公司章程的规定进行的清算。此种清算一般没有先后程序规定，也无论是否能足额清偿，不能清偿的债权不因清算结束而消灭。任意清算通常适用于人合公司、无限公司。

法定清算是指必须按照法律规定的程序进行的清算。法定清算对公司财产的清算有顺序规定，法定清算结束，公司法人资格依程序消灭。我国公司法规定的清算均是法定清算。

95. 清算组有哪些职权？

清算组职责主要有以下几项：

第一，全面接管破产企业。

具体包括：（1）接管企业的财产状况说明书和债权债务清册，债务人自己申请破产的，清算组可自法院接受移交。（2）接管破产企业的一切财产，破产企业的债务人或者财产持有人只能向清算组履行债务或者交付财产。破产企业的法定代表人有义务向清算组办理移交，拒绝移交的，清算组需向法院申请强制移交。（3）接管破产企业移交的有关破产财产的账册、文书、资料和印章等。在清算组接受移交之前，破产企业负有妥善保管的义务。

第二，保管和清理与破产企业有关的财产。

具体包括：（1）调查破产企业的财产和有关业务的状况并有权向破产企业的法定代表人进行询问。（2）清理破产企业的财产，并就有关财产进行登记造册。破产企业的法定代表人和有关责任人员需根据清算组的要求进行工作，不得擅离职守。（3）实施必要的保全措施。（4）着手全面收集破产财产，必要时得提起诉讼或者提请仲裁。

第三，为清算目的，继续破产企业的营业。

第四，为开展清算活动，可聘任会计师事务所一定数量的会计师及其他工作人员。

第五，决定解除或者继续履行破产宣告时尚未履行的合同。

第六，请求召开债权人会议，列席债权人会议并接受债权人会议的监督。

第七，对破产财产进行估价、处理、变价和分配。

第八，申请终结破产程序，办理破产企业的注销登记。

96. 清算程序是怎样的？

（1）清算公司财产、制订清算方案

a. 调查和清理公司财产。清算组在催告债权人申报债权的同时，应当调查和清理公司的财产。根据债权人的申请和调查清理的情况编制公司资产负债表、财产清单和债权、债务目录。应当指出的是，清算组在编制资产负债表时，不得将公司财产价值低估。

b. 制订清算方案。编制公司财务会计报告之后，清算组应当制订清算方案，提出收取债权和清偿债务的具体安排。

c. 提交股东会通过或者报主管机关确认。清算方案是公司清算的总方案。因此，股份有限公司的清算组应将清算方案提交股东大会通过。但是，有限责任公司的清算组成员是由股东组成的，所以，无须提交股东会另行通过。将清算方案提交有关主管机关确认的规定，适用于因违法而解散的清算公司。

d. 另外，如果公司清算组在清理公司财产、编制资产负债表和财产清单时，发现公司财产不足以清偿债务的，清算组有责任立即向有管辖权的人民法院申请宣告破产。经人民法院裁定宣告破产后，清算组应当将清算事务移交人民法院。

（2）了结公司债权、债务

a. 处理公司未了结的业务。清算期间，公司不得开展新的经营活动。但是，公司清算组为了清算的目的，有权处理公司尚未了结的业务。

b. 收取公司债权。清算组应当及时向公司债务人要求清偿已经到期的公司债权。对于未到期的公司债权，应当尽可能要求债务人提前清偿，如果债务人不同意提前清偿的，清算组可以通过转让债权等方法变相清偿。

c. 清偿公司债务。公司清算组通过清理公司财产、编制资产负债表和财产清单之后，确认公司现有的财产和债权大于所欠债务，并且足以偿还公司全部债务时，应当按照法定的顺序向债权人清偿债务。首先，应当支付公司清算费用，包括公司财产的评估、保管、变卖和分配等所需的费用，公告费用，清算组成员的报酬，委托注册会计师、律师的费用，以及诉讼费用等；其次，支付职工工资和劳动保险费用；再次，缴纳所欠税款；最后，偿还其他公司债务。在清偿公司债务时，应注意以下几点：第一，偿还公司债务，一向没有严格先后顺序之分，但是，公司财产必须能够清偿公司债务；第二，在催告债权人申报的期限届满前，公司一般不得先行清偿债务；第三，在公司清偿全部公司债务前，不得向公司股东分配公司财产。

（3）分配公司剩余财产

公司清偿了全部公司债务之后，如果公司财产还有剩余的，清算组才能够将公司剩余财产分配给股东。根据《中华人民共和国公司法》第195条规定，有限责任公司按照各股东的出资比例进行分配；股份有限公司按照各股东持有的股份比例进行分配。取得公司剩余财产的分配权，是公司股东自益权的一项重要内容，是公司股东的基本权利。在分配方式上可采取货币分配、实物分配或者作价分配等形式，其基本要求是：既最大限度保护股东的权益，又体现出平等和公平分配原则。

97. 不成立清算组进行清算的公司由谁来承担责任？

《中华人民共和国公司法》第183条规定，相应公司应当在解散事由出现之日起十五日内成立清算组，开始清算。有限责任公司的清算组由股东组成。成立清算组是公司法对公司清算的硬性要求，是一个必经程序，目的在于保护清算工作能够有人指挥领导，按照程序进行，而不受他人的干扰，如果没有清算组，清算工作完全无法进行，自然提不上合法清算。

《最高人民法院关于适用〈中华人民共和国公司法〉若干问题的规定（二）》第19条的规定，有限责任公司的股东、股份有限公司的董事和控股股东，以及公司的实际控制人未经依法清算，以虚假的清算报告骗取公司登记机关办理法人注销登记，债权人主张其对公司债务承担相应赔偿责任的，人民法院应依法予以支持。清算时成立清算组是法律规定的清算必备要件，没有清算组清算就无法进行，股东应当对债权人承担相应的赔偿责任。

98. 已经成立清算组但是没能依法清算的，清算组承担什么责任？

公司进入清算程序后，清算组接管公司财产、执行清算事务，成为公司的内部执行机关和外部代表机关。因此，清算组与公司构成了受信关系，公司是委托人，清算组是受托人，公司及其股东和外部的债权人则成为信托受益权人。作为受托人，清算组在清算过程中应当履行忠实和勤勉义务，不得背叛公司及其全体股东的利益，并应当以正常财产管理人的审慎和注意程度，依法对公司财产进行清算分配。清算组成员若违反上述义务给公司或者债权人造成损失的，应当承担相应的侵权损害赔偿责任。

99. 清算时未缴出资的股东承担什么责任？

公司注销时，股东出资应缴未缴的处理。

根据《中华人民共和国公司法》第28条规定："股东应当按期足额缴纳公司章程中规定的各自所认缴的出资额……股东不按照前款规定缴纳出资的，除应当向公司足额缴纳外，还应当向已按期足额缴纳出资的股东承担违约责任。"

也就是说，如果根据公司章程，股东应在公司注销前缴纳出资但未缴纳的，工商部门要求其缴纳出资是正确的，但这并不能扩大为或理解为"公司注销时，必须缴纳足出资"。虽然在结果上看，都是股东要缴纳出资，但其触发的原因并不是公司要注销，而是公司股东违反了章程，没有按期缴足出资。

100. 注销登记要完成怎样的程序？

第一步，注销公司国、地税登记证。

所需资料：

（1）国地税正副本

（2）本年度汇算清缴报告

（3）注销报告

（4）填写税务注销表格（如果有未用完的发票要先核销）

第二步，到公司主管工商局办理《公司注销备案》。

所需资料：

（1）公司营业执照复印件

（2）公司股东会决议（内容就是注销公司，成立清算小组）

（3）公司原始档案

（4）到工商局领取表格

（第一步和第二步可以同时办理）

第三步，登报公告（登报45日后再去注销公司）。

所需资料：

（1）公司营业执照复印件、公司股东会决议复印件。

（2）法定代表人身份证复印件

（3）公告内容（××公司，准备注销请各债权债务人自见报 45 日内到我公司清算小组办理债权债务事宜）

第四步，登报 45 日后，再次到工商局办理注销申请。

所需资料：

（1）公司营业执照原件（正副本）

（2）税务注销证明文件

（3）公司股东会决议

（4）公司清算报告

（5）工商局领取的表格

（6）公司原始档案

第五步，到质监局注销代码证。

所需资料：

（1）营业执照注销证明文件

（2）代码证原件（正副本）

这样公司就注销了。

CHAPTER 12

第十二章

管理制度岗位职责参考

一、各岗位管理制度

(一) 货车司机管理制度

严格遵守《中华人民共和国道路交通安全法》等有关交通安全的法律法规及公司的有关安全管理规章制度，确保安全行车，杜绝和减少事故发生。

1. **目的**：完善司机人员行车管理，提升其工作效率及工作品质，确保车辆使用及时、合理及安全化，提高车辆使用效率、降低维修成本，延长汽车使用寿命。

2. **范围**：本公司所有车辆。

3. **司机工作规定**

(1) 车辆由市场部全面负责管理，分别按车号设册登记。

(2) 司机上下班须打卡两次，不出差需按正常打卡四次。

(3) 上班时间，如不出车时，司机须在所属科室待命但不影响他人工作，车辆应停放在厂区指定位置。

(4) 严禁在厂区乱鸣喇叭，影响正常工作。

(5) 行车时应严格遵守交通规则，违章罚款由行车司机本人自理，并给予相应处罚。

(6) 司机保证手机常开，公司电话要马上接听（7：00～22：00），不能随意更改号码。

(7) 司机应利用空闲时间保养车辆，确实需进厂维修，需提前一天写申请。

(8) 司机证件年审自行办理（办证时间每年一次，每次限三到四天，超过时间以无证件为由拒绝出车者以请假处理），节假日司机轮流值班，需出车时应以加班论，给予加班工资及出差补助。

(9) 各种车辆的附带资料，除行驶证及保险卡由各使用人携带外，其余均由市场部相关负责人保管，不得遗失。如该车转移时应办理车辆转籍手续，并将

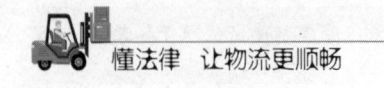

该车各种资料随车转移。

（10）车辆各司机人员应于规定日期，自行前往指定车管所受检，如年审、季审，逾期未办理受处罚，其费用由司机人员自行负担。并处以负责人小过以上处分一次。

4. 司机行车规定

（1）车辆返回后或出车前半小时，司机人员需认真检查车辆安全状况（油、水、电），以确保车辆正常运行随车人员不得随意支配司机变更路线，延长工作时间，增加运营成本。司机对超出派车单范围内用车有权提出自己的建议。

（2）司机对自己所驾驶车辆证件的有效性应经常检查，确保出车时证件齐全。

（3）司机行车外出，凭总经理或其授权人批准的车辆放行单交厂区保安确认登记后放行未经核准，不得私自开车外出，否则按有关规定罚款。

（4）车辆钥匙及各种行车证件由行政人员统一管制，派车时应分发到人。

（5）外出行车时，车辆如在核签的时间内不能及时返回，行车司机需及时通知行政人员，以便于文员安排次日的工作。

（6）为确保夜间车辆安全，车辆返回后应停在厂区指定位置并登记。

（7）司机人员每日行车须认真填写派车单回馈情况栏，于次日9:00前交各科科长审核作为油费、路桥费报销的依据，否则费用不予报销。

（8）夜间厂区或宿舍出现工伤、紧急病人或其他突发事件需用车时，值班保安报告市场部负责人，登记后可调度车辆，行车司机不得以任何理由拒绝出车或故意延误用车时间，并且需在第二天补签车辆放行单。

（9）保安人员必须严格按照门禁有关规定车辆进出管理规定验单放行。

5. 车辆保养规定

（1）本公司所有司机应严格执行车辆保养规范，维护车辆最佳状况。

（2）司机全面监督车辆维修、保养、季审、年审工作。

（3）对于车辆操控若发觉异常应立即检查，并以书面形式知会车辆负责人进行处理。

（4）随时防范车辆配件失窃或损坏。

（5）车辆每月按实际需求保养一次，司机需将车开至公司指定的维修点维护保养，若需更换汽车配件，需经车辆技术人员现场确认后方可更换，并将更换的旧零件带回公司。

（6）车内应保持整洁，不得零乱堆置杂物。

（7）所有维修记录应详尽填写，积累经验，防范类似事件的发生。

6. 驾驶员操作流程

平路操作：

平路驾驶是最基本的驾驶操作，是对汽车操纵机构的综合应用。通过平路驾驶，学会正确选择行驶路线，掌握汽车行驶的经济速度，了解汽车会车、超车、让车、转弯、掉头及车辆停放的有关规定，以便正确驾驶车辆，更好地做到安全行驶。

行驶路线：

尽可能地保持直线匀速行驶，避免颠簸与偏重。若路面较宽且平坦，应靠右侧行驶；若路面较窄，拱度较大，在无会车和超车的情况下，可在道路中间行驶，行驶中要尽量选择较好的路面行进，避开道路上的尖石、棱角物等。如遇不平路面或其他不良情况时，方向盘不要握得过紧，并应减速缓行通过。遇有横向沟槽时，要与其成一角度慢慢通过，切不要垂直行进，以防颠簸。

行驶速度：

在良好的道路上行驶时，应用高速挡，保持经济车速，通过繁华街道、交叉路口、隧道、窄桥、陡坡、弯道、狭路以及下雨、结冰、雨雾视线不清或牵拉车辆时，最高时速不得超过20千米，严格遵守交通规则的限速规定。

车间距离：

同向行驶车辆间的距离，在公路上应保持在30米以上，市区保持在20米以上，冰雪道路上应保持在50米以上。雨雾天气视线不清时，间距还要适当加大。

转弯操作：

车辆转弯时必须做到减速、鸣号、靠右行，随时准备紧急停车。要根据路面的宽窄、弯度的大小及交通情况，确定合适的车速。在城镇路口转弯时，要适当降低车速，做好制动准备。在傍山弯路及视线较短的弯道上行驶，要换入低速挡，并不断鸣号。在冰、泥道路上或雨雾天气转弯时，车速应降低在10千米每小时以下，并鸣号以引起其他车辆驾驶员、行人及牲畜的注意。在狭窄道路上转弯，应迅速使车辆靠向右侧，以免妨碍其他车辆行驶。转弯时，驾驶员应扫视后视镜，观察尾随车辆动向，以便及时避让。

会车：

两车交会，礼让三先，靠右通过。会车前，应看清来车的装载情况，观察有无拖带挂车、前方的道路和交通情况，适当减速，选择较宽阔、坚实的路段交会。会车时，要鸣号缓行，注意保持车辆侧向最小安全间距和车轮至路边的最短距离。在路面较窄的公路上会车，遇见障碍物只能单车通过时，应按右侧通过规定，让前方无障碍物的车辆先行，靠近障碍物的汽车待对方通过后再通行，切勿争抢先行通过障碍物。在没有划中线的道路和窄路、窄桥需减速靠右通过，并注意非机动车和行人的安全。会车有困难时，有让路条件的一方让对方先行。在狭窄的坡路会车，下坡车让上坡车先行。夜间会车，在距对方来车150米以外互闭远光灯，改用近光灯。在窄路窄桥与非机动车会车时，不准持续使用远光灯。

超车：

要认真观察被超车辆的行驶速度、道路宽度、有无交会车辆等情况。然后开左转向灯向前车左侧接近，鸣喇叭（夜间改用变换近光灯），确认安全后，从被超车的左边超越，超越后，必须距离被超车辆20米以外，再驶入正常行驶路线。超越停放的车辆时，应减速鸣号，保持警惕，以防停车突然起步驶入路中，或车门开启驾驶员下车。在超车过程中，如发现道路左侧有障碍物或横向间距过小有挤擦危险时，尽量不用紧急制动，以防侧滑。注意，下列情况不得超车：(1)在超越区内视线不良，如有风沙、雨雾、雪等；(2)通过繁华街道、交叉路口、铁路道口、急弯路、窄路窄桥、隧道时；(3)牵引损坏车辆；(4)距离对面来车150米内；(5)前车已发出转弯信号或前车正在超车。

让车：

应注意车后有无车辆尾随，发现有车要求超车时，应视道路和交通情况，减速靠右避让，或以手势示意让超。不得让路不减速，更不得加速竞速。在让车过程中，若发现右前方有障碍，应减速直至停车，切不可突然左转方向企图绕过障碍，以防与超车的车辆相撞。让车后，确认无其他车辆接连赶超时，再驶入正常行驶路线。

掉头：

一般选择交叉路口、平坦、宽阔、路肩质地坚实的安全地段或路旁可利用的空地进行，尽量避免在坡道、狭窄地段、交通繁忙地方掉头。严禁在桥梁、隧道、铁路交叉道口掉头。

车辆停放：

汽车在行车途中需要临时停放时，应先看好停车地点，减速靠右，根据停放形式将车驶入停车位置。若一天运行完毕到站或停车场停放，要注意整齐，并保持随时可以驶出的距离。

坡道操作：

汽车在坡道上行驶，由于重力在坡道方向的分力作用，给驾驶操作带来很多麻烦。因此在坡道上行驶，必须善于观察地形、路面，采用恰当的驾驶操作方法，做到手脚协调配合，合理使用制动、换挡敏捷、准确，才能顺利完成坡道驾驶。

上坡：

上坡起步，关键在于克服上坡阻力，做到平稳起步，防止汽车后溜。因此，除按平路起步要领和程序操作外，还要注意手制动器、离合器和油门踏板操作的密切配合。

下坡：

下坡起步，与平路起步的操作要领相同，但由于重力在坡道方向上的分力对汽车起到助力作用，因此，加速时间可大大缩短，甚至可以免去加速过程。

坡道停车与倒车：

上坡途中停车，要选好停车地点，先踏离合器踏板，待车将停时，踏下制动踏板将车停住，并拉起手制动。坡道倒车时，若车辆向上坡方向倒，起步可按上坡操作要领进行，起步后，匀速后倒，停车时，踏离合器踏板的速度略快于踏制动踏板的速度，以免熄火。

通过桥梁的操作：

应看清竖立在桥头的交通标志，严格遵守限载限速规定。情况不明或视线不清时，要在100米前减速，并鸣号示警。通过窄桥，应注意对方来车，若发现来车距离对面桥头较近，应主动靠右侧停车，待来车过桥后再通行。通过拱桥时，由于对面视线不清，应减速、鸣号、靠右行，随时注意对方来车、行人、牲畜及非机动车辆等。驶近桥顶要做好制动准备，切勿冒险高速冲过拱桥。通过吊桥、浮桥、便桥时，若无管理人员指挥，应先下车察看，确认没有问题再缓行通过。不能在桥上变速、制动和停车，以减少桥的晃动。通过木桥时，应提前换入低速挡，使前轮对正道板，徐徐通过。若木桥年久失修，通过前一定要下车察看桥梁的牢固情况，切勿冒险通过。

7. 车辆肇事管理

（1）肇事定义：

a. 汽车相撞或为他种车辆相撞，导致双方或一方有损害伤亡者。

b. 汽车撞及人畜，路旁建筑物及其他物品，致有损害伤亡者。

c. 汽车行驶失慎倾倒，及他人故意置障碍物于路中撞及或倾翻，致人或车辆有伤亡或损害者。

d. 汽车行驶遭受意外的事变，如公路、桥梁、涵洞、隧道突然崩塌，损坏致人或车有伤亡或损害者。

e. 这里所称的伤害，包括足以致本公司遭受任何的轻微损失及请求保险理赔。

（2）肇事的处理：

a. 肇事发生后应迅速以电话形式通知直接负责之管理人员并妥善处理好现场。

b. 司机直接领导人员在接到通知后，应及时了解事态发展，并酌情向部门经理报告，一般情况下应报警按正常程序处理。

c. 尽量寻觅目睹肇事的第三者做证，并记清姓名地址。

d. 在一天内以书面请求理赔及填写汽车肇事报告呈报给直接负责人。

（3）肇事过失的处分

a. 肇事驾驶员除负责刑事民事责任，违章部分外的处分依本规定办理。

b. 经本公司签订其应负肇事责任者按其肇事理赔次数，依下列规定以过失处分。

一次理赔总数肇事处分备注

第一次、第二次、第三次、第四次

500～1000元警告记过记大过除名1年内

1000～××元记过记大过除名1年内

××～3000元记大过除名1年内

c. 肇事后畏罪潜逃者，除请司法机关缉办外，并即予解雇。

（4）肇事赔偿：行车肇事责任判明后，如当事双方愿达成和解，得当场查明损害赔偿依下列规定分别处理：

a. 肇事责任属于公司驾驶员的过失，其赔偿款项由保险公司承担，但若肇事金额超过保险金额时，其超过金额由肇事司机负担。

b. 肇事责任属于公司驾驶员与对方驾驶员或第三者共同过失的，按各方应负责任之比率分担，其损害赔偿按照（1）办理。

c. 肇事后对方车辆逃逸能制止而未制止，对方车号能注意而未注意，致使肇事责任无从判明或追究者，所造成的损害赔偿，由肇事驾驶员负责按照7.(4) a. 条款办理。

8. 岗位职责

（1）凭派车单出车，未经领导批准不得公车私用或停车办私事而影响货物运输。

（2）工作积极主动，服从分配，同事之间团结互助，有事提前请假，不得无故缺勤。但请假人须指定职务代理人并由代理人签名确认。

（3）出车前检查：

a. 行车前要坚持检查，做到机油、汽油、刹车、水、轮胎气压、自动转向、喇叭、灯光等完好，确保车辆处于安全、可靠的良好状态。

b. 出车前搞好车容卫生，车外要擦洗干净，车内要勤打扫，不得有垃圾、杂物，保持车内整洁、美观，否则一经发现立即处罚。

c. 行车前可先启动引擎试运行，详细察看有无异常情况，一经发现立即报告。

（4）司机不得借车给非驾驶人员驾驶，否则，造成一切后果及损失由当事司机负责。

（5）驾驶人员应严守交通规则，违反交通规章者按交通规则办理，责任自负。

(6) 原则上司机为主送货人，随车人员协同工作，但遇到所送货品个人无法搬运的，可申请配备一名送货员。

(7) 司机于送货后当日或次日必须将客户签字确认的送货回单交给所属科室文员，如遇单据遗失等后果由司机负完全责任。且要如实填写回馈情况写明原因以便科室文员安排。

(8) 车辆回厂后，必须及时清理车内的杂物、货品，办理相关交接手续并及时报告相关部门，车辆上不得留有货物过夜，一经发现，立即处罚。

(9) 回厂车辆停放在保安人员指定位置，登记好相关数据并锁好方向盘、车门等，确保车辆安全。

(10) 认真执行车辆回厂制度，任何人员不得将车辆开回家中，因特殊原因不能回厂，须经公司领导批准，并确认车辆在外停放安全，否则后果自负。

(11) 出车前严禁饮酒，行驶中注意力高度集中，严禁在行车时与随行人员谈笑风生。

(12) 司机须无条件接受调派命令，不得以任何原因推诿，如有意见应在执行任务后向相关负责人或上级领导反映。

(13) 为了随时保持良好的沟通与联系，司机的手机从7：00～22：00必须处于开机状态，并保证有充足的话费及电量。

(14) 司机个人素质：

a. 司机需保持良好的个人形象，保持服装的整洁、卫生。

b. 注意个人的言行，礼貌待人、微笑服务，绝不允许在客户面前影响公司形象，否则重罚。

c. 树立良好的职业道德，热情亲切，为客户提供良好的服务，遵守客户方厂规厂纪。

9. 费用报销：

(1) 车辆加油必须统一在公司指定的加油站加油，并于当天晚上加满油，以备第二天及时用车。

(2) 出差车辆的路桥费及加油费实行实报实销。

(3) 除指定车辆、路段外，原则上不得走高速，不得在指定加油站外加油，特殊情况需市场部随行人员签署证明，否则不予报销。

（4）出车费用申请负担，如属共同用车，科室派车文员有权视情况协调平衡，共同负担。

10. 处罚

（1）在公司规章制度范围内的按公司规章制度处罚。

（2）每月 30 日以前，司机应查询自己负责的车辆有无违章并及时处理，司机直接负责人负责监督。

（3）如司机提出维修申请后，因相关负责人未认真对待而造成损失或违章事故的，每次对负责人罚款 100 元。

（4）车内不整洁、没有对车辆及时清理的每次罚款 10 元，车上存有货物过夜的每次罚款 50 元。

（5）司机没有履行应尽的职责造成客户投诉的每次罚款 50 元。

（6）司机未做好出车前检查（如缺水、油，电路故障等）处以每次罚款 50 元。

（7）因管理及监控不力造成货物单据遗失、车辆损坏、丢失的，除追究主要责任人外，相关人员承担连带责任。

11. 对不执行行政人员工作安排而造成损失的，要追究责任人负责并每次罚款 50 元。

（二）司机考勤管理制度

1. 目的：

本制度旨在加强公司对司机的考勤管理，规范司机工作时间，健全司机管理工作的流程体系。

2. 考勤管理要求：

（1）工作时间

根据司机的工作性质，上班及休息时间根据实际排班情况协调安排。

a. 司机在途中通过 GPS 定位或 ETC 跟踪表提供考勤证明，视为有效工作时间，即上班时间。

b. 等待发货与卸货均视为休息时间。司机需向现场经理报到，现场经理对其到货时间和发货时间进行记录，司机在休息期间需随时待岗，保持电话 24 小时畅通，若在休息期间有事离开工作地需向站点经理请假。

c. 司机必须服从公司负责人关于出车任务与出车线路的统一安排。

d. 司机岗位已申请为不定时计算工时工作制。

e. 考勤结算周期：上月26日至次月25日。

(2) 请假

①司机请假需提前三天填写《员工请假单》，请假三天以内的由站点经理审批，三天以上（含三天）的由总经理审批。

②请假需按规定程序逐级办理，批准后方可休息。

③司机请假扣除日工资。

(3) 事假

①事假理由要填写具体、真实，以虚假事由请假者视为严重违反公司制度，公司发现后有权单方解除劳动关系；

②凡是因从业资格证到期学习、驾驶证年检而请假的，可给予事假。

(4) 病假

①休病假者，必须提供二级以上医院病历簿及医院出具的诊断书（加盖公章）；

②提交虚假病假材料者视为严重违反公司制度，公司有权单方解除劳动关系；

③请病假的司机员工需在病愈返回公司三日内持相关就医证明交至站点经理，逾期或不能提供相关证明的，一律按旷工处理。

(5) 旷工

①未按规定程序逐级审批办理请假手续者一律按照旷工处理；

②未请假擅自不上班者视为旷工；旷工一日给予员工警告，累计旷工2日（含2日）公司将有权单方面解除劳动关系，扣除当月工资。

3. **员工符合以下条件视为严重违反公司制度，公司将单方面与员工解除劳动关系。**

(1) 未经请假，累计旷工2日（含2日）的；(旷工1日给予员工警告，旷工2日给予员工解除劳动关系)；

(2) 泄露公司商业秘密或为竞争对手提供服务，给公司造成重大影响或经济损失的；

（3）工作不负责任，严重违反规章制度，玩忽职守给公司造成经济损失的；

（4）利用工作之便，收受他人钱物的；

（5）利用工作之便，挪用公款、伪造票据的；

（6）与客服工作人员发生争执、服务态度恶劣，严重影响公司声誉的；

（7）偷盗公司及同事钱物的；

（8）殴打同事，造成恶劣影响的；

（9）其他严重违反公司纪律的行为；

（10）被依法追究刑事、民事责任或由于客观事实不能再为公司提供劳务的；

（11）在劳动关系履行期间因个人失职导致公司产生10000元以上经济损失的；

（12）不服从公司因业务需要进行岗位与工作地点调整的；

（13）不服从公司因业务需要进行出车任务安排的。

4. 附则

（1）本制度由公司经理层编制并附则解释。

（2）本制度经职工大会讨论通过，自2018年1月1日起执行。

司机确认签字：

年　　月　　日

（三）装卸工人管理制度

为确保公司的货物能得到及时、妥善的装卸、搬运、堆码和保护，维护公司的整体服务质量与服务形象，从装卸工的劳动纪律、作业流程乃至言行、食宿等方面进行规范与要求，特制定本管理办法。

1. 积极服从经理和队长的工作安排，按要求装卸、搬运、堆码货物；

2. 如有顶撞上司，不服从安排的每次给予50元的罚款；

3. 当班时间严禁脱岗、串岗，有事需请假，经同意后方可离开；

4. 同事之间应团结合作，避免发生冲突，如有严重争吵、辱骂、打架的现象，公司给予主动方罚款200元，被动方100元的罚款，情节严重的则移送司法

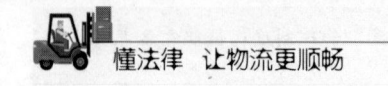

机关处理；

  5. 严禁刁难威胁客户或司机，不得吃拿卡要，发现一次罚款100元，收取钱财的，处以10倍以上罚款；

  6. 装卸工人与客户内外勾结、有损公司利益的，除赔偿直接经济损失外，另处10倍的罚款，并立即开除，情节严重的移交司法部门处理；

  7. 严禁野蛮装卸，装卸作业时，要轻拿轻放，不得有抛掷、翻滚、脚踢、在地上拖拉货物等野蛮装卸动作；装卸过程中如有发现破损，要及时向管理人员报告。装卸过程中如有因人为损坏客户货物的情况，一经发现，由装卸人负责赔偿并罚款100元；

  8. 自觉遵守各项安全规章制度，不违章和冒险作业，并及时制止其他人的违章行为，对无视安全、强令冒险作业指令应拒绝执行，并向现场负责人汇报；

  9. 每次作业结束后要立即做好装卸工具与货物防护材料的归位整理，以及现场的清洁，装车完毕，要将篷布叠好收回，如有余货，要用篷布盖好；

  10. 发生事故应及时组织抢救和保护好现场，并立即向领导汇报，认真吸取教训；

  11. 必须严格遵守公司的其他各项规章制度；

  12. 完成上级领导临时安排的任务；

  13. 材料、工具、零部件设备要分类摆放整齐、稳固，高度要适当。精密工具、量具应妥善放置；

  14. 搬运有刃口、毛刺或涂油的工具及零件，要戴手套，货物应放置稳当，不准露出货架；

  15. 工具、零部件不准放在电器开关附近或压在电线上；

  16. 不准在光滑或涂油的零部件上行走，所用梯凳不准有油垢，放置要牢固；

  17. 夜间搬运零件、工具时，应有充分照明，道路畅通，应根据物件重量和体力强弱进行搬运，以防发生事故。

  18. 两人一起搬运物件，应互相配合，步调一致，零部件在用电瓶车运输时，应放置平稳、牢固；

  19. 货物堆放距屋顶、墙壁、灯具不得少于50厘米，距屋柱或货垛之间不得少于 20 厘米；

20. 采用起重机械做室内搬运时，应遵守相应的起重机械安全操作规程，并应与起重工、挂钩工、行车工密切配合。

（四）装卸队长岗位职责

1. 协助落实公司的作业规范和管理制度、相关管理制度；

2. 组织管理装卸人员正确、安全地执行货物装卸、搬运、堆码与保护等作业指令，协调各部门的关系；

3. 合理使用并监督货物仓储和搬运设施、设备并对其进行妥善管理；

4. 负责作业完成后向上级主管报告货物重量及件数和破损等信息；

5. 向上级主管报告装卸队的运作和管理情况，落实相关改进措施；

6. 负责装卸人员的日常起居生活的管理工作和思想工作，制定工人寝室卫生管理制度并组织实施，接受上级领导的监督和检查；

7. 组织与参加公司的装卸人员的安全培训与活动；

8. 负责认真完成上级领导安排的临时性工作任务。

（五）叉车驾驶员岗位职责

1. 严格按照公司的一切规章制度，出现违纪现象，按公司职员工奖惩制度处罚。

2. 严格执行交接班制度，提前 10 分钟接班，接班者未到，交班者不准下班，接班者必须向接班者交代当班的一切情况（包括车况），接班者认可后，交接班才能生效。

3. 上班时间不准闲聊、看书、看报或干私活，不准串岗、离岗，严禁睡觉和酒后上岗。

4. 严格按《叉车操作规程》使用叉车。叉车载货行驶时，坚持慢速安全行驶（限速 5000 米每小时）。加速时不得急刹车或急转弯。

5. 定期对叉车进行检查、保养，保持叉车干净亮洁。检查范围包括燃油、冷却水、机油、空气滤芯及需润滑部位等。发现故障应及时排除，当事人不能处理的，应及时向上级主管报告。认真填写维护保养记录，填写时做到字迹清晰、

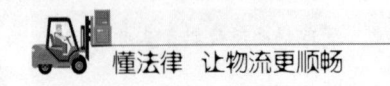

内容完整。

6. 管理现场工作保持环境整洁，铲（叉）车不乱停乱放，按指定的部位停放，无操作证的人员杜绝使用本车，存在不安全因素及时报告。

7. 转运成品时要细心操作，防止碰撞及倒堆，以免造成损失。

8. 服从成品仓保管员及质检员的工作安排。入库按入库保管员指定地点码放，出库按出库保管员对指定的货物取出。

9. 生产准备工作前首先检查铲（叉）车轮胎气压，刹车系统是否符合要求，方向是否灵活，燃料润滑油是否符合规定要求，装卸部位是否有不安全隐患等。

10. 生产过程根据指令和生产周转需要，用铲（叉）车将转运、装卸物资安放到所在位置。符合搬运装卸要求。

11. 设备维护负责对铲（叉）车的日常维护保养，各种油料的添加，故障的排除、轮胎充气、润滑系统润滑，使铲车处于良好状态。

12. 工作质量，生产安全，严格执行叉车安全操作规程，杜绝违章铲运，注意厂区来往车辆、行人，避免发生车辆和人身伤亡事故，不野蛮装卸不乱堆乱放，保证装卸物品完整。

13. 叉车司机人为造成车辆损坏及伤及他人和物件，公司将根据情节轻重作出相应处罚。

14. 必须经过组织培训，取得合格本车操作驾驶证后，方能持证上岗。

15. 作业期间，必须按规定穿戴劳动保护用品。

16. 对有损坏货物、危害生命安全和身体健康的行为，有权制止并提出批评、检举和控告。

17. 服从安排，完成主管领导、仓库管理员布置的其他工作。

（六）物流客服部管理制度

1. **工作内容**

（1）负责管理订单中心接收、审核、打印、分发和处理订单的整个流程。

（2）负责各个区域客户问题和投诉的处理和跟进。

（3）负责管理各类相关报表的制作。

（4）执行上级关于客户的服务与运作指令。

(5) 每天早上九点及下午四点各跟踪货物在途信息一次，信息必须准确；如货物已到达，则发短信并致电客户收货点查询到货情况（如到货时间、货物好坏、送货驾驶员服务态度、签收人等）。

(6) 遇到货物运输中突发情况或收货有异常则及时记录并告知客服主管与业务员，自己能处理的自己处理，处理不了的一定要向客服主管与业务员反映。

(7) 月底审核托运站回单运输费用后与托运站进行对账，有异常情况及时反馈客服主管及业务员。

(8) 收集与反馈客户的意见。

(9) 完成上级交办的其他事务。

2. 了解客户

(1) 了解客户所发货物的性质（指货物品名、数量、重量、方数、是否危险品、目的地）

(2) 了解客户发货物的要求（指货物是否不能倒放、是否怕受潮、是否易碎品、外观是否有其他要求）

(3) 了解货物到货时间（指客户要求所发货物必须在什么时间到达客户处）

3. 客服岗前培训

(1) 语言

声音一定要甜美，说话语气一定要温和婉转，礼貌用语：您好，请稍等，不好意思，谢谢等。

(2) 形象

个人形象很重要，一律不得涂指甲油，穿着暴露服装，头发不得太凌乱，不得影响工作形象。要统一着装公司制服。

(3) 礼仪

站坐必须有礼仪形象，在办公室内不得乱靠乱躺，招待客人一定要热情大方，端庄，行为举止一定要得体，不得做夸张举止，不得与人在办公室内打闹嬉戏等。

(4) 行为

客服是为客户服务，也是公司的形象大使，不得泄露本公司内部保密事宜，更不能打击公司人员与其外部公司联合破坏本公司的形象及业务往来。

(5) 态度

工作一定要认真，一定要多思考、多反思、多为客户着想，做好每件事情，多站在客户角度去处理所遇到的每个问题，多以公司利益为重。

二、常用合同模板

劳动合同

甲方（用人单位）名称＿＿＿＿＿＿＿＿＿＿＿＿＿＿＿＿＿＿＿＿＿

住所：＿＿＿＿＿＿＿＿＿＿＿＿＿＿＿＿＿＿＿＿＿＿＿＿＿＿＿＿＿

乙方（劳动者）姓名：＿＿＿＿＿＿＿＿＿＿＿＿＿＿＿＿＿＿＿＿＿

居民身份证号码：＿＿＿＿＿＿＿＿＿＿＿＿＿＿＿＿＿＿＿＿＿＿＿

联系电话：＿＿＿＿＿＿＿＿＿＿＿＿＿＿＿＿＿＿＿＿＿＿＿＿＿＿

家庭住址：＿＿＿＿＿＿＿＿＿＿＿＿＿＿＿＿＿＿＿＿＿＿＿＿＿＿

为建立劳动关系，明确权利义务，根据《中华人民共和国劳动法》《中华人民共和国劳动合同法》和有关法律、法规，甲乙双方遵循诚实信用原则，经平等协商一致，自愿签订本合同，共同遵守执行。

第一条　劳动合同期限

本合同期限为＿＿＿年，自＿＿＿年＿＿＿月＿＿＿日起至＿＿＿年＿＿＿月＿＿＿日止。本合同试用期自＿＿＿年＿＿＿月＿＿＿日起至＿＿＿年＿＿＿月＿＿＿日止。

第二条　工作内容

甲方根据生产（工作）需要，安排乙方在＿＿＿＿＿＿生产（工作）岗位，具体工作内容为＿＿＿＿＿＿＿＿＿＿＿＿＿＿＿＿。

第三条　劳动纪律

乙方应严格遵守甲方依法制定的各项规章制度，服从甲方的管理。

第四条　劳动报酬

1. 甲方按照本市最低工资结合本单位工资制度支付乙方工资报酬。具体标准工资为＿＿＿＿＿＿＿元/月，乙方试用期工资为＿＿＿＿＿＿元/月。

2. 甲方每月＿＿＿＿＿＿日支付乙方（当月/上月）工资。

第五条　合同的变更

具有下列情形之一的，双方可以变更本合同：

1. 双方协商同意的；

2. 由于不可抗力或合同订立时依据的其他客观情况发生重大变化致使本合同无法履行的。本项所称重大变化主要指甲方调整生产项目、机构调整、撤并等。

第六条　合同的终止

具有下列情形之一，本合同应即终止：

1. 本合同期限届满；

2. 双方就解除合同协商一致的；

3. 乙方由于健康原因不能继续履行本合同义务的。

第七条　合同的解除

1. 甲乙双方协商一致可以解除本合同。

2. 乙方具有下列情形之一的，甲方可以解除本合同：

（1）在试用期内被证明不符合录用条件的；

（2）严重违反劳动纪律或甲方制定的规章制度的；

（3）严重失职，营私舞弊，给甲方利益造成重大损害的。

3. 甲、乙双方若单方面解除合同，仅需提前一周通知另一方即可，并不互相承担违约金。

第八条　本合同终止或解除

1. 本协议终止、解除后，乙方应在一周内将有关工作向甲方移交完毕，并附书面说明，如给甲方造成损失应予赔偿。

2. 合同期内，乙方提前解除本合同的，甲方有权要求乙方赔偿甲方为乙方所实际支出的培训费用和招聘费用。赔偿办法按国家和地方有关规定执行。

第九条　双方特别约定，以下情况，甲方不承担相应责任：

1. 乙方犯罪、自杀自残、斗殴，或因受酒精、毒品、药品影响造成自身人身伤亡的；

2. 乙方因疾病（包括职业病）、分娩、流产以及因上述原因接受医疗救治的；

3. 乙方无有效驾驶证驾驶机动车辆或无有效资格证书而使用各种专用机械、特种设备、特种车辆或类似设备装置，造成自身人身伤亡的；

4. 超出甲方所在地工伤保险诊疗项目目录、工伤保险药品目录、工伤保险住院服务标准的医疗费用；

5. 乙方因非工作原因，由于事故、疾病等造成的人身伤害或者死亡的。

第十条 劳动争议的处理

因本协议引起的或与本协议有关的任何争议，均提请甲方当地仲裁委员会按照该会仲裁规则进行仲裁。

第十一条 本合同未尽事宜，由双方协商约定。双方事后就有关事宜达成补充或者变更协议的，由双方签订书面补充或者变更协议确定。

第十二条 本合同一式两份，双方各执一份，具有同等效力，自双方签字盖章之日起生效。

甲方（盖章）：　　　　　　　　　　乙方（签字）：

负责人：

联系方式（电话）：　　　　　　　　联系方式（电话）：

签订日期：　　　　　　　　　　　　签订日期：

　　　年　　月　　日　　　　　　　　　年　　月　　日

终止（解除）劳动合同（或工作关系）证明书

（单位留存）

编号：

_____自____年____月____日与本单位签订了劳动合同（或建立工作关系），担任_____岗位工作。现已于____年____月____日终止/解除劳动合同（或工作关系）。

特此确认：单位已经履行全部义务（包括社保、档案等），全部劳动报酬、经济补偿、赔偿等均已结清，再无争议，不再向单位要求其他任何费用、劳动报酬、补偿或赔偿。

　　竞业限制义务说明：_____。

　　离职人员签字确认：

_____公司

年　　月　　日

终止（解除）劳动合同（或工作关系）证明书

（给职工本人）

　　_____自____年____月____日与本单位签订了劳动合同（或工作关系），现已于____年____月____日与本单位终止（解除）劳动合同（或工作关系）。原任职务为：_____。

　　竞业限制义务说明：_____。

　　特此证明。

_____公司（盖章）

年　　月　　日

车辆买卖合同

　　甲方（购车方）：

　　住址：

　　身份证号码：

　　乙方（售车方）：

　　根据《中华人民共和国合同法》及其他相关法律法规之规定，甲、乙双方经过平等、友好协商一致，就乙方将其所有的车辆转让给甲方的相关事宜，达成如下协议，以兹共同遵守：

1. 甲方自愿购买乙方＿＿＿＿＿＿＿＿货车汽车（该车型号为：＿＿＿＿＿＿＿＿＿＿，发动机号码为＿＿＿＿＿＿＿＿＿＿＿，车架号码为＿＿＿＿＿＿＿＿＿＿＿）

2. 价款及支付方式：

上述车辆转让价款共计为￥＿＿＿＿＿＿＿＿元，大写：＿＿＿＿＿＿＿＿＿＿＿＿＿，甲方通过现金方式进行支付。

3. 价款支付时间为＿＿年＿＿月＿＿日，车辆交付时间为＿＿年＿＿月＿＿日。自交付之日起甲方获得车辆所有权，并承担该车辆的所有风险及责任，此后发生的一切纠纷、赔偿等事宜均与乙方无关。因该车引起的一切交通事故，交通违章罚款等行政规费、保险费、车船税、更名费、人身损害赔偿责任等均由甲方单独承担，与乙方无任何关系。

4. 乙方应保证其对转让车辆享有完整的所有权。乙方在交付汽车时应当提供完整的车辆手续，并说明该车的现状。甲方在购车时应认真检查乙方所提供的车辆证件、手续是否齐全。并且应对所购车辆的功能及外观进行认真检查、确认。甲方在购买该车后，自行负责车辆的维修、过户更名费用及相关规费的缴纳。

5. 因双方交易车辆为旧机动车辆，故双方签订协议时均对车身及发动机工作状况表示认同；甲方对＿＿＿＿＿＿外观及车内质量状况已充分了解并无任何异议且自愿购买。

6. 甲方付清乙方所有的款项后，在甲方符合过户条件情况下，乙方配合甲方办理车辆登记过户手续，过户费用由甲方承担。若甲方暂时因各种原因不符合过户条件，则双方明确不存在挂靠关系，乙方不收取甲方任何管理费用，该车的所有权及一切权益、风险等均归甲方承担。若乙方要求甲方办理过户手续，则甲方应在30日内办理完过户手续。

7. 如双方发生争议，先进行友好协商，协商不成起诉至乙方所在地人民法院处理。

8. 本合同一式两份、甲方执一份，乙方执一份，具有同等法律效力，本合同自甲乙双方签字或盖章之日起生效。

以下除签字盖章等必备信息外无实质性文字。

甲方：　　　　　　　　　　乙方：

身份证号：　　　　　　　　代表人：

联系电话：　　　　　　　　联系电话：

日期：　　　　　　　　　　日期：

物流有限公司车辆挂靠协议

甲方：

法人代表：

乙方：

身份证号码：

根据《中华人民共和国合同法》及其他相关法律法规之规定，甲乙双方为适应货运市场发展的需要，本着平等、自愿的原则，乙方自愿将全资自购_____货车汽车（该车型号为：_____，发动机号码为_____，车架号码为_____）挂靠甲方经营，甲方同意乙方要求。现双方协商一致，特签订本合同，并共同遵照执行。

第一条　车辆产权

乙方自有汽车以甲方名称登记上户，上户后车牌为_____，车辆上户登记不是产权登记或产权转移，车辆产权仍属乙方。

第二条　挂靠期限

1. 乙方车辆挂靠经营期限：自____年____月____日至____年____月____日止。

2. 甲乙双方共同确认：本挂靠合同不是劳务合同，乙方及乙方所聘请、雇用的人员不属于甲方职工，不享受甲方职工待遇，与甲方不存在劳动用工关系。

3. 乙方无论在任何情形下发生道路交通事故及其他财产损失赔偿纠纷等，均与甲方无任何关系。

第三条　挂靠费用

1. 上户费用：乙方上户费用由乙方自行承担。

2. 代收代付费：过户完成后，车辆每月应支付的养路费、运管费、工商费、税、年（季）检费等与车辆相关的费用均由乙方自行承担，乙方应在办理之日前及时将款项交付甲方办理或自行办理。

第四条　乙方自理费用包括，但不限于以下费用：

1. 乙方车辆在挂靠经营期间的保险费、养路费、运管费、工商费等各种费用；车辆使用税、个人所得税等各种税；油、胎、料消耗；安全事故费、商务事故费、车辆维修费、车辆保险费；车辆年、季检费；过桥费、过渡费、过城入境费、停车费、洗车费、违章违纪等各种费用等；

2. 乙方及乙方因经营需要所聘请、雇用的驾驶员、相关人员等的工资、奖金、福利费、医疗费（含行车事故中的伤、残、亡的费用）以及各项社会保险费用、驾驶执照和从业证的办证费用等；

3. 乙方以及乙方所雇用的人员在挂靠经营期间发生的行政、民事责任、刑事责任及各种纠纷所产生的费用。

4. 本合同未明确规定的其他费用。

第五条　安全管理

1. 乙方必须遵守交通法规和甲方机务、安全制度，积极参加甲方安全活动，加强车辆保护，按规定进行正常年、季检；如发现乙方车辆不符合安全行驶规定，甲方有权制止车辆运行；如乙方不按规定执行，所造成的后果由乙方承担。

2. 乙方车辆的保险及其他项目保险，必须由甲方统一到保险公司代为办理保险手续，其费用全额由乙方承担。乙方发生行车事故，其责任和费用全部由乙方承担，事故费用按保险公司的有关理赔办法赔偿后，不足部分，应由乙方用其车辆拍卖款和个人家庭财产弥补，甲方概不负责。未办理好车辆保险手续前，乙方车辆不得营运。

第六条　车辆运行

1. 乙方车辆运行必须遵守交通法规，必须遵守甲方车辆运行的各项规定。

2. 乙方应遵纪守法，严禁人货混装，严禁装运国家禁运的一切物品，否则，造成的后果由乙方承担。

3. 乙方自行聘请的驾驶员，必须到甲方安全管理部门考核后办理好"准驾驶证"方可驾车运行，同时乙方应承担聘请驾驶员所产生的法律责任。

第七条　双方责任义务

1. 在签订本合同之日，乙方应向甲方提供本人身份证的复印件。

2. 挂靠合同期满，乙方无违约行为，并且交清挂靠期间的甲方代为支付的全部费用，则甲方将牌证退还乙方，并将其挂靠的车辆转户，转户费用由乙方承担，双方终止本合同。

3. 挂靠合同期满，如双方愿意继续挂靠，可另行签订挂靠合同。

4. 挂靠期间甲方不得私自对乙方车辆做出买卖、抵押等损害乙方利益的行为。

5. 挂靠期间，如乙方需要与第三方签订运输合同，由乙方承担合同项下的全部义务，与甲方无关。

6. 挂靠期间，乙方应自行承担乙方及雇用人员的行政、民事、刑事责任。

7. 乙方应将各项由甲方代付代办的费用及时交给甲方，如交款不及时造成的损失一概由乙方负责。

8. 乙方发生营运纠纷和交通事故，需甲方协助处理的，甲方应派人前往协助处理。

9. 挂靠期间，车辆产权仍属乙方，产生的效益归乙方支配和使用，同时产生的一切责任和损失均由乙方承担。

10. 乙方以任何形式在银行或个人、借款及其他经济纠纷，由乙方自行负责。

11. 乙方在挂靠营运期间，必须遵守国家有关法规及税收、物价政策，否则，造成的一切后果由乙方自负。

第八条　车辆经营

1. 乙方挂靠甲方公司，甲方应优先保证乙方的车辆运营。

2. 乙方承运甲方货品，运输价格按照甲方公式的运输价格表执行。

3. 乙方在甲方公司承运货物产生的运费按月结算给乙方。

4. 每月 10 日前甲方向乙方支付上月运费，乙方需要提前 5 日提供上月所有的交接单。

5. 对于甲方的价格表中没有明确规定的费用标准，需要在发生时予以确认。

6. 乙方承运甲方货物，应检查货物是否完好，是否与交接单据相吻合；一

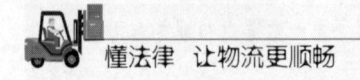

旦乙方签字确认交接明细，则视为乙方已经查验货物，则出现货物缺失、损坏等由乙方承担全部责任。

7. 其他服务要求，乙方应遵照甲方公示的服务标准。

8. 驾驶员和送货员需定期接受公司的统一培训，并通过考试来取得资格证（制定相应的评分标准，根据评分来作相应的奖励和惩罚）。

9. 驾驶员和送货员如果存在客户投诉，一经查实每次罚款200元。

10. 其他涉及服务标准、价格、结算等以甲方公示标准为准。

第九条　违约责任及处理

1. 合同有效期内，甲乙双方任意一方发生违约行为，均按照国家相关法律法规处理。

2. 本合同在履行过程中如发生争议，应本着互谅互让的原则协商解决。如协商不成，提起的诉讼由××市××区人民法院管辖。

第十条　其他

1. 本合同未尽事宜，按国家有关法律、法规和甲方有关规定执行。

2. 本合同一式两份，甲乙双方各执一份，均具同等效力。

3. 本合同自甲乙双方签字或盖章之日起生效。

甲方：   乙方：
代表人：   代表人：
联系电话：   联系电话：
签约地点：   签约地点：
日期：   日期：

货物运输合作协议

托运方（甲方）：   承运方（乙方）：
地　址：   地　址：
负责人：   负责人：
电　话：   电　话：

甲方现委托乙方承运甲方的运输业务，乙方同时具备相应能力完成甲方的运输业务。根据国家的有关运输法律规定，经甲、乙双方充分协商，在平等自愿的基础上达成如下协议：

第一条　货物名称与可运输货物类型

甲方委托乙方运输的货物为：_____甲方应保证委托承运的货物不含有任何违法物品，甲方委托运输货物属易燃易爆、易挥发、有毒、易碎商品时，甲方应在委托单中明确注明。

第二条　货物起运地、到达地

货物起运地点：_____

货物到达地点：_____

乙方根据甲方指令将货物从货物起运地点运送至甲方指定的目的地。若起运地和目的地有变更的，甲方应在货物起运前书面通知乙方。

第三条　领取货物及验收方法

乙方承运货物到达目的地经甲方指定验收人验收后，乙方应要求收货人在甲方的货物验收单上注明验收完毕字样，加盖收货单位公章并签字，填写收货数量及收货日期。

乙方应将上述货物验收单提交给甲方，甲方凭乙方提交的货物验收单与乙方结算运费，如发生货物验收单丢失应及时补回，否则甲方除可以拒付运费外，并可以要求乙方赔偿货物损失。

第四条　运输费用

1. 运输价格按整车计算，具体价格参见合同附件：公路货运价格表，实践中或根据实际情况做调整或增减。

2. 在合同有效期内如变动价格，需经双方协商确定。

第五条　结算方式

1. 乙方应根据合同第三条规定将货物签收单提交甲方，并凭货物签收单原件结算运费。

2. 双方在每月____日结算上一个月财务已入账的运输费，乙方应开具运输专用发票给甲方。

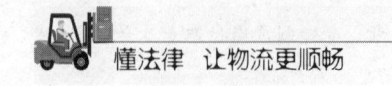

第六条　运输通知

每次托运前,甲方提前 24 小时用电话或传真通知乙方备车(特殊情况除外),乙方应按甲方要求准时提供合适的车辆。

第七条　运输期限

甲方委托乙方承运每批货物,乙方应按约定期限到达。具体运输期限以货物托运单中的指令为准。

第八条　风险抵押金

1. 乙方将风险抵押金用现金形式交至甲方的指定账户。风险抵押金作为甲方货物损失风险抵押,若由于乙方原因导致甲方货物损失或第三方索赔的,甲方从风险抵押金中优先扣除货物损失及支付第三方索赔,不足部分甲方另行向乙方追偿。

2. 乙方交至甲方的风险抵押金为＿＿＿＿＿＿(人民币)风险抵押金应在本合同签订后 5 日内支付。

3. 甲方违反本合同约定,致使乙方利益遭到损害的,乙方有权提出终止本运输合同,并要求甲方归还风险抵押金。

4. 本合同到期或满期后,如不再继续合作,甲方应在 1 个月之内归还乙方风险抵押金;如果继续合作,则转为下一年度的风险抵押金。

5. 甲方收到乙方的风险抵押金后应开具单据给乙方。

第九条　货物防护

1. 货物在装卸过程中必须轻拿轻放,不得倾倒,不得在包装箱上踩踏、蹦跳,不得在货物上坐、躺或放置其他重物。

2. 在装卸过程中,发生货物跌落现象,搬运人员应及时报告相关部门并由货管部门对跌落货物进行重新验证。

3. 承运人必须做好货物的防雨、防潮措施,并根据货物实际情况做好防护措施。

第十条　托运方责任

1. 甲方未按合同规定期限向乙方支付运输费用,应向乙方按同期银行贷款利率支付运费利息损失。

2. 甲方违反本合同第八条第 4 款的规定,甲方应按同期银行贷款利率向乙方支付风险抵押金的利息损失。

第十一条　承运方责任

1. 乙方如将货物运错地点或交错收货人，应无偿将货物运到合同约定的目的地或应交收货人。如果货物逾期未到达，乙方除应向甲方按这批货物运费的10%支付违约金外，并应承担由此给甲方造成的相应经济损失。

2. 乙方在运输过程中导致货物污染、受潮、包装损坏、货物短少、变质、货物非自然损伤以及货物灭失的，乙方应赔偿甲方的实际损失。

3. 乙方在承运过程中，未按甲方托运单要求的期限送达货物，导致收货方索赔或引起其他损失的，乙方应赔偿甲方的实际损失。

4. 以上事项，若由于不可抗力而发生的，可免除乙方责任。

第十二条　双方声明

1. 甲乙双方共同确认：本运输合同不是劳务合同，乙方及乙方所聘请、雇用的人员不属于甲方职工，不享受甲方职工待遇，与甲方不存在劳动用工关系。

2. 乙方无论在任何情形下发生道路交通事故及其他财产损失赔偿纠纷等，均与甲方无任何关系。乙方发生行车事故，其责任和费用全部由乙方承担，事故费用按保险公司的有关理赔办法赔偿后，不足部分，应由乙方用其车辆拍卖款和个人家庭财产弥补，甲方概不负责。未办理好车辆保险手续前，乙方车辆不得营运。

第十三条　其他

1. 本合同未尽事宜，由双方共同协商签订补充协议，补充协议及本合同附件与本合同具有同等法律效力。

2. 本合同若发生争议，双方应友好协商解决；若协商不成发生诉讼的，双方约定由被告所在地人民法院管辖。

3. 合同一式两份，甲、乙双方各持一份，合同经双方签字或盖章后生效。

托运方：　　　　　　　　　　承运方：

授权代表：　　　　　　　　　授权代表：

签字/盖章：　　　　　　　　签字/盖章：

签约时间：　　年　　月　　日　　签约时间：　　年　　月　　日

运输服务协议

甲方（托运人）：

乙方（承运人）：

甲乙双方本着平等互利、长期合作的原则，根据《中华人民共和国合同法》及其他相关规定，经双方友好协商，就甲方委托乙方运输其产品及相关物品事宜，达成如下协议：

一、运输标的

运输标的为甲方及其指定发货人生产的乳品及与该产品相关的物品，以下统称"货物"。

二、运输方式

本合同所指运输方式为公路运输、铁路运输、航空运输、多式联运。

三、运输价格及结算

1. 乙方提供运输服务的费用按所运产品净重计算，价格包含运输费用、装卸货费用和运输保险费等相关费用。

2. 合同及其附件所体现的价格仅为协议签订当时所约定的运输价格，后期双方可随时签订补充协议对价格进行符合市价的调整。

3. 甲方要求乙方单独运输其他与产品有关的货物（如广宣品、纸箱等），也按上述价格支付。

4. 运费的结算方式为：每月＿＿＿日前，双方在核对甲方或其指定发货人签发的相关销售单据和运输目的地甲方或其指定发货人指定的收货人签发的单据无误后对上月运输费用进行结算，甲、乙双方对结算结果认可后，甲方在收到乙方开具的正式发票后次月月底前支付上述运输费用。

5. 如乙方为甲方或者指定发货人提供仓储服务，甲、乙双方届时将按市场价格另行协商签署《仓储服务协议》。

四、货物的交付

1. 甲方或其指定发货人拟委托乙方运输货物时，甲方应提前以《产品销售单》或其电子数据的形式通知乙方，便于乙方提前做好运输的相关准备工作。

2. 甲方或其指定发货人向乙方交付货物时，乙方应按照"出库单据"核查货物明细，确认无误后在"出库单据"上签字，上述经乙方签署的"出库单据"应作为甲方向乙方交付货物、乙方已收到甲方货物的直接证据。

3. 如甲方或其指定发货人自行将其货物运至乙方仓库储存时，乙方应按照"出库单据"核查货物明细。在确认无误后在"出库单据"上签字，并出具《货物入库单》。上述经乙方签署和/或出具的"出库单据"、《货物入库单》均应作为甲方向乙方交付货物，乙方已收到甲方货物的直接证据。

4. 甲方或其指定发货人向乙方交付货物时，甲、乙双方约定以货物外包装完整无损为收货标准，乙方按包装箱标示及"出库单据"验收。如货物非属原厂包装，乙方有权要求现场开箱验货，之后在"出库单据"上注明货物状况，并保持原样发还给甲方或其指定的收货人；如原厂外包装已破损或有其他异样，乙方有权选择开箱查验货物实际状态或拒绝收货。

5. 乙方在收到甲方或其指定发货人发货指令（发货指令原则上应提前1天）后，根据甲方或其指定发货人出具的《发货通知单》（以店内传真件）向其指定的收货人发出货物，《发货通知单》应详细载明指定收货人的名称、地址、交付货物名称、数量、发货地址及其他相关内容，以便乙方办理货物运输的准备工作。

6. 乙方依甲方或其指定发货人指令将货物运输至其指定收货人，该收货人签署了《货物验收单》和/或《产品验收单》（应注明"货物已处于收货人管辖下"）即视为乙方已向收货人交付了货物，上述经收货人签署的《货物验收单》和/或《产品验收单》应作为乙方向收货人交付货物、收货人已收到货物的直接证据。

7. 在甲方指令乙方办理返回运输的情况下（指乙方自第三方发货人处提取货物及相关物品运送至甲方或其指定收货人处），乙方应记录第三方发货人的名称、返回货物明细包括但不限于返回货物名称、数量/重量、包装状态，并请第三方发货人或其委托人签字认可该《第三方发货记录》；当返回货物运抵至甲方指定收货人和收货地点时，应由甲方指定收货人按照《第三方发货记录》验收该返回货物，并在该记录上签字注明是否与该记录记载货物状况相符。乙方取得甲方指定收货人签署的《第三方发货记录》可视为乙方向甲方交付返回货物、甲方已收到返回货物的直接证据。

五、运输责任期间与风险承担

1. 自乙方签署"出库单据"和/或出具《货物入库单》至甲方或其指定发货人指定的收货人签署《货物验收单》和/或《产品验收单》止，或在返回运输情况下，自乙方取得《第三方发货记录》至甲方指定收货人签注该记录止，均为乙方的责任期间。

2. 乙方责任期间内，货物发生的一切损失应由乙方向甲方或其指定发货人承担全部赔偿责任。

3. 如发现货损的时间在乙方责任期间，但有确切证据证明货损系因甲方原因造成，则该货损应由甲方承担全部风险。

六、货物保险

1. 乙方应自行承担费用，按甲方申报的货物价值办理货物运输全程保险。具体做法为甲方提供书面的《产品价值列表》，列明各类产品对应的货物价值，由甲、乙双方进行盖章确认，此列表即作为乙方购买保险申报价值之依据。

2. 乙方应承保的时限为自甲方或其指定发货人将货物交付给乙方，至乙方取得甲方指定的最终收货人签署的《货物验收单》和/或《产品验收单》为止，并包括货物运输期间的运输、仓储、暂存、配送和中转环节。

3. 一旦发生甲方相关货物索赔事由，乙方应及时向保险公司申报，并全程跟进；甲方有责任和义务协助乙方，并根据乙方通知提供货物发票等保险公司要求提供的索赔资料，但乙方应给甲方留足至少3个工作日的时间以便甲方准备资料并提供。

4. 若甲方不委托乙方负责货物保险事宜，应明确告知乙方已投保的种类，并应乙方要求提供自行投保的保单（保险合同）等资料供乙方备案，并在出险时向自行投保的保险公司申请赔付。

七、甲方权利义务

1. 甲方有权要求乙方按照本协议约定将甲方或其指定发货人的货物运输至甲方或其指定发货人指定的收货人处。

2. 甲方保证其及其所指定发货人所托运货物时合法的，非国家明令禁止的危险品或禁运品。

3. 甲方保证其及其指定发货人在其管辖范围内为乙方运输货物提供提取货

物场地的正常通车条件。

4. 甲方保证将其在所有运输路段的通行证给予乙方使用。

八、乙方权利义务

1. 乙方保证其具有国内运输资质，能自助合法地承运货物。

2. 乙方在收到甲方或其指定发货人发出的《产品销售单》或其电子数据后，应按照甲方的要求组织车辆到指定地点提取、运输、装卸、储存货物。

3. 乙方在收到甲方或其指定发货人发出的书面发货通知后，应按照甲方的要求组织车辆，按双方约定的时间段安全地将货物运送至指定收货人。在操作过程中，乙方应认真核对甲方或其指定发货人的运输要求，及时将货物运送至指定的收货人和收货地址，避免错发、漏发。如发生返回运输的情况，乙方应按照本协议的相关运输规定及时将返回货物运输至甲方指定收货人和指定地点。

4. 乙方向指定收货人交付货物时，要核查收货人或其委托人是否与甲方提供给乙方的"收货联系人姓名、证件备案表"相符合，且乙方在第一次送货给陌生收货人时要查验其身份证件是否与备案表一致，确认一致后要求收货人或其委托人在《货物验收单》和/或《产品销售单》上签字。

5. 乙方应留存收货人或其委托人的签收单据/记录原件，并于每月初的前2个工作日内交付给甲方；同时，乙方应保存其复印件存档。

6. 如发生返回运输，经甲方指定收货人签注的《第三方发货记录》于每月初的前2个工作日内交付给甲方；同时，乙方应保存其复印件存档。

7. 乙方将承运货物运输至甲方指定收货人但其拒绝接收货物或拒绝签署相关物流单据，或者甲方或其指定发货人提供资料有误致使乙方不能正确送达货物的，乙方应妥善保管货物，并及时通知甲方。如指定收货人非因乙方原因拒收货物或拒签物流单据或因甲方原因造成乙方无法正确交付货物，乙方需承担货物保管和回收期间内的全部责任及风险。

8. 乙方应当向甲方和/或其指定发货人提供真实、完整、准确的，经指定收货人签字确认后的《货物验收单》和/或《产品销售单》；如发生《货物验收单》和/或《产品销售单》遗失的情况，乙方应采取甲方认可的补救措施，在甲方确认损失无法挽回后，乙方应向甲方赔偿相应损失。

9. 在本协议有效期内，乙方在收到甲方或指定发货人书面运输指令后，乙方可根据需要调整运输线路及指定收货人的收货次序，但应及时通知甲方或其指定发货人，并保证货物在指定期限内安全交付指定收货人，否则乙方向甲方承担违约责任。

10. 乙方承运甲方货物的有关人员应文明作业，并接受甲方的相关企业培训和作业指导，以保证在承运甲方货物时按照甲方的承运规程进行操作；乙方承运车辆进入甲方厂区后必须遵守甲方厂区制度，服从装车管理，在承运过程中，必须保证货物安全；乙方承运人员不得与甲方发生争执，如有异议，应及时通知甲方有关人员协调解决。

11. 除另有特殊规定外，乙方应自行组织人员进行装卸货物，并承担相关费用。

12. 乙方在承运甲方货物过程中，严禁拉运有毒、有害、有异味的货物与甲方所托运货物混装，并保证承运车辆为全封闭车辆。如因特殊情况使用非封闭车辆时，乙方需事先经甲方书面许可。

13. 对于外埠运输，乙方所需车型的租车计划在甲方需要时由乙方提供。

14. 乙方必须提供营业执照、税务登记证复印件并由甲方验证原件。

15. 乙方在储蓄甲方的货物时，应保持库房的清洁和卫生。常温库房应有防鼠设施，不得有鼠迹，不得有奶迹、灰尘和异味。低温库房应按甲方货物储存要求保持库内温度，库房内的甲方货物应做到高地、高墙码放。

16. 乙方在运输过程中，应对甲方货物采取必要的冷藏及加固措施，避免货物变质、磕碰、破损、散落和遗失。在储存和运输过程中，产品的码放高度超过限高时，应加隔离板防护。

17. 乙方在其责任期间严禁野蛮装卸，严禁踩踏坐压货物。

18. 乙方不得利用甲方的渠道和终端客户配送、运输与甲方有竞争关系的企业的任何产品；如发生上述情况，乙方应及时以书面形式告知甲方，在与甲方达成协议后方可进行配送和运输。

19. 乙方不能由于其对甲方或指定发货人的债权未能实现而享有对与甲方相关的任何运输货物的留置权

20. 乙方可按照甲方的指令，通过其信息平台，为甲方或其指定的境内收货人提供动态物流信息服务，以使其掌握货物即时的动态信息。

21. 乙方必须遵守甲方目前及日后所出台的所有管理制度。

九、协议期限

本协议期限为____年,自____年____月____日起至____年____月____日止。

十、违约责任

1. 双方因违反本协议之约定义务,应向对方承担违约责任。

2. 乙方在其责任期间应保持货物及外包装的安全、完好,非因甲方原因造成事故、货物毁损、灭失的,乙方应按甲方实际损失给予甲方赔偿,但在正常耗损率范围内的损失,且由于甲方外包装原因造成产品破损的除外。

3. 如在乙方责任期间内发生交通事故等意外事故,乙方应及时联络甲方,指定发货人、收货人进行补款,并尽量减少甲方经济损失,但乙方应就甲方因此而遭受的全部损失向甲方承担赔偿责任,事故中第三方遭受的一切损失也应由乙方单独承担。

4. 非因甲方原因,若乙方将甲方货物错送收货人或错送返回货物,乙方应及时采取措施将该货物运输至正确的指定收货人处。如发生延迟交货或甲方因此而遭受损失的情况,乙方应向甲方赔偿增加的额外费用和甲方的一切损失。

5. (1) 如因乙方过错或过失导致甲方或其他权利人丧失了向货损责任人追偿损失的可能,或使索赔数额少于损失,则乙方应就甲方或其他权利人的实际损失承担责任。如由于乙方的原因致使货损责任人得以援用免责条款或限制赔偿条款,则乙方应就甲方或其他权利人的实际损失承担责任。

(2) 上述乙方应承担的损失包括:

a. 额外增加的费用。

b. 货损。若货物全损,按照甲方货物的市场价格计算货损;若货物部分损失,则比照货物全损价格按比例计算或按修复价计算。

c. 对客户合理的赔偿。

6. 若由于乙方怠于履行本协议所述之乙方义务,而使得甲方物流费用增加。乙方应承担该增加部分费用和甲方的损失,但甲方临时增加的业务除外。

十一、不可抗力

任何一方由于战争及严重的火灾、台风、地震、水灾和/或其他不能预见、不可避免和不能克服的事件而造成其不能履行、不能完全履行或延迟履行协议所规定责任和义务的，可根据具体情况免除其履行全部或部分责任和义务，但受不可抗力事故影响的一方应将发生不可抗力时间的情况以传真或其他书面形式通知另一方，并在事故发生后15个工作日内以挂号信件将有关部门或机构出具的证明文件提交给协议另一方。

十二、争议解决方式

对于实施本协议而发生的任何争议，甲、乙双方应首先通过友好协商的原则进行解决；如协商不成，任何一方均可向被告所在地人民法院提起诉讼。

十三、协议的生效、变更、解除与终止

1. 本协议自甲、乙双方签字、盖章之日起生效。

2. 本协议如有变动或补充，经甲、乙双方协商一致后可以补充协议形式进行修改，补充协议及相关管理规定与原协议具有同等的法律效力。

3. 本协议若终止，则终止后协议双方仍承担协议终止前所约定的双方应该履行而尚未履行完毕的一切责任与义务。

4. 本协议届满前30日内，甲、乙双方须协商本协议的续约或终止。

十四、协议文本及其他

1. 本协议（含本协议附件）一式两份，甲、乙双方各执一份，具有同等法律效力。

2. 若因任何原因致使本协议项下的任何条款成为无效，本协议其他条款的合法性和有效性将不受任何影响。

3. 对于本协议项下重要事项的联络，甲、乙双方应以书面形式进行；紧急事项可用电话联系，但事后须采用书面方式确认。

4. 本协议全部内容属商业秘密，甲、乙双方均有责任保守秘密。

甲方：   乙方：

授权代表：   授权代表：

签字/盖章：   签字/盖章：

签约时间：____年____月____日   签约时间：____年____月____日

工程外包合同

甲方（发包方）：

乙方（承包方）：

依照《中华人民共和国合同法》及其他有关法律、法规，遵循平等自愿、公平和诚实信用的原则，双方就本工程承包事项协商一致，签订本合同。

第一条：工程概况

物流装卸工程承包项目发包给乙方，工程总量按年计算。

第二条：工程方案

1. 乙方工人进行日常叉车、装卸等工作。

2. 甲方将工程款支付给乙方，由乙方自行进行招聘和指派任务，与甲方无任何关系。

第三条：合同工期

1. 经双方协商确定，合作期为____年，暂定于自____年____月____日起至____年____月____日止。

2. 若施工过程中发生人力不可抗拒的情形，或甲方要求乙方暂停工作，工期相应顺延。

第四条：价格及付款方式

1. 工程总承包价为____元/年。

2. 上述总承包价为包干价，包含本合同所有工作内容、包工及其他一切费用，甲方无须再向乙方支付任何费用。

第五条：甲方义务

1. 按合同向乙方拨付工程款。

2. 明确工程任务量及完成时间。

第六条：乙方义务

1. 承包人负责对工程质量、进度、安全等进行监督检查，处理日常相关事宜，确保本工程施工的安全稳定。

2. 承包人必须自行完全本合同工程，不得转包他人。

3. 承包人按照工作体量自行组织安排人员进行工作，甲方不干涉乙方任何用工行为，但乙方应确保甲方工程保质保量完成。

第七条：施工安全

承包人应遵守工程建设安全生产有关管理规定，严格按安全标准组织施工，采取必要的安全防护措施，消除事故隐患。凡在施工过程中造成事故的责任和因此发生的费用，均由乙方承担。

第八条：违约责任

1. 甲方应按本合同约定及时支付工程款，若有逾期，甲方应向乙方支付违约金（按应付金额的银行同期贷款利率计算支付利息）。

2. 因非甲方原因、人力不可抗拒的原因，乙方未按期完成工程内容，每逾期一日，乙方应向甲方支付本工程总金额百分之一的违约金；逾期超过十天，甲方有权单方面解除合同。

第九条：其他

1. 如履行合同发生纠纷，由××市××区人民法院管辖。

2. 本合同一式两份，双方各执一份，具有同等法律效力，合同自双方签字或盖章后生效。

发包方：	承包方：
负责人：	负责人：
联系电话：	联系电话：
____年____月____日	____年____月____日

CHAPTER 13

第十三章

物流常用法律法规

中华人民共和国合同法

(1999年3月15日第九届全国人民代表大会第二次会议通过 1999年3月15日中华人民共和国主席令第15号公布 自1999年10月1日起施行)

目　　录

总　　则

　第一章　一般规定

　第二章　合同的订立

　第三章　合同的效力

　第四章　合同的履行

　第五章　合同的变更和转让

　第六章　合同的权利义务终止

　第七章　违约责任

　第八章　其他规定

分　　则

　第九章　买卖合同

　第十章　供用电、水、气、热力合同

　第十一章　赠与合同

　第十二章　借款合同

　第十三章　租赁合同

　第十四章　融资租赁合同

　第十五章　承揽合同

　第十六章　建设工程合同

　第十七章　运输合同

　第十八章　技术合同

　第十九章　保管合同

　第二十章　仓储合同

　第二十一章　委托合同

　第二十二章　行纪合同

　第二十三章　居间合同

附　　则

总　　则

第一章　一般规定

第一条　为了保护合同当事人的合法权益，维护社会经济秩序，促进社会主义现代化建设，制定本法。

第二条　本法所称合同是平等主体的自然人、法人、其他组织之间设立、变更、终止民事权利义务关系的协议。

婚姻、收养、监护等有关身份关系的协议，适用其他法律的规定。

第三条　合同当事人的法律地位平等，一方不得将自己的意志强加给另一方。

第四条　当事人依法享有自愿订立合同的权利，任何单位和个人不得非法干预。

第五条　当事人应当遵循公平原则确定各方的权利和义务。

第六条　当事人行使权利、履行义务应当遵循诚实信用原则。

第七条　当事人订立、履行合同，应当遵守法律、行政法规，尊重社会公德，不得扰乱社会经济秩序，损害社会公共利益。

第八条　依法成立的合同，对当事人具有法律约束力。当事人应当按照约定履行自己的义务，不得擅自变更或者解除合同。

依法成立的合同，受法律保护。

第二章　合同的订立

第九条　当事人订立合同，应当具有相应的民事权利能力和民事行为能力。

当事人依法可以委托代理人订立合同。

第十条　当事人订立合同，有书面形式、口头形式和其他形式。

法律、行政法规规定采用书面形式的，应当采用书面形式。当事人约定采用书面形式的，应当采用书面形式。

第十一条　书面形式是指合同书、信件和数据电文（包括电报、电传、传真、电子数据交换和电子邮件）等可以有形地表现所载内容的形式。

第十二条　合同的内容由当事人约定，一般包括以下条款：

（一）当事人的名称或者姓名和住所；

（二）标的；

（三）数量；

（四）质量；

（五）价款或者报酬；

（六）履行期限、地点和方式；

（七）违约责任；

（八）解决争议的方法。

当事人可以参照各类合同的示范文本订立合同。

第十三条 当事人订立合同，采取要约、承诺方式。

第十四条 要约是希望和他人订立合同的意思表示，该意思表示应当符合下列规定：

（一）内容具体确定；

（二）表明经受要约人承诺，要约人即受该意思表示约束。

第十五条 要约邀请是希望他人向自己发出要约的意思表示。寄送的价目表、拍卖公告、招标公告、招股说明书、商业广告等为要约邀请。

商业广告的内容符合要约规定的，视为要约。

第十六条 要约到达受要约人时生效。

采用数据电文形式订立合同，收件人指定特定系统接收数据电文的，该数据电文进入该特定系统的时间，视为到达时间；未指定特定系统的，该数据电文进入收件人的任何系统的首次时间，视为到达时间。

第十七条 要约可以撤回。撤回要约的通知应当在要约到达受要约人之前或者与要约同时到达受要约人。

第十八条 要约可以撤销。撤销要约的通知应当在受要约人发出承诺通知之前到达受要约人。

第十九条 有下列情形之一的，要约不得撤销：

（一）要约人确定了承诺期限或者以其他形式明示要约不可撤销；

（二）受要约人有理由认为要约是不可撤销的，并已经为履行合同作了准备工作。

第二十条 有下列情形之一的，要约失效：

（一）拒绝要约的通知到达要约人；

（二）要约人依法撤销要约；

（三）承诺期限届满，受要约人未作出承诺；

（四）受要约人对要约的内容作出实质性变更。

第二十一条 承诺是受要约人同意要约的意思表示。

第二十二条 承诺应当以通知的方式作出，但根据交易习惯或者要约表明可以通过行为作出承诺的除外。

第二十三条 承诺应当在要约确定的期限内到达要约人。

要约没有确定承诺期限的，承诺应当依照下列规定到达：

（一）要约以对话方式作出的，应当即时作出承诺，但当事人另有约定的除外；

（二）要约以非对话方式作出的，承诺应当在合理期限内到达。

第二十四条 要约以信件或者电报作出的，承诺期限自信件载明的日期或者电报交发之日开始计算。信件未载明日期的，自投寄该信件的邮戳日期开始计算。要约以电话、传真等快速通讯方式作出的,承诺期限自要约到达受要约人时开始计算。

第二十五条　承诺生效时合同成立。

第二十六条　承诺通知到达要约人时生效。承诺不需要通知的,根据交易习惯或者要约的要求作出承诺的行为时生效。

采用数据电文形式订立合同的,承诺到达的时间适用本法第十六条第二款的规定。

第二十七条　承诺可以撤回。撤回承诺的通知应当在承诺通知到达要约人之前或者与承诺通知同时到达要约人。

第二十八条　受要约人超过承诺期限发出承诺的,除要约人及时通知受要约人该承诺有效的以外,为新要约。

第二十九条　受要约人在承诺期限内发出承诺,按照通常情形能够及时到达要约人,但因其他原因承诺到达要约人时超过承诺期限的,除要约人及时通知受要约人因承诺超过期限不接受该承诺的以外,该承诺有效。

第三十条　承诺的内容应当与要约的内容一致。受要约人对要约的内容作出实质性变更的,为新要约。有关合同标的、数量、质量、价款或者报酬、履行期限、履行地点和方式、违约责任和解决争议方法等的变更,是对要约内容的实质性变更。

第三十一条　承诺对要约的内容作出非实质性变更的,除要约人及时表示反对或者要约表明承诺不得对要约的内容作出任何变更的以外,该承诺有效,合同的内容以承诺的内容为准。

第三十二条　当事人采用合同书形式订立合同的,自双方当事人签字或者盖章时合同成立。

第三十三条　当事人采用信件、数据电文等形式订立合同的,可以在合同成立之前要求签订确认书。签订确认书时合同成立。

第三十四条　承诺生效的地点为合同成立的地点。

采用数据电文形式订立合同的,收件人的主营业地为合同成立的地点;没有主营业地的,其经常居住地为合同成立的地点。当事人另有约定的,按照其约定。

第三十五条　当事人采用合同书形式订立合同的,双方当事人签字或者盖章的地点为合同成立的地点。

第三十六条　法律、行政法规规定或者当事人约定采用书面形式订立合同,当事人未采用书面形式但一方已经履行主要义务,对方接受的,该合同成立。

第三十七条　采用合同书形式订立合同,在签字或者盖章之前,当事人一方已经履行主要义务,对方接受的,该合同成立。

第三十八条　国家根据需要下达指令性任务或者国家订货任务的,有关法人、其他组织之间应当依照有关法律、行政法规规定的权利和义务订立合同。

第三十九条　采用格式条款订立合同的,提供格式条款的一方应当遵循公平原则确定当事人之间的权利和义务,并采取合理的方式提请对方注意免除或者限制其责任的条款，按照对方的要求，对该条款予以说明。

格式条款是当事人为了重复使用而预先拟定，并在订立合同时未与对方协商的条款。

第四十条 格式条款具有本法第五十二条和第五十三条规定情形的，或者提供格式条款一方免除其责任、加重对方责任、排除对方主要权利的，该条款无效。

第四十一条 对格式条款的理解发生争议的，应当按照通常理解予以解释。对格式条款有两种以上解释的，应当作出不利于提供格式条款一方的解释。格式条款和非格式条款不一致的，应当采用非格式条款。

第四十二条 当事人在订立合同过程中有下列情形之一，给对方造成损失的，应当承担损害赔偿责任：

（一）假借订立合同，恶意进行磋商；

（二）故意隐瞒与订立合同有关的重要事实或者提供虚假情况；

（三）有其他违背诚实信用原则的行为。

第四十三条 当事人在订立合同过程中知悉的商业秘密，无论合同是否成立，不得泄露或者不正当地使用。泄露或者不正当地使用该商业秘密给对方造成损失的，应当承担损害赔偿责任。

第三章　合同的效力

第四十四条 依法成立的合同，自成立时生效。

法律、行政法规规定应当办理批准、登记等手续生效的，依照其规定。

第四十五条 当事人对合同的效力可以约定附条件。附生效条件的合同，自条件成就时生效。附解除条件的合同，自条件成就时失效。

当事人为自己的利益不正当地阻止条件成就的，视为条件已成就；不正当地促成条件成就的，视为条件不成就。

第四十六条 当事人对合同的效力可以约定附期限。附生效期限的合同，自期限届至时生效。附终止期限的合同，自期限届满时失效。

第四十七条 限制民事行为能力人订立的合同，经法定代理人追认后，该合同有效，但纯获利益的合同或者与其年龄、智力、精神健康状况相适应而订立的合同，不必经法定代理人追认。

相对人可以催告法定代理人在一个月内予以追认。法定代理人未作表示的，视为拒绝追认。合同被追认之前，善意相对人有撤销的权利。撤销应当以通知的方式作出。

第四十八条 行为人没有代理权、超越代理权或者代理权终止后以被代理人名义订立的合同，未经被代理人追认，对被代理人不发生效力，由行为人承担责任。

相对人可以催告被代理人在一个月内予以追认。被代理人未作表示的，视为拒绝追认。合同被追认之前，善意相对人有撤销的权利。撤销应当以通知的方式作出。

第四十九条　行为人没有代理权、超越代理权或者代理权终止后以被代理人名义订立合同，相对人有理由相信行为人有代理权的，该代理行为有效。

第五十条　法人或者其他组织的法定代表人、负责人超越权限订立的合同，除相对人知道或者应当知道其超越权限的以外，该代表行为有效。

第五十一条　无处分权的人处分他人财产，经权利人追认或者无处分权的人订立合同后取得处分权的，该合同有效。

第五十二条　有下列情形之一的，合同无效：

（一）一方以欺诈、胁迫的手段订立合同，损害国家利益；

（二）恶意串通，损害国家、集体或者第三人利益的；

（三）以合法形式掩盖非法目的；

（四）损害社会公共利益；

（五）违反法律、行政法规的强制性规定。

第五十三条　合同中的下列免责条款无效：

（一）造成对方人身伤害的；

（二）因故意或者重大过失造成对方财产损失的。

第五十四条　下列合同，当事人一方有权请求人民法院或者仲裁机构变更或者撤销：

（一）因重大误解订立的；

（二）在订立合同时显失公平的。

一方以欺诈、胁迫的手段或者乘人之危，使对方在违背真实意思的情况下订立的合同，受损害方有权请求人民法院或者仲裁机构变更或者撤销。

当事人请求变更的，人民法院或者仲裁机构不得撤销。

第五十五条　有下列情形之一的，撤销权消灭：

（一）具有撤销权的当事人自知道或者应当知道撤销事由之日起一年内没有行使撤销权；

（二）具有撤销权的当事人知道撤销事由后明确表示或者以自己的行为放弃撤销权。

第五十六条　无效的合同或者被撤销的合同自始没有法律约束力。合同部分无效，不影响其他部分效力的，其他部分仍然有效。

第五十七条　合同无效、被撤销或者终止的，不影响合同中独立存在的有关解决争议方法的条款的效力。

第五十八条　合同无效或者被撤销后，因该合同取得的财产，应当予以返还；不能返还或者没有必要返还的，应当折价补偿。有过错的一方应当赔偿对方因此所受到的损失，双方都有过错的，应当各自承担相应的责任。

第五十九条　当事人恶意串通，损害国家、集体或者第三人利益的，因此取得的财产收归国家所有或者返还集体、第三人。

第四章 合同的履行

第六十条 当事人应当按照约定全面履行自己的义务。

当事人应当遵循诚实信用原则,根据合同的性质、目的和交易习惯履行通知、协助、保密等义务。

第六十一条 合同生效后,当事人就质量、价款或者报酬、履行地点等内容没有约定或者约定不明确的,可以协议补充;不能达成补充协议的,按照合同有关条款或者交易习惯确定。

第六十二条 当事人就有关合同内容约定不明确,依照本法第六十一条的规定仍不能确定的,适用下列规定:

(一)质量要求不明确的,按照国家标准、行业标准履行;没有国家标准、行业标准的,按照通常标准或者符合合同目的的特定标准履行。

(二)价款或者报酬不明确的,按照订立合同时履行地的市场价格履行;依法应当执行政府定价或者政府指导价的,按照规定履行。

(三)履行地点不明确,给付货币的,在接受货币一方所在地履行;交付不动产的,在不动产所在地履行;其他标的,在履行义务一方所在地履行。

(四)履行期限不明确的,债务人可以随时履行,债权人也可以随时要求履行,但应当给对方必要的准备时间。

(五)履行方式不明确的,按照有利于实现合同目的的方式履行。

(六)履行费用的负担不明确的,由履行义务一方负担。

第六十三条 执行政府定价或者政府指导价的,在合同约定的交付期限内政府价格调整时,按照交付时的价格计价。逾期交付标的物的,遇价格上涨时,按照原价格执行;价格下降时,按照新价格执行。逾期提取标的物或者逾期付款的,遇价格上涨时,按照新价格执行;价格下降时,按照原价格执行。

第六十四条 当事人约定由债务人向第三人履行债务的,债务人未向第三人履行债务或者履行债务不符合约定,应当向债权人承担违约责任。

第六十五条 当事人约定由第三人向债权人履行债务的,第三人不履行债务或者履行债务不符合约定,债务人应当向债权人承担违约责任。

第六十六条 当事人互负债务,没有先后履行顺序的,应当同时履行。一方在对方履行之前有权拒绝其履行要求。一方在对方履行债务不符合约定时,有权拒绝其相应的履行要求。

第六十七条 当事人互负债务,有先后履行顺序,先履行一方未履行的,后履行一方有权拒绝其履行要求。先履行一方履行债务不符合约定的,后履行一方有权拒绝其相应的履行要求。

第六十八条 应当先履行债务的当事人,有确切证据证明对方有下列情形之一的,可以中止履行：

（一）经营状况严重恶化；

（二）转移财产、抽逃资金，以逃避债务；

（三）丧失商业信誉；

（四）有丧失或者可能丧失履行债务能力的其他情形。

当事人没有确切证据中止履行的，应当承担违约责任。

第六十九条 当事人依照本法第六十八条的规定中止履行的，应当及时通知对方。对方提供适当担保时，应当恢复履行。中止履行后，对方在合理期限内未恢复履行能力并且未提供适当担保的，中止履行的一方可以解除合同。

第七十条 债权人分立、合并或者变更住所没有通知债务人，致使履行债务发生困难的，债务人可以中止履行或者将标的物提存。

第七十一条 债权人可以拒绝债务人提前履行债务，但提前履行不损害债权人利益的除外。

债务人提前履行债务给债权人增加的费用，由债务人负担。

第七十二条 债权人可以拒绝债务人部分履行债务，但部分履行不损害债权人利益的除外。

债务人部分履行债务给债权人增加的费用，由债务人负担。

第七十三条 因债务人怠于行使其到期债权，对债权人造成损害的，债权人可以向人民法院请求以自己的名义代位行使债务人的债权，但该债权专属于债务人自身的除外。

代位权的行使范围以债权人的债权为限。债权人行使代位权的必要费用，由债务人负担。

第七十四条 因债务人放弃其到期债权或者无偿转让财产，对债权人造成损害的，债权人可以请求人民法院撤销债务人的行为。债务人以明显不合理的低价转让财产，对债权人造成损害，并且受让人知道该情形的，债权人也可以请求人民法院撤销债务人的行为。

撤销权的行使范围以债权人的债权为限。债权人行使撤销权的必要费用，由债务人负担。

第七十五条 撤销权自债权人知道或者应当知道撤销事由之日起一年内行使。自债务人的行为发生之日起五年内没有行使撤销权的，该撤销权消灭。

第七十六条 合同生效后，当事人不得因姓名、名称的变更或者法定代表人、负责人、承办人的变动而不履行合同义务。

第五章　合同的变更和转让

第七十七条 当事人协商一致，可以变更合同。

法律、行政法规规定变更合同应当办理批准、登记等手续的，依照其规定。

第七十八条 当事人对合同变更的内容约定不明确的，推定为未变更。

第七十九条 债权人可以将合同的权利全部或者部分转让给第三人，但有下列情形之一的除外：

（一）根据合同性质不得转让；

（二）按照当事人约定不得转让；

（三）依照法律规定不得转让。

第八十条 债权人转让权利的，应当通知债务人。未经通知，该转让对债务人不发生效力。

债权人转让权利的通知不得撤销，但经受让人同意的除外。

第八十一条 债权人转让权利的，受让人取得与债权有关的从权利，但该从权利专属于债权人自身的除外。

第八十二条 债务人接到债权转让通知后，债务人对让与人的抗辩，可以向受让人主张。

第八十三条 债务人接到债权转让通知时，债务人对让与人享有债权，并且债务人的债权先于转让的债权到期或者同时到期的，债务人可以向受让人主张抵销。

第八十四条 债务人将合同的义务全部或者部分转移给第三人的，应当经债权人同意。

第八十五条 债务人转移义务的，新债务人可以主张原债务人对债权人的抗辩。

第八十六条 债务人转移义务的，新债务人应当承担与主债务有关的从债务，但该从债务专属于原债务人自身的除外。

第八十七条 法律、行政法规规定转让权利或者转移义务应当办理批准、登记等手续的，依照其规定。

第八十八条 当事人一方经对方同意，可以将自己在合同中的权利和义务一并转让给第三人。

第八十九条 权利和义务一并转让的，适用本法第七十九条、第八十一条至第八十三条、第八十五条至第八十七条的规定。

第九十条 当事人订立合同后合并的，由合并后的法人或者其他组织行使合同权利，履行合同义务。当事人订立合同后分立的，除债权人和债务人另有约定以外，由分立的法人或者其他组织对合同的权利和义务享有连带债权，承担连带债务。

第六章 合同的权利义务终止

第九十一条 有下列情形之一的，合同的权利义务终止：

（一）债务已经按照约定履行；

（二）合同解除；

（三）债务相互抵销；

（四）债务人依法将标的物提存；

（五）债权人免除债务；

（六）债权债务同归于一人；

（七）法律规定或者当事人约定终止的其他情形。

第九十二条 合同的权利义务终止后，当事人应当遵循诚实信用原则，根据交易习惯履行通知、协助、保密等义务。

第九十三条 当事人协商一致，可以解除合同。

当事人可以约定一方解除合同的条件。解除合同的条件成就时，解除权人可以解除合同。

第九十四条 有下列情形之一的，当事人可以解除合同：

（一）因不可抗力致使不能实现合同目的；

（二）在履行期限届满之前，当事人一方明确表示或者以自己的行为表明不履行主要债务；

（三）当事人一方迟延履行主要债务，经催告后在合理期限内仍未履行；

（四）当事人一方迟延履行债务或者有其他违约行为致使不能实现合同目的；

（五）法律规定的其他情形。

第九十五条 法律规定或者当事人约定解除权行使期限，期限届满当事人不行使的，该权利消灭。

法律没有规定或者当事人没有约定解除权行使期限，经对方催告后在合理期限内不行使的，该权利消灭。

第九十六条 当事人一方依照本法第九十三条第二款、第九十四条的规定主张解除合同的，应当通知对方。合同自通知到达对方时解除。对方有异议的，可以请求人民法院或者仲裁机构确认解除合同的效力。

法律、行政法规规定解除合同应当办理批准、登记等手续的，依照其规定。

第九十七条 合同解除后，尚未履行的，终止履行；已经履行的，根据履行情况和合同性质，当事人可以要求恢复原状、采取其他补救措施，并有权要求赔偿损失。

第九十八条 合同的权利义务终止，不影响合同中结算和清理条款的效力。

第九十九条 当事人互负到期债务，该债务的标的物种类、品质相同的，任何一方可以将自己的债务与对方的债务抵销，但依照法律规定或者按照合同性质不得抵销的除外。

当事人主张抵销的，应当通知对方。通知自到达对方时生效。抵销不得附条件或者附期限。

第一百条 当事人互负债务，标的物种类、品质不相同的，经双方协商一致，也可以抵销。

第一百零一条 有下列情形之一，难以履行债务的，债务人可以将标的物提存：

（一）债权人无正当理由拒绝受领；

（二）债权人下落不明；

（三）债权人死亡未确定继承人或者丧失民事行为能力未确定监护人；

（四）法律规定的其他情形。

标的物不适于提存或者提存费用过高的，债务人依法可以拍卖或者变卖标的物，提存所得的价款。

第一百零二条 标的物提存后，除债权人下落不明的以外，债务人应当及时通知债权人或者债权人的继承人、监护人。

第一百零三条 标的物提存后，毁损、灭失的风险由债权人承担。提存期间，标的物的孳息归债权人所有。提存费用由债权人负担。

第一百零四条 债权人可以随时领取提存物，但债权人对债务人负有到期债务的，在债权人未履行债务或者提供担保之前，提存部门根据债务人的要求应当拒绝其领取提存物。

债权人领取提存物的权利，自提存之日起五年内不行使而消灭，提存物扣除提存费用后归国家所有。

第一百零五条 债权人免除债务人部分或者全部债务的，合同的权利义务部分或者全部终止。

第一百零六条 债权和债务同归于一人的，合同的权利义务终止，但涉及第三人利益的除外。

第七章 违约责任

第一百零七条 当事人一方不履行合同义务或者履行合同义务不符合约定的，应当承担继续履行、采取补救措施或者赔偿损失等违约责任。

第一百零八条 当事人一方明确表示或者以自己的行为表明不履行合同义务的，对方可以在履行期限届满之前要求其承担违约责任。

第一百零九条 当事人一方未支付价款或者报酬的，对方可以要求其支付价款或者报酬。

第一百一十条 当事人一方不履行非金钱债务或者履行非金钱债务不符合约定的，对方可以要求履行，但有下列情形之一的除外：

（一）法律上或者事实上不能履行；

（二）债务的标的不适于强制履行或者履行费用过高；

（三）债权人在合理期限内未要求履行。

第一百一十一条 质量不符合约定的，应当按照当事人的约定承担违约责任。对违约责任没有约定或者约定不明确，依照本法第六十一条的规定仍不能确定的，受损害方根据标的的性质以及损失的大小，可以合理选择要求对方承担修理、更换、重作、退货、减少价款或者报酬等违约责任。

第一百一十二条 当事人一方不履行合同义务或者履行合同义务不符合约定的，在履行义务或者采取补救措施后，对方还有其他损失的，应当赔偿损失。

第一百一十三条 当事人一方不履行合同义务或者履行合同义务不符合约定，给对方造成损失的，损失赔偿额应当相当于因违约所造成的损失，包括合同履行后可以获得的利益，但不得超过违反合同一方订立合同时预见到或者应当预见到的因违反合同可能造成的损失。

经营者对消费者提供商品或者服务有欺诈行为的，依照《中华人民共和国消费者权益保护法》的规定承担损害赔偿责任。

第一百一十四条 当事人可以约定一方违约时应当根据违约情况向对方支付一定数额的违约金，也可以约定因违约产生的损失赔偿额的计算方法。

约定的违约金低于造成的损失的，当事人可以请求人民法院或者仲裁机构予以增加；约定的违约金过分高于造成的损失的，当事人可以请求人民法院或者仲裁机构予以适当减少。

当事人就迟延履行约定违约金的，违约方支付违约金后，还应当履行债务。

第一百一十五条 当事人可以依照《中华人民共和国担保法》约定一方向对方给付定金作为债权的担保。债务人履行债务后，定金应当抵作价款或者收回。给付定金的一方不履行约定的债务的，无权要求返还定金；收受定金的一方不履行约定的债务的，应当双倍返还定金。

第一百一十六条 当事人既约定违约金，又约定定金的，一方违约时，对方可以选择适用违约金或者定金条款。

第一百一十七条 因不可抗力不能履行合同的，根据不可抗力的影响，部分或者全部免除责任，但法律另有规定的除外。当事人迟延履行后发生不可抗力的，不能免除责任。

本法所称不可抗力，是指不能预见、不能避免并不能克服的客观情况。

第一百一十八条 当事人一方因不可抗力不能履行合同的，应当及时通知对方，以减轻可能给对方造成的损失，并应当在合理期限内提供证明。

第一百一十九条 当事人一方违约后，对方应当采取适当措施防止损失的扩大；没有采取适当措施致使损失扩大的，不得就扩大的损失要求赔偿。

当事人因防止损失扩大而支出的合理费用，由违约方承担。

第一百二十条 当事人双方都违反合同的，应当各自承担相应的责任。

第一百二十一条 当事人一方因第三人的原因造成违约的，应当向对方承担违约责任。当事人一方和第三人之间的纠纷，依照法律规定或者按照约定解决。

第一百二十二条 因当事人一方的违约行为，侵害对方人身、财产权益的，受损害方有权选择依照本法要求其承担违约责任或者依照其他法律要求其承担侵权责任。

第八章 其他规定

第一百二十三条 其他法律对合同另有规定的，依照其规定。

第一百二十四条 本法分则或者其他法律没有明文规定的合同，适用本法总则的规定，并可以参照本法分则或者其他法律最相类似的规定。

第一百二十五条 当事人对合同条款的理解有争议的，应当按照合同所使用的词句、合同的有关条款、合同的目的、交易习惯以及诚实信用原则，确定该条款的真实意思。

合同文本采用两种以上文字订立并约定具有同等效力的，对各文本使用的词句推定具有相同含义。各文本使用的词句不一致的，应当根据合同的目的予以解释。

第一百二十六条 涉外合同的当事人可以选择处理合同争议所适用的法律，但法律另有规定的除外。涉外合同的当事人没有选择的，适用与合同有最密切联系的国家的法律。

在中华人民共和国境内履行的中外合资经营企业合同、中外合作经营企业合同、中外合作勘探开发自然资源合同，适用中华人民共和国法律。

第一百二十七条 工商行政管理部门和其他有关行政主管部门在各自的职权范围内，依照法律、行政法规的规定，对利用合同危害国家利益、社会公共利益的违法行为，负责监督处理；构成犯罪的，依法追究刑事责任。

第一百二十八条 当事人可以通过和解或者调解解决合同争议。

当事人不愿和解、调解或者和解、调解不成的，可以根据仲裁协议向仲裁机构申请仲裁。涉外合同的当事人可以根据仲裁协议向中国仲裁机构或者其他仲裁机构申请仲裁。当事人没有订立仲裁协议或者仲裁协议无效的，可以向人民法院起诉。当事人应当履行发生法律效力的判决、仲裁裁决、调解书；拒不履行的，对方可以请求人民法院执行。

第一百二十九条 因国际货物买卖合同和技术进出口合同争议提起诉讼或者申请仲裁的期限为四年，自当事人知道或者应当知道其权利受到侵害之日起计算。因其他合同争议提起诉讼或者申请仲裁的期限，依照有关法律的规定。

分 则

第九章 买卖合同

第一百三十条 买卖合同是出卖人转移标的物的所有权于买受人，买受人支付价款的合同。

第一百三十一条　买卖合同的内容除依照本法第十二条的规定以外，还可以包括包装方式、检验标准和方法、结算方式、合同使用的文字及其效力等条款。

第一百三十二条　出卖的标的物，应当属于出卖人所有或者出卖人有权处分。

法律、行政法规禁止或者限制转让的标的物，依照其规定。

第一百三十三条　标的物的所有权自标的物交付时起转移，但法律另有规定或者当事人另有约定的除外。

第一百三十四条　当事人可以在买卖合同中约定买受人未履行支付价款或者其他义务的，标的物的所有权属于出卖人。

第一百三十五条　出卖人应当履行向买受人交付标的物或者交付提取标的物的单证，并转移标的物所有权的义务。

第一百三十六条　出卖人应当按照约定或者交易习惯向买受人交付提取标的物单证以外的有关单证和资料。

第一百三十七条　出卖具有知识产权的计算机软件等标的物的，除法律另有规定或者当事人另有约定的以外，该标的物的知识产权不属于买受人。

第一百三十八条　出卖人应当按照约定的期限交付标的物。约定交付期间的，出卖人可以在该交付期间内的任何时间交付。

第一百三十九条　当事人没有约定标的物的交付期限或者约定不明确的，适用本法第六十一条、第六十二条第四项的规定。

第一百四十条　标的物在订立合同之前已为买受人占有的，合同生效的时间为交付时间。

第一百四十一条　出卖人应当按照约定的地点交付标的物。

当事人没有约定交付地点或者约定不明确，依照本法第六十一条的规定仍不能确定的，适用下列规定：

（一）标的物需要运输的，出卖人应当将标的物交付给第一承运人以运交给买受人；

（二）标的物不需要运输，出卖人和买受人订立合同时知道标的物在某一地点的，出卖人应当在该地点交付标的物；不知道标的物在某一地点的，应当在出卖人订立合同时的营业地交付标的物。

第一百四十二条　标的物毁损、灭失的风险，在标的物交付之前由出卖人承担，交付之后由买受人承担，但法律另有规定或者当事人另有约定的除外。

第一百四十三条　因买受人的原因致使标的物不能按照约定的期限交付的，买受人应当自违反约定之日起承担标的物毁损、灭失的风险。

第一百四十四条　出卖人出卖交由承运人运输的在途标的物，除当事人另有约定的以外，毁损、灭失的风险自合同成立时起由买受人承担。

第一百四十五条　当事人没有约定交付地点或者约定不明确，依照本法第一百四十一条第二款第一项的规定标的物需要运输的，出卖人将标的物交付给第一承运人后，标的物毁损、灭失的风险由买受人承担。

第一百四十六条 出卖人按照约定或者依照本法第一百四十一条第二款第二项的规定将标的物置于交付地点，买受人违反约定没有收取的，标的物毁损、灭失的风险自违反约定之日起由买受人承担。

第一百四十七条 出卖人按照约定未交付有关标的物的单证和资料的，不影响标的物毁损、灭失风险的转移。

第一百四十八条 因标的物质量不符合质量要求，致使不能实现合同目的的，买受人可以拒绝接受标的物或者解除合同。买受人拒绝接受标的物或者解除合同的，标的物毁损、灭失的风险由出卖人承担。

第一百四十九条 标的物毁损、灭失的风险由买受人承担的，不影响因出卖人履行债务不符合约定，买受人要求其承担违约责任的权利。

第一百五十条 出卖人就交付的标的物，负有保证第三人不得向买受人主张任何权利的义务，但法律另有规定的除外。

第一百五十一条 买受人订立合同时知道或者应当知道第三人对买卖的标的物享有权利的，出卖人不承担本法第一百五十条规定的义务。

第一百五十二条 买受人有确切证据证明第三人可能就标的物主张权利的，可以中止支付相应的价款，但出卖人提供适当担保的除外。

第一百五十三条 出卖人应当按照约定的质量要求交付标的物。出卖人提供有关标的物质量说明的，交付的标的物应当符合该说明的质量要求。

第一百五十四条 当事人对标的物的质量要求没有约定或者约定不明确，依照本法第六十一条的规定仍不能确定的，适用本法第六十二条第一项的规定。

第一百五十五条 出卖人交付的标的物不符合质量要求的，买受人可以依照本法第一百一十一条的规定要求承担违约责任。

第一百五十六条 出卖人应当按照约定的包装方式交付标的物。对包装方式没有约定或者约定不明确，依照本法第六十一条的规定仍不能确定的，应当按照通用的方式包装，没有通用方式的，应当采取足以保护标的物的包装方式。

第一百五十七条 买受人收到标的物时应当在约定的检验期间内检验。没有约定检验期间的，应当及时检验。

第一百五十八条 当事人约定检验期间的，买受人应当在检验期间内将标的物的数量或者质量不符合约定的情形通知出卖人。买受人怠于通知的，视为标的物的数量或者质量符合约定。

当事人没有约定检验期间的，买受人应当在发现或者应当发现标的物的数量或者质量不符合约定的合理期间内通知出卖人。买受人在合理期间内未通知或者自标的物收到之日起两年内未通知出卖人的，视为标的物的数量或者质量符合约定，但对标的物有质量保证期的，适用质量保证期，不适用该两年的规定。

出卖人知道或者应当知道提供的标的物不符合约定的，买受人不受前两款规定的通知时间的限制。

第一百五十九条　买受人应当按照约定的数额支付价款。对价款没有约定或约定不明确的，适用本法第六十一条、第六十二条第二项的规定。

第一百六十条　买受人应当按照约定的地点支付价款。对支付地点没有约定或者约定不明确，依照本法第六十一条的规定仍不能确定的，买受人应当在出卖人的营业地支付，但约定支付价款以交付标的物或者交付提取标的物单证为条件的，在交付标的物或者交付提取标的物单证的所在地支付。

第一百六十一条　买受人应当按照约定的时间支付价款。对支付时间没有约定或者约定不明确，依照本法第六十一条的规定仍不能确定的，买受人应当在收到标的物或者提取标的物单证的同时支付。

第一百六十二条　出卖人多交标的物的，买受人可以接收或者拒绝接收多交的部分。买受人接收多交部分的，按照合同的价格支付价款；买受人拒绝接收多交部分的，应当及时通知出卖人。

第一百六十三条　标的物在交付之前产生的孳息，归出卖人所有，交付之后产生的孳息，归买受人所有。

第一百六十四条　因标的物的主物不符合约定而解除合同的，解除合同的效力及于从物。因标的物的从物不符合约定被解除的，解除的效力不及于主物。

第一百六十五条　标的物为数物，其中一物不符合约定的，买受人可以就该物解除，但该物与他物分离使标的物的价值显受损害的，当事人可以就数物解除合同。

第一百六十六条　出卖人分批交付标的物的，出卖人对其中一批标的物不交付或者交付不符合约定，致使该批标的物不能实现合同目的的，买受人可以就该批标的物解除。

出卖人不交付其中一批标的物或者交付不符合约定，致使今后其他各批标的物的交付不能实现合同目的的，买受人可以就该批以及今后其他各批标的物解除。

买受人如果就其中一批标的物解除，该批标的物与其他各批标的物相互依存的，可以就已经交付和未交付的各批标的物解除。

第一百六十七条　分期付款的买受人未支付到期价款的金额达到全部价款的五分之一的，出卖人可以要求买受人支付全部价款或者解除合同。

出卖人解除合同的，可以向买受人要求支付该标的物的使用费。

第一百六十八条　凭样品买卖的当事人应当封存样品，并可以对样品质量予以说明。出卖人交付的标的物应当与样品及其说明的质量相同。

第一百六十九条　凭样品买卖的买受人不知道样品有隐蔽瑕疵的，即使交付的标的物与样品相同，出卖人交付的标的物的质量仍然应当符合同种物的通常标准。

第一百七十条　试用买卖的当事人可以约定标的物的试用期间。对试用期间没有约定或者约定不明确，依照本法第六十一条的规定仍不能确定的，由出卖人确定。

第一百七十一条 试用买卖的买受人在试用期内可以购买标的物，也可以拒绝购买。试用期间届满，买受人对是否购买标的物未作表示的，视为购买。

第一百七十二条 招标投标买卖的当事人的权利和义务以及招标投标程序等，依照有关法律、行政法规的规定。

第一百七十三条 拍卖的当事人的权利和义务以及拍卖程序等，依照有关法律、行政法规的规定。

第一百七十四条 法律对其他有偿合同有规定的，依照其规定；没有规定的，参照买卖合同的有关规定。

第一百七十五条 当事人约定易货交易，转移标的物的所有权的，参照买卖合同的有关规定。

第十章 供用电、水、气、热力合同

第一百七十六条 供用电合同是供电人向用电人供电，用电人支付电费的合同。

第一百七十七条 供用电合同的内容包括供电的方式、质量、时间、用电容量、地址、性质、计量方式，电价、电费的结算方式，供用电设施的维护责任等条款。

第一百七十八条 供用电合同的履行地点，按照当事人约定；当事人没有约定或者约定不明确的，供电设施的产权分界处为履行地点。

第一百七十九条 供电人应当按照国家规定的供电质量标准和约定安全供电。供电人未按照国家规定的供电质量标准和约定安全供电，造成用电人损失的，应当承担损害赔偿责任。

第一百八十条 供电人因供电设施计划检修、临时检修、依法限电或者用电人违法用电等原因，需要中断供电时，应当按照国家有关规定事先通知用电人。未事先通知用电人中断供电，造成用电人损失的，应当承担损害赔偿责任。

第一百八十一条 因自然灾害等原因断电，供电人应当按照国家有关规定及时抢修。未及时抢修，造成用电人损失的，应当承担损害赔偿责任。

第一百八十二条 用电人应当按照国家有关规定和当事人的约定及时交付电费。用电人逾期不交付电费的，应当按照约定支付违约金。经催告用电人在合理期限内仍不交付电费和违约金，供电人可以按照国家规定的程序中止供电。

第一百八十三条 用电人应当按照国家有关规定和当事人的约定安全用电。用电人未按照国家有关规定和当事人的约定安全用电，造成供电人损失的，应当承担损害赔偿责任。

第一百八十四条 供用水、供用气、供用热力合同，参照供用电合同的有关规定。

第十一章 赠与合同

第一百八十五条 赠与合同是赠与人将自己的财产无偿给予受赠人，受赠人表示接受赠与的合同。

第一百八十六条　赠与人在赠与财产的权利转移之前可以撤销赠与。

具有救灾、扶贫等社会公益、道德义务性质的赠与合同或者经过公证的赠与合同，不适用前款规定。

第一百八十七条　赠与的财产依法需要办理登记等手续的，应当办理有关手续。

第一百八十八条　具有救灾、扶贫等社会公益、道德义务性质的赠与合同或者经过公证的赠与合同，赠与人不交付赠与的财产的，受赠人可以要求交付。

第一百八十九条　因赠与人故意或者重大过失致使赠与的财产毁损、灭失的，赠与人应当承担损害赔偿责任。

第一百九十条　赠与可以附义务。

赠与附义务的，受赠人应当按照约定履行义务。

第一百九十一条　赠与的财产有瑕疵的，赠与人不承担责任。附义务的赠与，赠与的财产有瑕疵的，赠与人在附义务的限度内承担与出卖人相同的责任。

赠与人故意不告知瑕疵或者保证无瑕疵，造成受赠人损失的，应当承担损害赔偿责任。

第一百九十二条　受赠人有下列情形之一的，赠与人可以撤销赠与：

（一）严重侵害赠与人或者赠与人的近亲属；

（二）对赠与人有扶养义务而不履行；

（三）不履行赠与合同约定的义务。

赠与人的撤销权，自知道或者应当知道撤销原因之日起一年内行使。

第一百九十三条　因受赠人的违法行为致使赠与人死亡或者丧失民事行为能力的，赠与人的继承人或者法定代理人可以撤销赠与。

赠与人的继承人或者法定代理人的撤销权，自知道或者应当知道撤销原因之日起六个月内行使。

第一百九十四条　撤销权人撤销赠与的，可以向受赠人要求返还赠与的财产。

第一百九十五条　赠与人的经济状况显著恶化，严重影响其生产经营或者家庭生活的，可以不再履行赠与义务。

第十二章　借款合同

第一百九十六条　借款合同是借款人向贷款人借款，到期返还借款并支付利息的合同。

第一百九十七条　借款合同采用书面形式，但自然人之间借款另有约定的除外。

借款合同的内容包括借款种类、币种、用途、数额、利率、期限和还款方式等条款。

第一百九十八条　订立借款合同，贷款人可以要求借款人提供担保。担保依照

《中华人民共和国担保法》的规定。

第一百九十九条　订立借款合同，借款人应当按照贷款人的要求提供与借款有关的业务活动和财务状况的真实情况。

第二百条　借款的利息不得预先在本金中扣除。利息预先在本金中扣除的，应当按照实际借款数额返还借款并计算利息。

第二百零一条　贷款人未按照约定的日期、数额提供借款，造成借款人损失的，应当赔偿损失。

借款人未按照约定的日期、数额收取借款的，应当按照约定的日期、数额支付利息。

第二百零二条　贷款人按照约定可以检查、监督借款的使用情况。借款人应当按照约定向贷款人定期提供有关财务会计报表等资料。

第二百零三条　借款人未按照约定的借款用途使用借款的，贷款人可以停止发放借款、提前收回借款或者解除合同。

第二百零四条　办理贷款业务的金融机构贷款的利率，应当按照中国人民银行规定的贷款利率的上下限确定。

第二百零五条　借款人应当按照约定的期限支付利息。对支付利息的期限没有约定或者约定不明确，依照本法第六十一条的规定仍不能确定，借款期间不满一年的，应当在返还借款时一并支付；借款期间一年以上的，应当在每届满一年时支付，剩余期间不满一年的，应当在返还借款时一并支付。

第二百零六条　借款人应当按照约定的期限返还借款。对借款期限没有约定或者约定不明确，依照本法第六十一条的规定仍不能确定的，借款人可以随时返还；贷款人可以催告借款人在合理期限内返还。

第二百零七条　借款人未按照约定的期限返还借款的，应当按照约定或者国家有关规定支付逾期利息。

第二百零八条　借款人提前偿还借款的，除当事人另有约定的以外，应当按照实际借款的期间计算利息。

第二百零九条　借款人可以在还款期限届满之前向贷款人申请展期。贷款人同意的，可以展期。

第二百一十条　自然人之间的借款合同，自贷款人提供借款时生效。

第二百一十一条　自然人之间的借款合同对支付利息没有约定或者约定不明确的，视为不支付利息。

自然人之间的借款合同约定支付利息的，借款的利率不得违反国家有关限制借款利率的规定。

第十三章　租赁合同

第二百一十二条　租赁合同是出租人将租赁物交付承租人使用、收益，承租人支

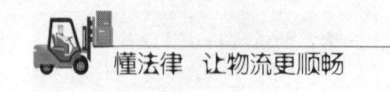

付租金的合同。

　　第二百一十三条　租赁合同的内容包括租赁物的名称、数量、用途、租赁期限、租金及其支付期限和方式、租赁物维修等条款。

　　第二百一十四条　租赁期限不得超过二十年。超过二十年的，超过部分无效。

　　租赁期间届满，当事人可以续订租赁合同，但约定的租赁期限自续订之日起不得超过二十年。

　　第二百一十五条　租赁期限六个月以上的，应当采用书面形式。当事人未采用书面形式的，视为不定期租赁。

　　第二百一十六条　出租人应当按照约定将租赁物交付承租人，并在租赁期间保持租赁物符合约定的用途。

　　第二百一十七条　承租人应当按照约定的方法使用租赁物。对租赁物的使用方法没有约定或者约定不明确，依照本法第六十一条的规定仍不能确定的，应当按照租赁物的性质使用。

　　第二百一十八条　承租人按照约定的方法或者租赁物的性质使用租赁物，致使租赁物受到损耗的，不承担损害赔偿责任。

　　第二百一十九条　承租人未按照约定的方法或者租赁物的性质使用租赁物，致使租赁物受到损失的，出租人可以解除合同并要求赔偿损失。

　　第二百二十条　出租人应当履行租赁物的维修义务，但当事人另有约定的除外。

　　第二百二十一条　承租人在租赁物需要维修时可以要求出租人在合理期限内维修。出租人未履行维修义务的，承租人可以自行维修，维修费用由出租人负担。因维修租赁物影响承租人使用的，应当相应减少租金或者延长租期。

　　第二百二十二条　承租人应当妥善保管租赁物，因保管不善造成租赁物毁损、灭失的，应当承担损害赔偿责任。

　　第二百二十三条　承租人经出租人同意，可以对租赁物进行改善或者增设他物。

　　承租人未经出租人同意，对租赁物进行改善或者增设他物的，出租人可以要求承租人恢复原状或者赔偿损失。

　　第二百二十四条　承租人经出租人同意，可以将租赁物转租给第三人。承租人转租的，承租人与出租人之间的租赁合同继续有效，第三人对租赁物造成损失的，承租人应当赔偿损失。

　　承租人未经出租人同意转租的，出租人可以解除合同。

　　第二百二十五条　在租赁期间因占有、使用租赁物获得的收益，归承租人所有，但当事人另有约定的除外。

　　第二百二十六条　承租人应当按照约定的期限支付租金。对支付期限没有约定或者约定不明确，依照本法第六十一条的规定仍不能确定，租赁期间不满一年的，应当在租赁期间届满时支付；租赁期间一年以上的，应当在每届满一年时支付，剩余期间不满一年的，应当在租赁期间届满时支付。

第二百二十七条　承租人无正当理由未支付或者迟延支付租金的，出租人可以要求承租人在合理期限内支付。承租人逾期不支付的，出租人可以解除合同。

第二百二十八条　因第三人主张权利，致使承租人不能对租赁物使用、收益的，承租人可以要求减少租金或者不支付租金。

第三人主张权利的，承租人应当及时通知出租人。

第二百二十九条　租赁物在租赁期间发生所有权变动的，不影响租赁合同的效力。

第二百三十条　出租人出卖租赁房屋的，应当在出卖之前的合理期限内通知承租人，承租人享有以同等条件优先购买的权利。

第二百三十一条　因不可归责于承租人的事由，致使租赁物部分或者全部毁损、灭失的，承租人可以要求减少租金或者不支付租金；因租赁物部分或者全部毁损、灭失，致使不能实现合同目的的，承租人可以解除合同。

第二百三十二条　当事人对租赁期限没有约定或者约定不明确，依照本法第六十一条的规定仍不能确定的，视为不定期租赁。当事人可以随时解除合同，但出租人解除合同应当在合理期限之前通知承租人。

第二百三十三条　租赁物危及承租人的安全或者健康的，即使承租人订立合同时明知该租赁物质量不合格，承租人仍然可以随时解除合同。

第二百三十四条　承租人在房屋租赁期间死亡的，与其生前共同居住的人可以按照原租赁合同租赁该房屋。

第二百三十五条　租赁期间届满，承租人应当返还租赁物。返还的租赁物应当符合按照约定或者租赁物的性质使用后的状态。

第二百三十六条　租赁期间届满，承租人继续使用租赁物，出租人没有提出异议的，原租赁合同继续有效，但租赁期限为不定期。

第十四章　融资租赁合同

第二百三十七条　融资租赁合同是出租人根据承租人对出卖人、租赁物的选择，向出卖人购买租赁物，提供给承租人使用，承租人支付租金的合同。

第二百三十八条　融资租赁合同的内容包括租赁物名称、数量、规格、技术性能、检验方法、租赁期限、租金构成及其支付期限和方式、币种、租赁期间届满租赁物的归属等条款。

融资租赁合同应当采用书面形式。

第二百三十九条　出租人根据承租人对出卖人、租赁物的选择订立的买卖合同，出卖人应当按照约定向承租人交付标的物，承租人享有与受领标的物有关的买受人的权利。

第二百四十条　出租人、出卖人、承租人可以约定，出卖人不履行买卖合同义务的，由承租人行使索赔的权利。承租人行使索赔权利的，出租人应当协助。

第二百四十一条 出租人根据承租人对出卖人、租赁物的选择订立的买卖合同，未经承租人同意，出租人不得变更与承租人有关的合同内容。

第二百四十二条 出租人享有租赁物的所有权。承租人破产的，租赁物不属于破产财产。

第二百四十三条 融资租赁合同的租金，除当事人另有约定的以外，应当根据购买租赁物的大部分或者全部成本以及出租人的合理利润确定。

第二百四十四条 租赁物不符合约定或者不符合使用目的的，出租人不承担责任，但承租人依赖出租人的技能确定租赁物或者出租人干预选择租赁物的除外。

第二百四十五条 出租人应当保证承租人对租赁物的占有和使用。

第二百四十六条 承租人占有租赁物期间，租赁物造成第三人的人身伤害或者财产损害的，出租人不承担责任。

第二百四十七条 承租人应当妥善保管、使用租赁物。

承租人应当履行占有租赁物期间的维修义务。

第二百四十八条 承租人应当按照约定支付租金。承租人经催告后在合理期限内仍不支付租金的，出租人可以要求支付全部租金；也可以解除合同，收回租赁物。

第二百四十九条 当事人约定租赁期间届满租赁物归承租人所有，承租人已经支付大部分租金，但无力支付剩余租金，出租人因此解除合同收回租赁物的，收回的租赁物的价值超过承租人欠付的租金以及其他费用的，承租人可以要求部分返还。

第二百五十条 出租人和承租人可以约定租赁期间届满租赁物的归属。对租赁物的归属没有约定或者约定不明确，依照本法第六十一条的规定仍不能确定的，租赁物的所有权归出租人。

第十五章 承揽合同

第二百五十一条 承揽合同是承揽人按照定作人的要求完成工作，交付工作成果，定作人给付报酬的合同。

承揽包括加工、定作、修理、复制、测试、检验等工作。

第二百五十二条 承揽合同的内容包括承揽的标的、数量、质量、报酬、承揽方式、材料的提供、履行期限、验收标准和方法等条款。

第二百五十三条 承揽人应当以自己的设备、技术和劳力，完成主要工作，但当事人另有约定的除外。

承揽人将其承揽的主要工作交由第三人完成的，应当就该第三人完成的工作成果向定作人负责；未经定作人同意的，定作人也可以解除合同。

第二百五十四条 承揽人可以将其承揽的辅助工作交由第三人完成。承揽人将其承揽的辅助工作交由第三人完成的，应当就该第三人完成的工作成果向定作人负责。

第二百五十五条　承揽人提供材料的，承揽人应当按照约定选用材料，并接受定作人检验。

第二百五十六条　定作人提供材料的，定作人应当按照约定提供材料。承揽人对定作人提供的材料，应当及时检验，发现不符合约定时，应当及时通知定作人更换、补齐或者采取其他补救措施。

承揽人不得擅自更换定作人提供的材料，不得更换不需要修理的零部件。

第二百五十七条　承揽人发现定作人提供的图纸或者技术要求不合理的，应当及时通知定作人。因定作人怠于答复等原因造成承揽人损失的，应当赔偿损失。

第二百五十八条　定作人中途变更承揽工作的要求，造成承揽人损失的，应当赔偿损失。

第二百五十九条　承揽工作需要定作人协助的，定作人有协助的义务。

定作人不履行协助义务致使承揽工作不能完成的，承揽人可以催告定作人在合理期限内履行义务，并可以顺延履行期限；定作人逾期不履行的，承揽人可以解除合同。

第二百六十条　承揽人在工作期间，应当接受定作人必要的监督检验。定作人不得因监督检验妨碍承揽人的正常工作。

第二百六十一条　承揽人完成工作的，应当向定作人交付工作成果，并提交必要的技术资料和有关质量证明。定作人应当验收该工作成果。

第二百六十二条　承揽人交付的工作成果不符合质量要求的，定作人可以要求承揽人承担修理、重作、减少报酬、赔偿损失等违约责任。

第二百六十三条　定作人应当按照约定的期限支付报酬。对支付报酬的期限没有约定或者约定不明确，依照本法第六十一条的规定仍不能确定的，定作人应当在承揽人交付工作成果时支付；工作成果部分交付的，定作人应当相应支付。

第二百六十四条　定作人未向承揽人支付报酬或者材料费等价款的，承揽人对完成的工作成果享有留置权，但当事人另有约定的除外。

第二百六十五条　承揽人应当妥善保管定作人提供的材料以及完成的工作成果，因保管不善造成毁损、灭失的，应当承担损害赔偿责任。

第二百六十六条　承揽人应当按照定作人的要求保守秘密，未经定作人许可，不得留存复制品或者技术资料。

第二百六十七条　共同承揽人对定作人承担连带责任，但当事人另有约定的除外。

第二百六十八条　定作人可以随时解除承揽合同，造成承揽人损失的，应当赔偿损失。

第十六章　建设工程合同

第二百六十九条　建设工程合同是承包人进行工程建设，发包人支付价款的合同。

建设工程合同包括工程勘察、设计、施工合同。

第二百七十条　建设工程合同应当采用书面形式。

第二百七十一条　建设工程的招标投标活动，应当依照有关法律的规定公开、公平、公正进行。

第二百七十二条　发包人可以与总承包人订立建设工程合同，也可以分别与勘察人、设计人、施工人订立勘察、设计、施工承包合同。发包人不得将应当由一个承包人完成的建设工程肢解成若干部分发包给几个承包人。

总承包人或者勘察、设计、施工承包人经发包人同意，可以将自己承包的部分工作交由第三人完成。第三人就其完成的工作成果与总承包人或者勘察、设计、施工承包人向发包人承担连带责任。承包人不得将其承包的全部建设工程转包给第三人或者将其承包的全部建设工程肢解以后以分包的名义分别转包给第三人。

禁止承包人将工程分包给不具备相应资质条件的单位。禁止分包单位将其承包的工程再分包。建设工程主体结构的施工必须由承包人自行完成。

第二百七十三条　国家重大建设工程合同，应当按照国家规定的程序和国家批准的投资计划、可行性研究报告等文件订立。

第二百七十四条　勘察、设计合同的内容包括提交有关基础资料和文件（包括概预算）的期限、质量要求、费用以及其他协作条件等条款。

第二百七十五条　施工合同的内容包括工程范围、建设工期、中间交工工程的开工和竣工时间、工程质量、工程造价、技术资料交付时间、材料和设备供应责任、拨款和结算、竣工验收、质量保修范围和质量保证期、双方相互协作等条款。

第二百七十六条　建设工程实行监理的，发包人应当与监理人采用书面形式订立委托监理合同。发包人与监理人的权利和义务以及法律责任，应当依照本法委托合同以及其他有关法律、行政法规的规定。

第二百七十七条　发包人在不妨碍承包人正常作业的情况下，可以随时对作业进度、质量进行检查。

第二百七十八条　隐蔽工程在隐蔽以前，承包人应当通知发包人检查。发包人没有及时检查的，承包人可以顺延工程日期，并有权要求赔偿停工、窝工等损失。

第二百七十九条　建设工程竣工后，发包人应当根据施工图纸及说明书、国家颁发的施工验收规范和质量检验标准及时进行验收。验收合格的，发包人应当按照约定支付价款，并接收该建设工程。

建设工程竣工经验收合格后，方可交付使用；未经验收或者验收不合格的，不得交付使用。

第二百八十条　勘察、设计的质量不符合要求或者未按照期限提交勘察、设计文件拖延工期，造成发包人损失的，勘察人、设计人应当继续完善勘察、设计，减收或者免收勘察、设计费并赔偿损失。

第二百八十一条　因施工人的原因致使建设工程质量不符合约定的，发包人有权要求施工人在合理期限内无偿修理或者返工、改建。经过修理或者返工、改建后，造成逾期交付的，施工人应当承担违约责任。

第二百八十二条 因承包人的原因致使建设工程在合理使用期限内造成人身和财产损害的，承包人应当承担损害赔偿责任。

第二百八十三条 发包人未按照约定的时间和要求提供原材料、设备、场地、资金、技术资料的，承包人可以顺延工程日期，并有权要求赔偿停工、窝工等损失。

第二百八十四条 因发包人的原因致使工程中途停建、缓建的，发包人应当采取措施弥补或者减少损失，赔偿承包人因此造成的停工、窝工、倒运、机械设备调迁、材料和构件积压等损失和实际费用。

第二百八十五条 因发包人变更计划，提供的资料不准确，或者未按照期限提供必需的勘察、设计工作条件而造成勘察、设计的返工、停工或者修改设计，发包人应当按照勘察人、设计人实际消耗的工作量增付费用。

第二百八十六条 发包人未按照约定支付价款的，承包人可以催告发包人在合理期限内支付价款。发包人逾期不支付的，除按照建设工程的性质不宜折价、拍卖的以外，承包人可以与发包人协议将该工程折价，也可以申请人民法院将该工程依法拍卖。建设工程的价款就该工程折价或者拍卖的价款优先受偿。

第二百八十七条 本章没有规定的，适用承揽合同的有关规定。

第十七章 运输合同

第一节 一般规定

第二百八十八条 运输合同是承运人将旅客或者货物从起运地点运输到约定地点，旅客、托运人或者收货人支付票款或者运输费用的合同。

第二百八十九条 从事公共运输的承运人不得拒绝旅客、托运人通常、合理的运输要求。

第二百九十条 承运人应当在约定期间或者合理期间内将旅客、货物安全运输到约定地点。

第二百九十一条 承运人应当按照约定的或者通常的运输路线将旅客、货物运输到约定地点。

第二百九十二条 旅客、托运人或者收货人应当支付票款或者运输费用。承运人未按照约定路线或者通常路线运输增加票款或者运输费用的，旅客、托运人或者收货人可以拒绝支付增加部分的票款或者运输费用。

第二节 客运合同

第二百九十三条 客运合同自承运人向旅客交付客票时成立，但当事人另有约定或者另有交易习惯的除外。

第二百九十四条 旅客应当持有效客票乘运。旅客无票乘运、超程乘运、越级乘运或者持失效客票乘运的，应当补交票款，承运人可以按照规定加收票款。旅客不交付票款的，承运人可以拒绝运输。

第二百九十五条 旅客因自己的原因不能按照客票记载的时间乘坐的，应当在约定的时间内办理退票或者变更手续。逾期办理的，承运人可以不退票款，并不再承担运输义务。

第二百九十六条 旅客在运输中应当按照约定的限量携带行李。超过限量携带行李的，应当办理托运手续。

第二百九十七条 旅客不得随身携带或者在行李中夹带易燃、易爆、有毒、有腐蚀性、有放射性以及有可能危及运输工具上人身和财产安全的危险物品或者其他违禁物品。

旅客违反前款规定的，承运人可以将违禁物品卸下、销毁或者送交有关部门。旅客坚持携带或者夹带违禁物品的，承运人应当拒绝运输。

第二百九十八条 承运人应当向旅客及时告知有关不能正常运输的重要事由和安全运输应当注意的事项。

第二百九十九条 承运人应当按照客票载明的时间和班次运输旅客。承运人迟延运输的，应当根据旅客的要求安排改乘其他班次或者退票。

第三百条 承运人擅自变更运输工具而降低服务标准的，应当根据旅客的要求退票或者减收票款；提高服务标准的，不应当加收票款。

第三百零一条 承运人在运输过程中，应当尽力救助患有急病、分娩、遇险的旅客。

第三百零二条 承运人应当对运输过程中旅客的伤亡承担损害赔偿责任，但伤亡是旅客自身健康原因造成的或者承运人证明伤亡是旅客故意、重大过失造成的除外。

前款规定适用于按照规定免票、持优待票或者经承运人许可搭乘的无票旅客。

第三百零三条 在运输过程中旅客自带物品毁损、灭失，承运人有过错的，应当承担损害赔偿责任。

旅客托运的行李毁损、灭失的，适用货物运输的有关规定。

第三节 货运合同

第三百零四条 托运人办理货物运输，应当向承运人准确表明收货人的名称或者姓名或者凭指示的收货人，货物的名称、性质、重量、数量，收货地点等有关货物运输的必要情况。

因托运人申报不实或者遗漏重要情况，造成承运人损失的，托运人应当承担损害赔偿责任。

第三百零五条 货物运输需要办理审批、检验等手续的，托运人应当将办理完有关手续的文件提交承运人。

第三百零六条 托运人应当按照约定的方式包装货物。对包装方式没有约定或者约定不明确的，适用本法第一百五十六条的规定。

托运人违反前款规定的，承运人可以拒绝运输。

第三百零七条 托运人托运易燃、易爆、有毒、有腐蚀性、有放射性等危险物品的，应当按照国家有关危险物品运输的规定对危险物品妥善包装，作出危险物标志和标签，并将有关危险物品的名称、性质和防范措施的书面材料提交承运人。

托运人违反前款规定的，承运人可以拒绝运输，也可以采取相应措施以避免损失的发生，因此产生的费用由托运人承担。

第三百零八条 在承运人将货物交付收货人之前，托运人可以要求承运人中止运输、返还货物、变更到达地或者将货物交给其他收货人，但应当赔偿承运人因此受到的损失。

第三百零九条 货物运输到达后，承运人知道收货人的，应当及时通知收货人，收货人应当及时提货。收货人逾期提货的，应当向承运人支付保管费等费用。

第三百一十条 收货人提货时应当按照约定的期限检验货物。对检验货物的期限没有约定或者约定不明确，依照本法第六十一条的规定仍不能确定的，应当在合理期限内检验货物。收货人在约定的期限或者合理期限内对货物的数量、毁损等未提出异议的，视为承运人已经按照运输单证的记载交付的初步证据。

第三百一十一条 承运人对运输过程中货物的毁损、灭失承担损害赔偿责任，但承运人证明货物的毁损、灭失是因不可抗力、货物本身的自然性质或者合理损耗以及托运人、收货人的过错造成的，不承担损害赔偿责任。

第三百一十二条 货物的毁损、灭失的赔偿额，当事人有约定的，按照其约定；没有约定或者约定不明确，依照本法第六十一条的规定仍不能确定的，按照交付或者应当交付时货物到达地的市场价格计算。法律、行政法规对赔偿额的计算方法和赔偿限额另有规定的，依照其规定。

第三百一十三条 两个以上承运人以同一运输方式联运的，与托运人订立合同的承运人应当对全程运输承担责任。损失发生在某一运输区段的，与托运人订立合同的承运人和该区段的承运人承担连带责任。

第三百一十四条 货物在运输过程中因不可抗力灭失，未收取运费的，承运人不得要求支付运费；已收取运费的，托运人可以要求返还。

第三百一十五条 托运人或者收货人不支付运费、保管费以及其他运输费用的，承运人对相应的运输货物享有留置权，但当事人另有约定的除外。

第三百一十六条 收货人不明或者收货人无正当理由拒绝受领货物的，依照本法第一百零一条的规定，承运人可以提存货物。

第四节 多式联运合同

第三百一十七条 多式联运经营人负责履行或者组织履行多式联运合同，对全程运输享有承运人的权利，承担承运人的义务。

第三百一十八条 多式联运经营人可以与参加多式联运的各区段承运人就多式联运合同的各区段运输约定相互之间的责任，但该约定不影响多式联运经营人对全程运输承担的义务。

第三百一十九条 多式联运经营人收到托运人交付的货物时，应当签发多式联运单据。按照托运人的要求，多式联运单据可以是可转让单据，也可以是不可转让单据。

第三百二十条 因托运人托运货物时的过错造成多式联运经营人损失的，即使托运人已经转让多式联运单据，托运人仍然应当承担损害赔偿责任。

第三百二十一条 货物的毁损、灭失发生于多式联运的某一运输区段的，多式联运经营人的赔偿责任和责任限额，适用调整该区段运输方式的有关法律规定。货物毁损、灭失发生的运输区段不能确定的，依照本章规定承担损害赔偿责任。

第十八章 技术合同

第一节 一般规定

第三百二十二条 技术合同是当事人就技术开发、转让、咨询或者服务订立的确立相互之间权利和义务的合同。

第三百二十三条 订立技术合同，应当有利于科学技术的进步，加速科学技术成果的转化、应用和推广。

第三百二十四条 技术合同的内容由当事人约定，一般包括以下条款：

（一）项目名称；

（二）标的的内容、范围和要求；

（三）履行的计划、进度、期限、地点、地域和方式；

（四）技术情报和资料的保密；

（五）风险责任的承担；

（六）技术成果的归属和收益的分成办法；

（七）验收标准和方法；

（八）价款、报酬或者使用费及其支付方式；

（九）违约金或者损失赔偿的计算方法；

（十）解决争议的方法；

（十一）名词和术语的解释。

与履行合同有关的技术背景资料、可行性论证和技术评价报告、项目任务书和计划书、技术标准、技术规范、原始设计和工艺文件，以及其他技术文档，按照当事人的约定可以作为合同的组成部分。

技术合同涉及专利的，应当注明发明创造的名称、专利申请人和专利权人、申请日期、申请号、专利号以及专利权的有效期限。

第三百二十五条 技术合同价款、报酬或者使用费的支付方式由当事人约定，可以采取一次总算、一次总付或者一次总算、分期支付，也可以采取提成支付或者提成支付附加预付入门费的方式。

约定提成支付的，可以按照产品价格、实施专利和使用技术秘密后新增的产值、利润或者产品销售额的一定比例提成，也可以按照约定的其他方式计算。提成支付的比例可以采取固定比例、逐年递增比例或者逐年递减比例。

约定提成支付的，当事人应当在合同中约定查阅有关会计账目的办法。

第三百二十六条 职务技术成果的使用权、转让权属于法人或者其他组织的，法人或者其他组织可以就该项职务技术成果订立技术合同。法人或者其他组织应当从使用和转让该项职务技术成果所取得的收益中提取一定比例，对完成该项职务技术成果的个人给予奖励或者报酬。法人或者其他组织订立技术合同转让职务技术成果时，职务技术成果的完成人享有以同等条件优先受让的权利。

职务技术成果是执行法人或者其他组织的工作任务，或者主要是利用法人或者其他组织的物质技术条件所完成的技术成果。

第三百二十七条 非职务技术成果的使用权、转让权属于完成技术成果的个人，完成技术成果的个人可以就该项非职务技术成果订立技术合同。

第三百二十八条 完成技术成果的个人有在有关技术成果文件上写明自己是技术成果完成者的权利和取得荣誉证书、奖励的权利。

第三百二十九条 非法垄断技术、妨碍技术进步或者侵害他人技术成果的技术合同无效。

第二节 技术开发合同

第三百三十条 技术开发合同是指当事人之间就新技术、新产品、新工艺或者新材料及其系统的研究开发所订立的合同。

技术开发合同包括委托开发合同和合作开发合同。

技术开发合同应当采用书面形式。

当事人之间就具有产业应用价值的科技成果实施转化订立的合同，参照技术开发合同的规定。

第三百三十一条 委托开发合同的委托人应当按照约定支付研究开发经费和报酬；提供技术资料、原始数据；完成协作事项；接受研究开发成果。

第三百三十二条 委托开发合同的研究开发人应当按照约定制定和实施研究开发计划；合理使用研究开发经费；按期完成研究开发工作，交付研究开发成果，提供有关的技术资料和必要的技术指导，帮助委托人掌握研究开发成果。

第三百三十三条 委托人违反约定造成研究开发工作停滞、延误或者失败的，应当承担违约责任。

第三百三十四条　研究开发人违反约定造成研究开发工作停滞、延误或者失败的，应当承担违约责任。

第三百三十五条　合作开发合同的当事人应当按照约定进行投资，包括以技术进行投资；分工参与研究开发工作；协作配合研究开发工作。

第三百三十六条　合作开发合同的当事人违反约定造成研究开发工作停滞、延误或者失败的，应当承担违约责任。

第三百三十七条　因作为技术开发合同标的的技术已经由他人公开，致使技术开发合同的履行没有意义的，当事人可以解除合同。

第三百三十八条　在技术开发合同履行过程中，因出现无法克服的技术困难，致使研究开发失败或者部分失败的，该风险责任由当事人约定。没有约定或者约定不明确，依照本法第六十一条的规定仍不能确定的，风险责任由当事人合理分担。

当事人一方发现前款规定的可能致使研究开发失败或者部分失败的情形时，应当及时通知另一方并采取适当措施减少损失。没有及时通知并采取适当措施，致使损失扩大的，应当就扩大的损失承担责任。

第三百三十九条　委托开发完成的发明创造，除当事人另有约定的以外，申请专利的权利属于研究开发人。研究开发人取得专利权的，委托人可以免费实施该专利。

研究开发人转让专利申请权的，委托人享有以同等条件优先受让的权利。

第三百四十条　合作开发完成的发明创造，除当事人另有约定的以外，申请专利的权利属于合作开发的当事人共有。当事人一方转让其共有的专利申请权的，其他各方享有以同等条件优先受让的权利。

合作开发的当事人一方声明放弃其共有的专利申请权的，可以由另一方单独申请或者由其他各方共同申请。申请人取得专利权的，放弃专利申请权的一方可以免费实施该专利。

合作开发的当事人一方不同意申请专利的，另一方或者其他各方不得申请专利。

第三百四十一条　委托开发或者合作开发完成的技术秘密成果的使用权、转让权以及利益的分配办法，由当事人约定。没有约定或者约定不明确，依照本法第六十一条的规定仍不能确定的，当事人均有使用和转让的权利，但委托开发的研究开发人不得在向委托人交付研究开发成果之前，将研究开发成果转让给第三人。

第三节　技术转让合同

第三百四十二条　技术转让合同包括专利权转让、专利申请权转让、技术秘密转让、专利实施许可合同。

技术转让合同应当采用书面形式。

第三百四十三条　技术转让合同可以约定让与人和受让人实施专利或者使用技术秘密的范围，但不得限制技术竞争和技术发展。

第三百四十四条　专利实施许可合同只在该专利权的存续期间内有效。专利权有效期限届满或者专利权被宣布无效的，专利权人不得就该专利与他人订立专利实施许可合同。

第三百四十五条 专利实施许可合同的让与人应当按照约定许可受让人实施专利，交付实施专利有关的技术资料，提供必要的技术指导。

第三百四十六条 专利实施许可合同的受让人应当按照约定实施专利，不得许可约定以外的第三人实施该专利；并按照约定支付使用费。

第三百四十七条 技术秘密转让合同的让与人应当按照约定提供技术资料，进行技术指导，保证技术的实用性、可靠性，承担保密义务。

第三百四十八条 技术秘密转让合同的受让人应当按照约定使用技术，支付使用费，承担保密义务。

第三百四十九条 技术转让合同的让与人应当保证自己是所提供的技术的合法拥有者，并保证所提供的技术完整、无误、有效，能够达到约定的目标。

第三百五十条 技术转让合同的受让人应当按照约定的范围和期限，对让与人提供的技术中尚未公开的秘密部分，承担保密义务。

第三百五十一条 让与人未按照约定转让技术的，应当返还部分或者全部使用费，并应当承担违约责任；实施专利或者使用技术秘密超越约定的范围的，违反约定擅自许可第三人实施该项专利或者使用该项技术秘密的，应当停止违约行为，承担违约责任；违反约定的保密义务的，应当承担违约责任。

第三百五十二条 受让人未按照约定支付使用费的，应当补交使用费并按照约定支付违约金；不补交使用费或者支付违约金的，应当停止实施专利或者使用技术秘密，交还技术资料，承担违约责任；实施专利或者使用技术秘密超越约定的范围的，未经让与人同意擅自许可第三人实施该专利或者使用该技术秘密的，应当停止违约行为，承担违约责任；违反约定的保密义务的，应当承担违约责任。

第三百五十三条 受让人按照约定实施专利、使用技术秘密侵害他人合法权益的，由让与人承担责任，但当事人另有约定的除外。

第三百五十四条 当事人可以按照互利的原则，在技术转让合同中约定实施专利、使用技术秘密后续改进的技术成果的分享办法。没有约定或者约定不明确，依照本法第六十一条的规定仍不能确定的，一方后续改进的技术成果，其他各方无权分享。

第三百五十五条 法律、行政法规对技术进出口合同或者专利、专利申请合同另有规定的，依照其规定。

第四节 技术咨询合同和技术服务合同

第三百五十六条 技术咨询合同包括就特定技术项目提供可行性论证、技术预测、专题技术调查、分析评价报告等合同。

技术服务合同是指当事人一方以技术知识为另一方解决特定技术问题所订立的合同，不包括建设工程合同和承揽合同。

第三百五十七条　技术咨询合同的委托人应当按照约定阐明咨询的问题，提供技术背景材料及有关技术资料、数据；接受受托人的工作成果，支付报酬。

第三百五十八条　技术咨询合同的受托人应当按照约定的期限完成咨询报告或者解答问题；提出的咨询报告应当达到约定的要求。

第三百五十九条　技术咨询合同的委托人未按照约定提供必要的资料和数据，影响工作进度和质量，不接受或者逾期接受工作成果的，支付的报酬不得追回，未支付的报酬应当支付。

技术咨询合同的受托人未按期提出咨询报告或者提出的咨询报告不符合约定的，应当承担减收或者免收报酬等违约责任。

技术咨询合同的委托人按照受托人符合约定要求的咨询报告和意见作出决策所造成的损失，由委托人承担，但当事人另有约定的除外。

第三百六十条　技术服务合同的委托人应当按照约定提供工作条件，完成配合事项；接受工作成果并支付报酬。

第三百六十一条　技术服务合同的受托人应当按照约定完成服务项目，解决技术问题，保证工作质量，并传授解决技术问题的知识。

第三百六十二条　技术服务合同的委托人不履行合同义务或者履行合同义务不符合约定，影响工作进度和质量，不接受或者逾期接受工作成果的，支付的报酬不得追回，未支付的报酬应当支付。

技术服务合同的受托人未按照合同约定完成服务工作的，应当承担免收报酬等违约责任。

第三百六十三条　在技术咨询合同、技术服务合同履行过程中，受托人利用委托人提供的技术资料和工作条件完成的新的技术成果，属于受托人。委托人利用受托人的工作成果完成的新的技术成果，属于委托人。当事人另有约定的，按照其约定。

第三百六十四条　法律、行政法规对技术中介合同、技术培训合同另有规定的，依照其规定。

第十九章　保　管　合　同

第三百六十五条　保管合同是保管人保管寄存人交付的保管物，并返还该物的合同。

第三百六十六条　寄存人应当按照约定向保管人支付保管费。

当事人对保管费没有约定或者约定不明确，依照本法第六十一条的规定仍不能确定的，保管是无偿的。

第三百六十七条　保管合同自保管物交付时成立，但当事人另有约定的除外。

第三百六十八条　寄存人向保管人交付保管物的，保管人应当给付保管凭证，但另有交易习惯的除外。

第三百六十九条 保管人应当妥善保管保管物。

当事人可以约定保管场所或者方法。除紧急情况或者为了维护寄存人利益的以外，不得擅自改变保管场所或者方法。

第三百七十条 寄存人交付的保管物有瑕疵或者按照保管物的性质需要采取特殊保管措施的，寄存人应当将有关情况告知保管人。寄存人未告知，致使保管物受损失的，保管人不承担损害赔偿责任；保管人因此受损失的，除保管人知道或者应当知道并且未采取补救措施的以外，寄存人应当承担损害赔偿责任。

第三百七十一条 保管人不得将保管物转交第三人保管，但当事人另有约定的除外。

保管人违反前款规定，将保管物转交第三人保管，对保管物造成损失的，应当承担损害赔偿责任。

第三百七十二条 保管人不得使用或者许可第三人使用保管物，但当事人另有约定的除外。

第三百七十三条 第三人对保管物主张权利的，除依法对保管物采取保全或者执行的以外，保管人应当履行向寄存人返还保管物的义务。

第三人对保管人提起诉讼或者对保管物申请扣押的，保管人应当及时通知寄存人。

第三百七十四条 保管期间，因保管人保管不善造成保管物毁损、灭失的，保管人应当承担损害赔偿责任，但保管是无偿的，保管人证明自己没有重大过失的，不承担损害赔偿责任。

第三百七十五条 寄存人寄存货币、有价证券或者其他贵重物品的，应当向保管人声明，由保管人验收或者封存。寄存人未声明的，该物品毁损、灭失后，保管人可以按照一般物品予以赔偿。

第三百七十六条 寄存人可以随时领取保管物。

当事人对保管期间没有约定或者约定不明确的，保管人可以随时要求寄存人领取保管物；约定保管期间的，保管人无特别事由，不得要求寄存人提前领取保管物。

第三百七十七条 保管期间届满或者寄存人提前领取保管物的，保管人应当将原物及其孳息归还寄存人。

第三百七十八条 保管人保管货币的，可以返还相同种类、数量的货币。保管其他可替代物的，可以按照约定返还相同种类、品质、数量的物品。

第三百七十九条 有偿的保管合同，寄存人应当按照约定的期限向保管人支付保管费。

当事人对支付期限没有约定或者约定不明确，依照本法第六十一条的规定仍不能确定的，应当在领取保管物的同时支付。

第三百八十条 寄存人未按照约定支付保管费以及其他费用的，保管人对保管物享有留置权，但当事人另有约定的除外。

第二十章 仓 储 合 同

第三百八十一条 仓储合同是保管人储存存货人交付的仓储物，存货人支付仓储费的合同。

第三百八十二条 仓储合同自成立时生效。

第三百八十三条 储存易燃、易爆、有毒、有腐蚀性、有放射性等危险物品或者易变质物品，存货人应当说明该物品的性质，提供有关资料。

存货人违反前款规定的，保管人可以拒收仓储物，也可以采取相应措施以避免损失的发生，因此产生的费用由存货人承担。

保管人储存易燃、易爆、有毒、有腐蚀性、有放射性等危险物品的，应当具备相应的保管条件。

第三百八十四条 保管人应当按照约定对入库仓储物进行验收。保管人验收时发现入库仓储物与约定不符合的，应当及时通知存货人。保管人验收后，发生仓储物的品种、数量、质量不符合约定的，保管人应当承担损害赔偿责任。

第三百八十五条 存货人交付仓储物的，保管人应当给付仓单。

第三百八十六条 保管人应当在仓单上签字或者盖章。仓单包括下列事项：

（一）存货人的名称或者姓名和住所；

（二）仓储物的品种、数量、质量、包装、件数和标记；

（三）仓储物的损耗标准；

（四）储存场所；

（五）储存期间；

（六）仓储费；

（七）仓储物已经办理保险的，其保险金额、期间以及保险人的名称；

（八）填发人、填发地和填发日期。

第三百八十七条 仓单是提取仓储物的凭证。存货人或者仓单持有人在仓单上背书并经保管人签字或者盖章的，可以转让提取仓储物的权利。

第三百八十八条 保管人根据存货人或者仓单持有人的要求，应当同意其检查仓储物或者提取样品。

第三百八十九条 保管人对入库仓储物发现有变质或者其他损坏的，应当及时通知存货人或者仓单持有人。

第三百九十条 保管人对入库仓储物发现有变质或者其他损坏，危及其他仓储物的安全和正常保管的，应当催告存货人或者仓单持有人作出必要的处置。因情况紧急，保管人可以作出必要的处置，但事后应当将该情况及时通知存货人或者仓单持有人。

第三百九十一条 当事人对储存期间没有约定或者约定不明确的，存货人或者仓单持有人可以随时提取仓储物，保管人也可以随时要求存货人或者仓单持有人提取仓储物，但应当给予必要的准备时间。

第三百九十二条　储存期间届满，存货人或者仓单持有人应当凭仓单提取仓储物。存货人或者仓单持有人逾期提取的，应当加收仓储费；提前提取的，不减收仓储费。

第三百九十三条　储存期间届满，存货人或者仓单持有人不提取仓储物的，保管人可以催告其在合理期限内提取，逾期不提取的，保管人可以提存仓储物。

第三百九十四条　储存期间，因保管人保管不善造成仓储物毁损、灭失的，保管人应当承担损害赔偿责任。

因仓储物的性质、包装不符合约定或者超过有效储存期造成仓储物变质、损坏的，保管人不承担损害赔偿责任。

第三百九十五条　本章没有规定的，适用保管合同的有关规定。

第二十一章　委托合同

第三百九十六条　委托合同是委托人和受托人约定，由受托人处理委托人事务的合同。

第三百九十七条　委托人可以特别委托受托人处理一项或者数项事务，也可以概括委托受托人处理一切事务。

第三百九十八条　委托人应当预付处理委托事务的费用。受托人为处理委托事务垫付的必要费用，委托人应当偿还该费用及其利息。

第三百九十九条　受托人应当按照委托人的指示处理委托事务。需要变更委托人指示的，应当经委托人同意；因情况紧急，难以和委托人取得联系的，受托人应当妥善处理委托事务，但事后应当将该情况及时报告委托人。

第四百条　受托人应当亲自处理委托事务。经委托人同意，受托人可以转委托。转委托经同意的，委托人可以就委托事务直接指示转委托的第三人，受托人仅就第三人的选任及其对第三人的指示承担责任。转委托未经同意的，受托人应当对转委托的第三人的行为承担责任，但在紧急情况下受托人为维护委托人的利益需要转委托的除外。

第四百零一条　受托人应当按照委托人的要求，报告委托事务的处理情况。委托合同终止时，受托人应当报告委托事务的结果。

第四百零二条　受托人以自己的名义，在委托人的授权范围内与第三人订立的合同，第三人在订立合同时知道受托人与委托人之间的代理关系的，该合同直接约束委托人和第三人，但有确切证据证明该合同只约束受托人和第三人的除外。

第四百零三条　受托人以自己的名义与第三人订立合同时，第三人不知道受托人与委托人之间的代理关系的，受托人因第三人的原因对委托人不履行义务，受托人应当向委托人披露第三人，委托人因此可以行使受托人对第三人的权利，但第三人与受托人订立合同时如果知道该委托人就不会订立合同的除外。

受托人因委托人的原因对第三人不履行义务，受托人应当向第三人披露委托人，第三人因此可以选择受托人或者委托人作为相对人主张其权利，但第三人不得变更选定的相对人。

委托人行使受托人对第三人的权利的，第三人可以向委托人主张其对受托人的抗辩。第三人选定委托人作为其相对人的，委托人可以向第三人主张其对受托人的抗辩以及受托人对第三人的抗辩。

第四百零四条　受托人处理委托事务取得的财产，应当转交给委托人。

第四百零五条　受托人完成委托事务的，委托人应当向其支付报酬。因不可归责于受托人的事由，委托合同解除或者委托事务不能完成的，委托人应当向受托人支付相应的报酬。当事人另有约定的，按照其约定。

第四百零六条　有偿的委托合同，因受托人的过错给委托人造成损失的，委托人可以要求赔偿损失。无偿的委托合同，因受托人的故意或者重大过失给委托人造成损失的，委托人可以要求赔偿损失。

受托人超越权限给委托人造成损失的，应当赔偿损失。

第四百零七条　受托人处理委托事务时，因不可归责于自己的事由受到损失的，可以向委托人要求赔偿损失。

第四百零八条　委托人经受托人同意，可以在受托人之外委托第三人处理委托事务。因此给受托人造成损失的，受托人可以向委托人要求赔偿损失。

第四百零九条　两个以上的受托人共同处理委托事务的，对委托人承担连带责任。

第四百一十条　委托人或者受托人可以随时解除委托合同。因解除合同给对方造成损失的，除不可归责于该当事人的事由以外，应当赔偿损失。

第四百一十一条　委托人或者受托人死亡、丧失民事行为能力或者破产的，委托合同终止，但当事人另有约定或者根据委托事务的性质不宜终止的除外。

第四百一十二条　因委托人死亡、丧失民事行为能力或者破产，致使委托合同终止将损害委托人利益的，在委托人的继承人、法定代理人或者清算组织承受委托事务之前，受托人应当继续处理委托事务。

第四百一十三条　因受托人死亡、丧失民事行为能力或者破产，致使委托合同终止的，受托人的继承人、法定代理人或者清算组织应当及时通知委托人。因委托合同终止将损害委托人利益的，在委托人作出善后处理之前，受托人的继承人、法定代理人或者清算组织应当采取必要措施。

第二十二章　行纪合同

第四百一十四条　行纪合同是行纪人以自己的名义为委托人从事贸易活动，委托人支付报酬的合同。

第四百一十五条　行纪人处理委托事务支出的费用，由行纪人负担，但当事人另有约定的除外。

第四百一十六条 行纪人占有委托物的，应当妥善保管委托物。

第四百一十七条 委托物交付给行纪人时有瑕疵或者容易腐烂、变质的，经委托人同意，行纪人可以处分该物；和委托人不能及时取得联系的，行纪人可以合理处分。

第四百一十八条 行纪人低于委托人指定的价格卖出或者高于委托人指定的价格买入的，应当经委托人同意。未经委托人同意，行纪人补偿其差额的，该买卖对委托人发生效力。

行纪人高于委托人指定的价格卖出或者低于委托人指定的价格买入的，可以按照约定增加报酬。没有约定或者约定不明确，依照本法第六十一条的规定仍不能确定的，该利益属于委托人。

委托人对价格有特别指示的，行纪人不得违背该指示卖出或者买入。

第四百一十九条 行纪人卖出或者买入具有市场定价的商品，除委托人有相反的意思表示的以外，行纪人自己可以作为买受人或者出卖人。

行纪人有前款规定情形的，仍然可以要求委托人支付报酬。

第四百二十条 行纪人按照约定买入委托物，委托人应当及时受领。经行纪人催告，委托人无正当理由拒绝受领的，行纪人依照本法第一百零一条的规定可以提存委托物。

委托物不能卖出或者委托人撤回出卖，经行纪人催告，委托人不取回或者不处分该物的，行纪人依照本法第一百零一条的规定可以提存委托物。

第四百二十一条 行纪人与第三人订立合同的，行纪人对该合同直接享有权利、承担义务。

第三人不履行义务致使委托人受到损害的，行纪人应当承担损害赔偿责任，但行纪人与委托人另有约定的除外。

第四百二十二条 行纪人完成或者部分完成委托事务的，委托人应当向其支付相应的报酬。委托人逾期不支付报酬的，行纪人对委托物享有留置权，但当事人另有约定的除外。

第四百二十三条 本章没有规定的，适用委托合同的有关规定。

第二十三章 居间合同

第四百二十四条 居间合同是居间人向委托人报告订立合同的机会或者提供订立合同的媒介服务，委托人支付报酬的合同。

第四百二十五条 居间人应当就有关订立合同的事项向委托人如实报告。

居间人故意隐瞒与订立合同有关的重要事实或者提供虚假情况，损害委托人利益的，不得要求支付报酬并应当承担损害赔偿责任。

第四百二十六条 居间人促成合同成立的，委托人应当按照约定支付报酬。对居间人的报酬没有约定或者约定不明确，依照本法第六十一条的规定仍不能确定的，根据居间人的劳务合理确定。因居间人提供订立合同的媒介服务而促成合同成立的，由该合同的当事人平均负担居间人的报酬。

居间人促成合同成立的，居间活动的费用，由居间人负担。

第四百二十七条 居间人未促成合同成立的，不得要求支付报酬，但可以要求委托人支付从事居间活动支出的必要费用。

附 则

第四百二十八条 本法自 1999 年 10 月 1 日起施行，《中华人民共和国经济合同法》、《中华人民共和国涉外经济合同法》、《中华人民共和国技术合同法》同时废止。

中华人民共和国侵权责任法

（2009 年 12 月 26 日第十一届全国人民代表大会常务委员会第十二次会议通过 2009 年 12 月 26 日中华人民共和国主席令第 21 号公布 自 2010 年 7 月 1 日起施行）

目 录

第一章 一般规定
第二章 责任构成和责任方式
第三章 不承担责任和减轻责任的情形
第四章 关于责任主体的特殊规定
第五章 产品责任
第六章 机动车交通事故责任
第七章 医疗损害责任
第八章 环境污染责任
第九章 高度危险责任
第十章 饲养动物损害责任
第十一章 物件损害责任
第十二章 附 则

第一章 一 般 规 定

第一条 为保护民事主体的合法权益，明确侵权责任，预防并制裁侵权行为，促进社会和谐稳定，制定本法。

第二条 侵害民事权益，应当依照本法承担侵权责任。

本法所称民事权益，包括生命权、健康权、姓名权、名誉权、荣誉权、肖像权、隐私权、婚姻自主权、监护权、所有权、用益物权、担保物权、著作权、专利权、商标专用权、发现权、股权、继承权等人身、财产权益。

第三条 被侵权人有权请求侵权人承担侵权责任。

第四条 侵权人因同一行为应当承担行政责任或者刑事责任的，不影响依法承担侵权责任。

因同一行为应当承担侵权责任和行政责任、刑事责任，侵权人的财产不足以支付的，先承担侵权责任。

第五条 其他法律对侵权责任另有特别规定的，依照其规定。

第二章 责任构成和责任方式

第六条 行为人因过错侵害他人民事权益，应当承担侵权责任。

根据法律规定推定行为人有过错，行为人不能证明自己没有过错的，应当承担侵权责任。

第七条 行为人损害他人民事权益，不论行为人有无过错，法律规定应当承担侵权责任的，依照其规定。

第八条 二人以上共同实施侵权行为，造成他人损害的，应当承担连带责任。

第九条 教唆、帮助他人实施侵权行为的，应当与行为人承担连带责任。

教唆、帮助无民事行为能力人、限制民事行为能力人实施侵权行为的，应当承担侵权责任；该无民事行为能力人、限制民事行为能力人的监护人未尽到监护责任的，应当承担相应的责任。

第十条 二人以上实施危及他人人身、财产安全的行为，其中一人或者数人的行为造成他人损害，能够确定具体侵权人的，由侵权人承担责任；不能确定具体侵权人的，行为人承担连带责任。

第十一条 二人以上分别实施侵权行为造成同一损害，每个人的侵权行为都足以造成全部损害的，行为人承担连带责任。

第十二条 二人以上分别实施侵权行为造成同一损害，能够确定责任大小的，各自承担相应的责任；难以确定责任大小的，平均承担赔偿责任。

第十三条 法律规定承担连带责任的，被侵权人有权请求部分或者全部连带责任人承担责任。

第十四条 连带责任人根据各自责任大小确定相应的赔偿数额；难以确定责任大小的，平均承担赔偿责任。

支付超出自己赔偿数额的连带责任人，有权向其他连带责任人追偿。

第十五条 承担侵权责任的方式主要有：

（一）停止侵害；

（二）排除妨碍；

（三）消除危险；

（四）返还财产；

（五）恢复原状；

（六）赔偿损失；

（七）赔礼道歉；

（八）消除影响、恢复名誉。

以上承担侵权责任的方式，可以单独适用，也可以合并适用。

第十六条　侵害他人造成人身损害的，应当赔偿医疗费、护理费、交通费等为治疗和康复支出的合理费用，以及因误工减少的收入。造成残疾的，还应当赔偿残疾生活辅助具费和残疾赔偿金。造成死亡的，还应当赔偿丧葬费和死亡赔偿金。

第十七条　因同一侵权行为造成多人死亡的，可以以相同数额确定死亡赔偿金。

第十八条　被侵权人死亡的，其近亲属有权请求侵权人承担侵权责任。被侵权人为单位，该单位分立、合并的，承继权利的单位有权请求侵权人承担侵权责任。

被侵权人死亡的，支付被侵权人医疗费、丧葬费等合理费用的人有权请求侵权人赔偿费用，但侵权人已支付该费用的除外。

第十九条　侵害他人财产的，财产损失按照损失发生时的市场价格或者其他方式计算。

第二十条　侵害他人人身权益造成财产损失的，按照被侵权人因此受到的损失赔偿；被侵权人的损失难以确定，侵权人因此获得利益的，按照其获得的利益赔偿；侵权人因此获得的利益难以确定，被侵权人和侵权人就赔偿数额协商不一致，向人民法院提起诉讼的，由人民法院根据实际情况确定赔偿数额。

第二十一条　侵权行为危及他人人身、财产安全的，被侵权人可以请求侵权人承担停止侵害、排除妨碍、消除危险等侵权责任。

第二十二条　侵害他人人身权益，造成他人严重精神损害的，被侵权人可以请求精神损害赔偿。

第二十三条　因防止、制止他人民事权益被侵害而使自己受到损害的，由侵权人承担责任。侵权人逃逸或者无力承担责任，被侵权人请求补偿的，受益人应当给予适当补偿。

第二十四条　受害人和行为人对损害的发生都没有过错的，可以根据实际情况，由双方分担损失。

第二十五条　损害发生后，当事人可以协商赔偿费用的支付方式。协商不一致的，赔偿费用应当一次性支付；一次性支付确有困难的，可以分期支付，但应当提供相应的担保。

第三章　不承担责任和减轻责任的情形

第二十六条　被侵权人对损害的发生也有过错的，可以减轻侵权人的责任。

第二十七条　损害是因受害人故意造成的，行为人不承担责任。

第二十八条　损害是因第三人造成的，第三人应当承担侵权责任。

第二十九条　因不可抗力造成他人损害的，不承担责任。法律另有规定的，依照其规定。

第三十条　因正当防卫造成损害的，不承担责任。正当防卫超过必要的限度，造成不应有的损害的，正当防卫人应当承担适当的责任。

第三十一条　因紧急避险造成损害的，由引起险情发生的人承担责任。如果危险是由自然原因引起的，紧急避险人不承担责任或者给予适当补偿。紧急避险采取措施不当或者超过必要的限度，造成不应有的损害的，紧急避险人应当承担适当的责任。

第四章　关于责任主体的特殊规定

第三十二条　无民事行为能力人、限制民事行为能力人造成他人损害的，由监护人承担侵权责任。监护人尽到监护责任的，可以减轻其侵权责任。

有财产的无民事行为能力人、限制民事行为能力人造成他人损害的，从本人财产中支付赔偿费用。不足部分，由监护人赔偿。

第三十三条　完全民事行为能力人对自己的行为暂时没有意识或者失去控制造成他人损害有过错的，应当承担侵权责任；没有过错的，根据行为人的经济状况对受害人适当补偿。

完全民事行为能力人因醉酒、滥用麻醉药品或者精神药品对自己的行为暂时没有意识或者失去控制造成他人损害的，应当承担侵权责任。

第三十四条　用人单位的工作人员因执行工作任务造成他人损害的，由用人单位承担侵权责任。

劳务派遣期间，被派遣的工作人员因执行工作任务造成他人损害的，由接受劳务派遣的用工单位承担侵权责任；劳务派遣单位有过错的，承担相应的补充责任。

第三十五条　个人之间形成劳务关系，提供劳务一方因劳务造成他人损害的，由接受劳务一方承担侵权责任。提供劳务一方因劳务自己受到损害的，根据双方各自的过错承担相应的责任。

第三十六条　网络用户、网络服务提供者利用网络侵害他人民事权益的，应当承担侵权责任。

网络用户利用网络服务实施侵权行为的，被侵权人有权通知网络服务提供者采取删除、屏蔽、断开链接等必要措施。网络服务提供者接到通知后未及时采取必要措施的，对损害的扩大部分与该网络用户承担连带责任。

网络服务提供者知道网络用户利用其网络服务侵害他人民事权益，未采取必要措施的，与该网络用户承担连带责任。

第三十七条　宾馆、商场、银行、车站、娱乐场所等公共场所的管理人或者群众性活动的组织者，未尽到安全保障义务，造成他人损害的，应当承担侵权责任。

因第三人的行为造成他人损害的，由第三人承担侵权责任；管理人或者组织者未尽到安全保障义务的，承担相应的补充责任。

第三十八条　无民事行为能力人在幼儿园、学校或者其他教育机构学习、生活期间受到人身损害的，幼儿园、学校或者其他教育机构应当承担责任，但能够证明尽到教育、管理职责的，不承担责任。

第三十九条　限制民事行为能力人在学校或者其他教育机构学习、生活期间受到人身损害，学校或者其他教育机构未尽到教育、管理职责的，应当承担责任。

第四十条　无民事行为能力人或者限制民事行为能力人在幼儿园、学校或者其他教育机构学习、生活期间，受到幼儿园、学校或者其他教育机构以外的人员人身损害的，由侵权人承担侵权责任；幼儿园、学校或者其他教育机构未尽到管理职责的，承担相应的补充责任。

第五章　产　品　责　任

第四十一条　因产品存在缺陷造成他人损害的，生产者应当承担侵权责任。

第四十二条　因销售者的过错使产品存在缺陷，造成他人损害的，销售者应当承担侵权责任。

销售者不能指明缺陷产品的生产者也不能指明缺陷产品的供货者的，销售者应当承担侵权责任。

第四十三条　因产品存在缺陷造成损害的，被侵权人可以向产品的生产者请求赔偿，也可以向产品的销售者请求赔偿。

产品缺陷由生产者造成的，销售者赔偿后，有权向生产者追偿。

因销售者的过错使产品存在缺陷的，生产者赔偿后，有权向销售者追偿。

第四十四条　因运输者、仓储者等第三人的过错使产品存在缺陷，造成他人损害的，产品的生产者、销售者赔偿后，有权向第三人追偿。

第四十五条　因产品缺陷危及他人人身、财产安全的，被侵权人有权请求生产者、销售者承担排除妨碍、消除危险等侵权责任。

第四十六条　产品投入流通后发现存在缺陷的，生产者、销售者应当及时采取警示、召回等补救措施。未及时采取补救措施或者补救措施不力造成损害的，应当承担侵权责任。

第四十七条　明知产品存在缺陷仍然生产、销售，造成他人死亡或者健康严重损害的，被侵权人有权请求相应的惩罚性赔偿。

第六章　机动车交通事故责任

第四十八条　机动车发生交通事故造成损害的，依照道路交通安全法的有关规定承担赔偿责任。

第四十九条　因租赁、借用等情形机动车所有人与使用人不是同一人时，发生交通事故后属于该机动车一方责任的，由保险公司在机动车强制保险责任限额范围内予以赔偿。不足部分，由机动车使用人承担赔偿责任；机动车所有人对损害的发生有过错的，承担相应的赔偿责任。

第五十条　当事人之间已经以买卖等方式转让并交付机动车但未办理所有权转移登记，发生交通事故后属于该机动车一方责任的，由保险公司在机动车强制保险责任限额范围内予以赔偿。不足部分，由受让人承担赔偿责任。

第五十一条　以买卖等方式转让拼装或者已达到报废标准的机动车，发生交通事故造成损害的，由转让人和受让人承担连带责任。

第五十二条　盗窃、抢劫或者抢夺的机动车发生交通事故造成损害的，由盗窃人、抢劫人或者抢夺人承担赔偿责任。保险公司在机动车强制保险责任限额范围内垫付抢救费用的，有权向交通事故责任人追偿。

第五十三条　机动车驾驶人发生交通事故后逃逸，该机动车参加强制保险的，由保险公司在机动车强制保险责任限额范围内予以赔偿；机动车不明或者该机动车未参加强制保险，需要支付被侵权人人身伤亡的抢救、丧葬等费用的，由道路交通事故社会救助基金垫付。道路交通事故社会救助基金垫付后，其管理机构有权向交通事故责任人追偿。

第七章　医疗损害责任

第五十四条　患者在诊疗活动中受到损害，医疗机构及其医务人员有过错的，由医疗机构承担赔偿责任。

第五十五条　医务人员在诊疗活动中应当向患者说明病情和医疗措施。需要实施手术、特殊检查、特殊治疗的，医务人员应当及时向患者说明医疗风险、替代医疗方案等情况，并取得其书面同意；不宜向患者说明的，应当向患者的近亲属说明，并取得其书面同意。

医务人员未尽到前款义务，造成患者损害的，医疗机构应当承担赔偿责任。

第五十六条　因抢救生命垂危的患者等紧急情况，不能取得患者或者其近亲属意见的，经医疗机构负责人或者授权的负责人批准，可以立即实施相应的医疗措施。

第五十七条　医务人员在诊疗活动中未尽到与当时的医疗水平相应的诊疗义务，造成患者损害的，医疗机构应当承担赔偿责任。

第五十八条　患者有损害，因下列情形之一的，推定医疗机构有过错：

（一）违反法律、行政法规、规章以及其他有关诊疗规范的规定；
（二）隐匿或者拒绝提供与纠纷有关的病历资料；
（三）伪造、篡改或者销毁病历资料。

第五十九条 因药品、消毒药剂、医疗器械的缺陷，或者输入不合格的血液造成患者损害的，患者可以向生产者或者血液提供机构请求赔偿，也可以向医疗机构请求赔偿。患者向医疗机构请求赔偿的，医疗机构赔偿后，有权向负有责任的生产者或者血液提供机构追偿。

第六十条 患者有损害，因下列情形之一的，医疗机构不承担赔偿责任：
（一）患者或者其近亲属不配合医疗机构进行符合诊疗规范的诊疗；
（二）医务人员在抢救生命垂危的患者等紧急情况下已经尽到合理诊疗义务；
（三）限于当时的医疗水平难以诊疗。

前款第一项情形中，医疗机构及其医务人员也有过错的，应当承担相应的赔偿责任。

第六十一条 医疗机构及其医务人员应当按照规定填写并妥善保管住院志、医嘱单、检验报告、手术及麻醉记录、病理资料、护理记录、医疗费用等病历资料。

患者要求查阅、复制前款规定的病历资料的，医疗机构应当提供。

第六十二条 医疗机构及其医务人员应当对患者的隐私保密。泄露患者隐私或者未经患者同意公开其病历资料，造成患者损害的，应当承担侵权责任。

第六十三条 医疗机构及其医务人员不得违反诊疗规范实施不必要的检查。

第六十四条 医疗机构及其医务人员的合法权益受法律保护。干扰医疗秩序，妨害医务人员工作、生活的，应当依法承担法律责任。

第八章　环境污染责任

第六十五条 因污染环境造成损害的，污染者应当承担侵权责任。

第六十六条 因污染环境发生纠纷，污染者应当就法律规定的不承担责任或者减轻责任的情形及其行为与损害之间不存在因果关系承担举证责任。

第六十七条 两个以上污染者污染环境，污染者承担责任的大小，根据污染物的种类、排放量等因素确定。

第六十八条 因第三人的过错污染环境造成损害的，被侵权人可以向污染者请求赔偿，也可以向第三人请求赔偿。污染者赔偿后，有权向第三人追偿。

第九章　高度危险责任

第六十九条 从事高度危险作业造成他人损害的，应当承担侵权责任。

第七十条 民用核设施发生核事故造成他人损害的，民用核设施的经营者应当承担侵权责任，但能够证明损害是因战争等情形或者受害人故意造成的，不承担责任。

第七十一条　民用航空器造成他人损害的，民用航空器的经营者应当承担侵权责任，但能够证明损害是因受害人故意造成的，不承担责任。

第七十二条　占有或者使用易燃、易爆、剧毒、放射性等高度危险物造成他人损害的，占有人或者使用人应当承担侵权责任，但能够证明损害是因受害人故意或者不可抗力造成的，不承担责任。被侵权人对损害的发生有重大过失的，可以减轻占有人或者使用人的责任。

第七十三条　从事高空、高压、地下挖掘活动或者使用高速轨道运输工具造成他人损害的，经营者应当承担侵权责任，但能够证明损害是因受害人故意或者不可抗力造成的，不承担责任。被侵权人对损害的发生有过失的，可以减轻经营者的责任。

第七十四条　遗失、抛弃高度危险物造成他人损害的，由所有人承担侵权责任。所有人将高度危险物交由他人管理的，由管理人承担侵权责任；所有人有过错的，与管理人承担连带责任。

第七十五条　非法占有高度危险物造成他人损害的，由非法占有人承担侵权责任。所有人、管理人不能证明对防止他人非法占有尽到高度注意义务的，与非法占有人承担连带责任。

第七十六条　未经许可进入高度危险活动区域或者高度危险物存放区域受到损害，管理人已经采取安全措施并尽到警示义务的，可以减轻或者不承担责任。

第七十七条　承担高度危险责任，法律规定赔偿限额的，依照其规定。

第十章　饲养动物损害责任

第七十八条　饲养的动物造成他人损害的，动物饲养人或者管理人应当承担侵权责任，但能够证明损害是因被侵权人故意或者重大过失造成的，可以不承担或者减轻责任。

第七十九条　违反管理规定，未对动物采取安全措施造成他人损害的，动物饲养人或者管理人应当承担侵权责任。

第八十条　禁止饲养的烈性犬等危险动物造成他人损害的，动物饲养人或者管理人应当承担侵权责任。

第八十一条　动物园的动物造成他人损害的，动物园应当承担侵权责任，但能够证明尽到管理职责的，不承担责任。

第八十二条　遗弃、逃逸的动物在遗弃、逃逸期间造成他人损害的，由原动物饲养人或者管理人承担侵权责任。

第八十三条　因第三人的过错致使动物造成他人损害的，被侵权人可以向动物饲养人或者管理人请求赔偿，也可以向第三人请求赔偿。动物饲养人或者管理人赔偿后，有权向第三人追偿。

第八十四条　饲养动物应当遵守法律，尊重社会公德，不得妨害他人生活。

第十一章 物件损害责任

第八十五条 建筑物、构筑物或者其他设施及其搁置物、悬挂物发生脱落、坠落造成他人损害，所有人、管理人或者使用人不能证明自己没有过错的，应当承担侵权责任。所有人、管理人或者使用人赔偿后，有其他责任人的，有权向其他责任人追偿。

第八十六条 建筑物、构筑物或者其他设施倒塌造成他人损害的，由建设单位与施工单位承担连带责任。建设单位、施工单位赔偿后，有其他责任人的，有权向其他责任人追偿。

因其他责任人的原因，建筑物、构筑物或者其他设施倒塌造成他人损害的，由其他责任人承担侵权责任。

第八十七条 从建筑物中抛掷物品或者从建筑物上坠落的物品造成他人损害，难以确定具体侵权人的，除能够证明自己不是侵权人的外，由可能加害的建筑物使用人给予补偿。

第八十八条 堆放物倒塌造成他人损害，堆放人不能证明自己没有过错的，应当承担侵权责任。

第八十九条 在公共道路上堆放、倾倒、遗撒妨碍通行的物品造成他人损害的，有关单位或者个人应当承担侵权责任。

第九十条 因林木折断造成他人损害，林木的所有人或者管理人不能证明自己没有过错的，应当承担侵权责任。

第九十一条 在公共场所或者道路上挖坑、修缮安装地下设施等，没有设置明显标志和采取安全措施造成他人损害的，施工人应当承担侵权责任。

窨井等地下设施造成他人损害，管理人不能证明尽到管理职责的，应当承担侵权责任。

第十二章 附 则

第九十二条 本法自 2010 年 7 月 1 日起施行。

后 记

　　元甲物流团队，通过多年的实践与积累，已经形成了一整套标准化运输企业的办案体系，其中包括公司设立、股权架构、企业规章定制、用工风险规避、债务催收、交通事故、合同规范、商务谈判及相关政策规范的调整变化的全流程法律风险维护体系。本书所包括的仅仅是法律风险中最浅薄的一部分，如果您有更好的经验、意见，期待您及时反馈给我们，让我们一起在持续的改进中不断进步！同时，我们的标准化体系也在不断地更新完善，希望在物流企业合规的道路上，我们可以用法律的力量，同物流企业中优秀的伙伴们携手同行！

图书在版编目（CIP）数据

懂法律让物流更顺畅 / 李琪主编 . —北京：中国法制出版社，2018.9

ISBN 978-7-5093-9702-2

Ⅰ.①懂… Ⅱ.①李… Ⅲ.①物流管理-法规-研究-中国 Ⅳ.①D922.290.4

中国版本图书馆 CIP 数据核字（2018）第 194325 号

策划编辑：黄会丽
责任编辑：黄会丽　叶　萌　　　　　　　　　封面设计：蒋　怡

懂法律让物流更顺畅
DONG FALÜ RANG WULIU GENG SHUNCHANG

主编/李琪
经销/新华书店
印刷/三河市国英印务有限公司

开本/710 毫米×1000 毫米　16 开	印张/17.5　字数/207 千
版次/2018 年 10 月第 1 版	2018 年 10 月第 1 次印刷

中国法制出版社出版
书号 ISBN 978-7-5093-9702-2　　　　　　　　　定价：49.00 元
北京西单横二条 2 号
邮政编码 100031　　　　　　　　　　　　传真：010-66031119
网址：http：//www.zgfzs.com　　　　　编辑部电话：010-66070084
市场营销部电话：010-66033393　　　　邮购部电话：010-66033288

（如有印装质量问题，请与本社印务部联系调换。电话：010-66032926）